커먼즈란 무엇인가

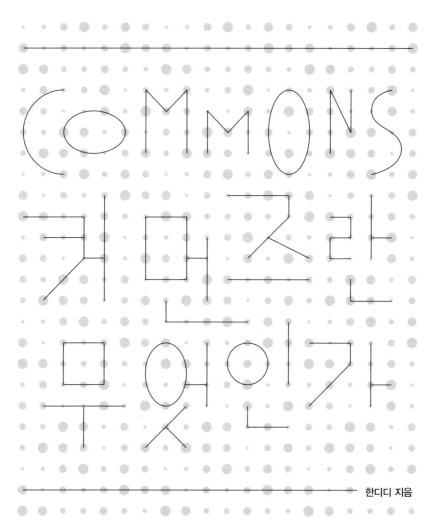

COMMONS
커먼즈란
무엇인가

한디디 지음

자본주의를 넘어서 삶의 주권 탈환하기

빨간소금

일러두기

○ 맞춤법과 띄어쓰기, 외래어는 국립국어원 한국어 어문 규범을 준수하되,
일부 관례로 굳어져 널리 쓰이는 표기를 따랐습니다.

○ 본문에 등장하는 도서 중 국내 번역 도서는 번역된 도서명을 표기했습니다.

○ 단행본, 정기간행물은 겹화살괄호(《》), 신문명, 논문명은 홑화살괄호(〈〉)
를 사용했습니다.

커먼즈라는 개념을 처음 만난 것은 2013년, 석사 첫 수업의 보고서를 (이 책에서 소개할) '빈집'에 대해 쓰기로 마음먹고, 이들의 활동을 포착할 수 있는 개념어나 이론이 없을까 이것저것 뒤적이던 중이었습니다. 연구공간 L이 엮은 《자본의 코뮤니즘, 우리의 코뮤니즘: 공통적인 것의 구성을 위한 에세이》에서 커먼즈(공통적인 것)에 관한 글을 접했죠. 눈이 번쩍 뜨였습니다.

커먼즈는 유연하고 폭이 넓은 개념/실천이지만, 무엇보다 함께하는 행동과 그 속에서 만들어지는 '우리'에 대한 개념이라고 생각합니다. 다양한 사람들이 무언가를 함께하는 활동 속에서 서로 다른 신체와 감각들이 부딪치고 정동하며 새로운 감각, 공통성, 다른

'우리'가 생산됩니다.

예를 들어, 저는 2000년대 초반에 각자 별명을 짓고, 서로를 별명으로 부르는 사람들의 네트워크에 접속할 기회가 있었습니다. 서로를 닉네임으로 부르는 인터넷 문화를 현실에 끌고 온 것이죠. 나이나 소속 같은 것은 묻지 않고, 경어든 평어든 같은 말하기 방식으로 상호 간 소통했습니다. 연령과 사회적 지위에 따라 호칭과 말투를 달리하는 한국 사회의 언어 관습과, 이 관습이 내면화하는 위계적 태도로부터 벗어나기 위한 실천이었습니다. 집단적으로 사용하는 언어 형식과 소통 방식이 우리의 습관과 사고방식을 구조화하는 상황에 대한 어렴풋한 인식과 감각 위에서 마치 놀이처럼, 언어를 둘러싼 규칙과 소통 방식을 커머닝한 것이죠. 이러한 집단적 실천은 강고해 보이는 사회문화적·물적 배치를 바꾸고 우리가 서로와 다르게 접속하고 다른 삶을 상상할 수 있는 탈주선을 만듭니다.

이후 서울, 도쿄, 베이징의 다양한 도시 운동 현장에 참여했고, 이 책은 그 과정에서 만난 다양한 활동가, 연구자, 커머너 들과의 무수한 토론과 집합적 경험, 공동-연구를 통해 만들어진 커먼즈입니다

(3부는 석사논문과 박사논문의 일부를 재구성했습니다). 그 유쾌하고 아름답고 때로는 고통스럽기도 했던 공통의 과정을 더 풍부하고 섬세한 언어로 온전히 담아내지 못 한 것은 물론 제 능력 부족입니다. 그러나 이 책이 계속해서 변화하며 구성되는 커먼즈 성좌의 일부로서 그 성좌에 새로운 선을 그리고, 선들의 연결과 증식을 촉발하고 연결해 다시 저를 포함한 모든 커머너들의 역량을 확장하는데 조금의 쓸모가 되길 희망해봅니다.

　헤아릴 수 없이 많은 사람들이 이 책의 결을 만들고 무늬를 새겨주셨습니다만, 산만하고 집중력 짧은 제가 운동과 공부를 지속하고, 첫 책을 완성하는 데에 큰 도움을 주신 분들께 감사를 전하고 싶어요. 수유+너머 친구들은 2000년 초반 난해한(?) 책 읽기에 전혀 관심이 없던 제게 공부가 의외로 재밌다는 것을 알려주었고, 진보넷과 미디어문화행동, 빈집의 친구들은 커먼즈의 언어를 만나기 전에 커머닝의 신체적 경험을 선물했습니다. 신현방, 앤다 브로피 선생님은 겁도 없이 유학을 시작한 저를 인내심을 가지고 지도해주셨고, 맛시모 데 안젤리스와 송제숙 선생님은 논문 심사자로서 너무나 소중한 조언을 주셨습니다. 운동 현장에서 만난 사부 코소, 데이비드 그레이버, 카토 나오키 상, 하라구치, 이나바 선생님은 연구와 활동이 결코 따로 떨어질 수 없다는 것을 알려주었습니다. 추천사를 쓰신 박배균, 고병권 선생님을 비롯해 이 책을 작업하는 동안 함께한 읽기의집(당장함께!)과 알커먼즈, 시시한연구소, 빈연구소, 서울대학교 아시아도시사회센터 동료들, 채효정 선생님과 하승우 선생님, 학술서와 대중서를 커머닝하는 시도인 이 책의 출판을 제안한 빨간소금 임중혁 대표님과 꼼꼼히 읽고 조언한 이나경 편집자님, 초고를 꼼꼼히 읽고 의견을 나누어준 정남영 선생님을 비롯한 Commoners의 동료들에게 감사합니다. 내가 너무 사랑하는 가난뱅이 커머너들, 경의선공유지의 활동가들, 멸치를 비롯한 커먼즈네트워크의 동료들, 멍구와 상현, 한받님, 김혜경 선생님, 최인기 선생님, 신동우 선생님, 김동원 감독님, 한국의 빈민운동 활동가들, 달자와 형진을 비롯한 홈리스행동의 동료들, 베이징의 공유지가, 도쿄의 산야, 쿠니타치, 코엔지 언저리, 오사카의 가마가사키, 프리타 노조, 아키노 아라시, 다메렌, 아마추어의반란, 야전의달 친구들, 그리고 긴 시간 동안 함께 운동하고 논쟁하고 고민하며 옆에 있어 준 지음과 부깽, 하지메와 히라노 상, 무카이 상에게 마음 속에서부터 깊이 감사드립니다.

2024년 1월 6일

한디디

차례

프롤로그
커먼즈의 감각
되살리기

최근 여기저기서 자주 들려오는 커먼즈(commons). 가장 보편적으로 알려진 정의는 아마도 "공동체의 일원들이 공동으로 이용하고 관리하는 자원" 정도일 것입니다. 산업화 이전에 존재했던 마을 숲, 공유지, 공동목장 같은 것들이죠. 그런데 커먼즈라는 검색어로 포털 사이트를 뒤져보면 맨 처음에 이런 문장들이 떠오릅니다.

커먼즈는 영어 'commons'를 음역한 것이다.[1]

커먼즈는 자원이 아니다.[2]

커먼즈는 자원 이용의 공동체가 그 공동체의 규칙과 규범에 따라 운영하는 공유된 자원이다.[3]

커먼즈는 도처에 존재한다. 공기, 물, 햇빛, 바람, 산, 들, 갯벌, 바다 등 우리 주변의 많은 것이….[4]

혼란스럽지 않으신가요? 커먼즈는 자원일까요, 자원이 아닐까요? 물이 커먼즈라면 우리는 왜 그것을 얻기 위해 돈을 내야 하죠? 갯벌이 커먼즈라면 수많은 미생물과 동식물, 어부의 삶의 터전이던 새만금 갯벌엔 왜, 누구의 의지로 방조제가 들어서고 물길이 끊겼을까요? 무엇보다 커먼즈를 우리말로 표현할 수는 없을까요?

'공유지', '공유재', '공동자원' 등으로 번역되던 'commons'를 음역인 '커먼즈'로 부르는 경우가 많아진 이유는 한편으로는 이 말들로는 커먼즈를 온전히 표현할 수 없다는 인식이 자라났기 때문일 것입니다.[5] 다른 한편으로는 우리에게 아직 커먼즈에 대한 공통의 이미지, 혹은 개념이 잘 형성되지 않았기 때문일지도 모르겠어요. 그럼에도 지금 여러분이 이 책을 손에 들고 있는 이유는 우리 사회에 분명한 공통감각이 만들어지고 있기 때문이겠지요. 삶의 방식을 이대로 지속할 수는 없다는 감각 말입니다. 지구 위에서 동시다발적으로 벌어지는 여러 사건이 우리에게 격렬한 위험 신호를 보내는 현재, 커먼즈는 윤리적이고 지속가능한 살림살이의 양식을 재발명하기 위한 공통의 키워드로 떠오르고 있습니다.

이 책은 커먼즈라는, 여기저기서 희미하게 반짝이는 신호가 살풋 신경 쓰이기 시작한 여러분과 함께 커먼즈를 좀 더 또렷이 감지하고 두텁게 연결하기 위한 공통감각을 만들어나가는 것을 목표로 합니다. 본격적으로 이야기를 나누기 전에 간단한 워밍업으로 우리 안의 커먼즈 감각을 되살려보고 싶어요. 커먼즈라는 개념을 둘러싼 혼란에 비해 단어 자체의 의미는 사실 그리 복잡하지 않습니다. 오랜 시간 동안 커먼즈는 너무나 흔하고 평범해서 이름 붙일 필요조차 없었기 때문입니다.

커먼즈(commons)는 영어 단어 '커먼(common)'의 복수형입니다. 커먼은 명사이기도 하지만 형용사로 더 많이 쓰입니다. '공통의', '흔한', '평범한', '보통의'라는 간단한 뜻을 가지고 있죠. '보통 사람들', 즉 '민중'이라는 의미도 있고요. 아무튼 사람들에게 두루두루 통하는 '공통적인 것'이라는 의미를 커먼이라는 명사 혹은 형용사가 표현합니다. 예를 들면 영어 단어인 커먼센스(common sense)는 사람들이 공통으로 나누는 감각, 즉 상식을 말하죠. (다른 곳에서는 전혀 통용되지 않는 상식은 공통적인 것이 아니라 편견이 되지만요.) 한 도시나 마을에서 넓게 트여 있어 누구나 사용할 수 있는 공간을 명사로 커먼이라고 부르기도 합니다. 학교에서 모두가 함께 쓰는 라운지나 식당 같은 것도요. 이런 사례들은 '공유지' 혹은 '공유 공간'이라고 표현할 수 있겠네요.

하지만 커먼즈 이론가들과 활동가들, 삶의 방식을 바꾸기 위한 근본적인 전환의 패러다임으로서 커먼즈를 주목하는 사람들은 커먼즈를 자원으로 바라보아서는 안 된다고 힘주어 말합니다. 영국에서 민중의 삶의 토대였던 커먼즈가 사라지는 과정을 추적한 역사학자 피터 라인보우(Peter Linebaugh)는 "커먼즈를 마치 천연자원인 듯이 말하는 것은 최선의 경우에라도 뜻을 오도하며 가장 나쁜 경우에는 위험하다"라고 경고하죠. 그는 "커먼즈는 활동이며, 자연과의 관계로부터 분리될 수 없는 사회적 관계를 표현"하므로 차라리 '커머닝(commoning, 공통화하다)'이라는 동사형을 사용하자고 제안합니다.[6] 한편 철학자 안토니오 네그리(Antonio Negri)는 커먼즈라는 일반명사 대신 '공통적인 것(the common)'이라는 추상명사를 사용합니다. 네그리에 따르면 "공통적인 것은 너와 내가 무언가를 함께할 때 만들어지는 것"이며, "무언가를 함께하는 활동 그 자체"입니다.[7] 하지만 커먼즈가 활동이자 관계라는 말은 대체 무슨 의미일까요?

대동강 물을 팔아먹은 봉이 김선달 이야기 아시죠? 김선달에게 수천 냥을 지불하고 강을 구매(했다고 착각)한 상인들은 백성들에게 물세를 요구했다가 몰매를 맞고 쫓겨납니다. 이 이야기는 물을 사고 판다는 것을 상상도 할 수 없었던 당시 백성들의 감각을 반영하지만, 현재라면 이 상인들은 물 시장을 개척한 사업가로 성공했을 것입니다. 이렇게 보면 물은 단지 물일 뿐 커먼즈도 상품도 아니라고 말할 수 있습니다. 카를 마르크스(Karl Marx)를 흉내 내어 말해보자면 물은 특정한 '관계' 속에서만 커먼즈가 되거나 상품이 되죠. 자, 그렇다면 평양 백성들은 물을 '공유'하는 관계를 만듦으로써 대동강을 커머닝했다고, 즉 커먼즈는 무언가를 공유하는 관계라고 생각하면 될까요?

한 가지 문제가 더 있습니다. 공유라는 말을 들을 때 우리는 자연스럽게 여러 사람이 무언가를 '공동으로 소유'하는 상태를 떠올린다는 것입니다. 우리나라 민법상으로도 공유는 공동재산으로서 소유하는 것, 둘 이상의 사람이 어떤 물건을 공동으로 소유하는 관계를 말합니다. 그렇지만 이런 의미의 공유는 커먼즈와 관련이 없습니다. 공동소유가 여전히 누가 무엇을 소유한다는 '사유재산권', 혹은 '사적 소유'의 개념에 기반하는 실천 혹은 개념이라면 커먼즈는 그런 것과는 상관없거든요. 대동강 물을 커먼즈로 여긴다는 것은 그것을 공동으로 소유하는 것, 각자의 몫이나 지분을 나누거나 공평하게 하루에 몇 통씩 가져가는 것과는 다릅니다. 흠, 대체 뭔 소리냐고요?

사적 소유라는 관념을 중심으로 돌아가는 사회를 살아온 우리에게 소유와 무관한 것으로서의 커먼즈가 무엇인지 상상하는 것은 상당히 어려운 일일지도 모르겠어요. 마르크스는 1844년에 이미 "사적 소유가 우리를 너무 우둔하고 일면적으로 만들어서 우리는 대상을 소유하고 있을 때만 (…) 그 대상이 우리 것이라고 생각하게 되었다"라고 투덜댔다더군요.[8] 하지만 모든 것이 소유 관계 아래 있는 것처럼 보이는 자본주의 사회에서도 우리는 어떤 것들을 소유하지 않은 채 공통적인 것으로 경험하고 향유한 기억이 있습니다. 일테면 저는 공부 모임에 참여하고 있는데요. 각자 책을 읽고 와서 함께 토론합니다. 토론이 끝날 때쯤이면 언제나, 혼자 책을 읽었을 때와는 전혀 다른 것들을 생각하고 또 알게 되죠. 여러 사람의 이야기가 섞이며 다른 생각을 촉발하고, 다양한 생각이 부딪히고 섞이고 조율되는 와중에 어떤 공통의 감각 같은 것이 만들어집니다. 그 자리에 함께하는 친구들 모두 공통의 앎을 만드는 과정에 참여하지만 누가 얼마나 기여했는지 계산하거나, 만들어진 결과를 어떤 기준에 따라 분배하는 건 불가능합니다. 모두가 똑같은 지식이나 감상을 얻어가지도 않고요. 그 자리에서 만들어진 무언가는 각자에게 서로 다른 방식으로 나누어지는 한편, 그 자리에 있던 모두가 향유한 어떤 공통의 경험으로서 '우리'라는 관계를 형성하는 기반이 됩니다.

이런 의미에서 커먼즈는 어떤 것을 '공유'하는 것이 아니라, 무언가를 '나누는' 것이라고 말해야 합니다. 예를 들어보죠. 여러 사람이 월세를 내고 한집에 사는 형태의 공유주택을 영어로는 셰어하우스 (share house)라고 합니다. 셰어(share)는 공유라는 뜻이지만, 이때의 공유는 어떤 물건을 각각의 지분 혹은 몫으로 분배한다는 의미에서 소유 개념에 기초합니다. 각자가 낸 월세에 따라 방 크기가 달라지는 까닭은 그것이 지불에 근거한 정당한 몫이라고 여겨지기 때문입니다. 반면, 커먼즈에서 나눈다는 것은 원래 존재하는 무엇을 일정한 기준에 따라 분배하는 것과 다릅니다. 대화, 생각, 우정, 혹은 사랑을 나눌 때를 생각하면 됩니다. 대화를 나눌 때 우리는 대화의 생산자로서 거기에 참가하는 동시에 그 자리에서 생산된 것을 함께 (각자 나름의 역량과 방식으로) 향유하죠. 이러한 의미의 나눔을 표현하는 영어 단어로 '참가하다'라는 의미와 '나누다'라는 의미를 동시에 가지는 'participate'가 있습니다. 여러 사람의 활동이 섞이며 새로운 것을 만들고 또 모두에게 나누는 이 활동에 소유는 끼어들지 않습니다.

정리해볼까요. 커먼즈는 함께 섞고 나누는 활동, 즉 커머닝(공통하기)입니다. 갑자기 무쇠도 소화하던 고등학교 시절, 교실에서 친구들과 해 먹던 비빔밥이 떠오르네요. 날을 잡아서 각자 집에서 냉장고를 털어 재료를 가져오죠. 이것저것 화려한 반찬들을 가져오는 친구도 있고, 숟가락 하나만 덜렁 들고 오는 친구도 있습니다. 그것들을 한데 넣고 고추장과 참기름을 넣어 슥슥 비빕니다. 이럴 때 진두지휘를 멋들어지게 하는 친구가 한 명쯤 꼭 있죠. 오오, 하면서 쳐다보는 친구도 있고요. 그렇게 만들어진 밥을 다 함께 그 자리에서 나누어 먹습니다. 적당히, 각자가 자신의 양껏, 그러나 자기가 여기서 한 숟갈 더 먹어 양이 모자랄 사람이 없을지 속도를 나름대로 가늠하면서요. 여기서 커먼즈를 만드는 것이 우리의 활동이라는 것은 더 말할 필요도 없습니다. 이 순간 만들어지는 커먼즈는 여러 가지 재료와 비빔밥만이 아니라 수다와 참견과 손맛과 배려, 각자의 활동이 섞이며 만들어내는 즐거움이기도 합니다.

좋아하는 일화를 하나 말씀드릴게요. 1516년에 출판된 《유토피아(Utopia)》의 저자 토머스 모어(Thomas More)는 원고를 늦게 넘기면서 편집자에게 이런 변명을 했다고 해요. "집에 돌아오면 아내와 커머닝을 하고 자식들과 담소하며 하인들과 대화를 하기 때문"

에 원고가 늦어졌다고요.[9] 아내와 커머닝을 하다니! 당시 커머닝은 일상생활에서 쓰이는 지극히 평범한 단어였던 겁니다. 모어의 말에서 커머닝은 아내와 신체와 정신의 활동들을 섞고 나누는 과정을 표현합니다. 저와 친구들의 책읽기처럼요. 거의 모든 것이 소유 관계로 환원되고 내 것, 네 것으로 나뉘는 현대 사회에서도 대화, 사랑, 우정, 친밀감 같은 것들은 여전히 우리가 일상적으로 경험하는 커먼즈로서 중요한 힌트를 줍니다. 커먼즈는 우리가 다른 사람들과 무언가를 함께하는 활동 속에서 만들어지고/나뉘는 것, 혹은 그러한 관계입니다.

한편, 커머닝이 만들어내는 것은 거기 참여한 사람들이 소유할 수 있는 것도, 모두가 공평하게 나누어 가질 수 있는 것도 아닙니다. 모어와 아내의 커머닝, 친구들과의 커머닝이 만든 사랑과 우정, 친밀감은 누군가가 소유하거나 공평하게 나누어 가질 수 있는 것이 아니잖아요? 사람들은 각자의 능력껏 커먼즈의 생산에 참여하고, 그 자리에서 만들어지는 커먼즈를 각자의 방식으로 향유하며 변화하고 성장합니다. 동시에 커머닝을 통해 생산된 공통적인 것은 우리가 다시 무언가를 함께할 수 있는 공통 관계를 만들죠. 이렇게 볼때 커먼즈가 우리에게 속한다기보다는, 커머닝을 통해 만들어진 관계인 커먼즈에 우리가 속한다고 말하는 편이 더 정확하지 않을까요? 물론 커먼즈는 두 사람의 사랑, 친구 간의 우정이나 친밀감보다더 큰 이야기입니다. 좀 거창하게 말하면 사람들이 세계와 그 안의 자신을 만드는 방식에 관한 이야기죠.

기술의 발달로 우리의 활동은 이전과는 비교할 수 없을 만큼 다양한 방식으로 넓게 연결되고 있습니다. 인터넷을 통해 다양한 문화, 감수성, 언어, 사상과 연결되고 확장되는 삶 속에서 집단 지성의 힘은 폭발적으로 증가합니다. 커머닝은 매일, 일상에서, 전 지구적으로 일어납니다. 문제는 이러한 집합적 활동이 만들어낸 다양한 커먼즈가 화폐로 환산되고 몇몇 사람에 의해 사유화된다는 점입니다. 도시를 생각해보세요. 도시는 다양한 사람들이 모여들고 함께 살고 다양한 활동과 아이디어를 나누는 거대한 커머닝의 공간이지만, 계속해서 커먼즈를 빼앗기는 공간이기도 합니다. 구글과 페이스북 같은 인터넷 플랫폼도 마찬가지입니다. 사람들의 다양한 활동이 콘텐츠를 만들고 플랫폼을 활성화하면 슬그머니 이용료가 붙거나 억지로 광고를 봐야 하는 상황이 펼쳐집니다. 우리가 인터넷을 통해 한 모든 활동(검색, 클릭과 조회, 추천과 좋아요, 위치 정보와 동선)은 데이터가 되어 우리를 특정한 광고와 상품에 연결시키고요. 우리는 인터넷 플랫폼의 집합적 생산자(커머너)이지만 플랫폼에 지대(地代)를 지불하며 커먼즈로부터 분리됩니다.

가장 큰 문제는 집합적으로 생산한 커먼즈를 계속해서 빼앗기는 이 구조 속에서 우리가 점점 더 가난해지고 있다는 것입니다. 집세는 나날이 오르고 통장에서는 돈이 계속 빠져나가는데, 취업은 불안정하고 기댈 언덕은 없습니다. 너무나 불안한 삶 속에서 우리는 현재를 음미할 여유, 삶의 활력, 함께 사는 능력, 삶을 스스로 통치하는 자율성, 새로운 삶을 구성할 상상력을 잃어갑니다. 매뉴얼에 맞추어 열심히 공부하고, 일하고, 재테크의 최신 동향을 추적하거나, 누군가를 비난하며 자포자기해버리는 회로가 구축되죠. 뉴스에 등장하는 한 줌의 정치인들이 우리 삶을 좌지우지하는 중요한 결정을 내리는 동안에 말입니다. 커먼즈를 만들어내지만 커먼즈로부터 분리된 삶 속에서 우리는 살아남기 위해 돈을 쫓고 삶을 잃습니다. 그러므로 우리가 생산한 커먼즈를 삶으로 되돌리는 것은 삶을 풍요롭게 재구축하기 위해 너무나 중요한 문제입니다. 게다가 우리 앞에 펼쳐지는 재난은 현재 삶의 방식이 삶의 공통 기반을 먹어치우는 자가 포식의 과정임을 가시화하며 세계를 만드는 게임의 규칙을 바꿀 것을 요청하고 있습니다.

커먼즈는 단지 우리가 잃어버린 과거의 어떤 것이 아니라 우리의 욕망과 감각이 어떻게 만들어지는지, 우리와 세계가 어떻게 서로를 되먹임하며 재생산하는지 볼 수 있는 인식론적 렌즈입니다. 지금 여기서 함께 풍요로운 삶을 디자인하도록 돕는 실천적 도구이기도 하고요. 게다가 우리는 이미 언제나 커머닝에 연루해 있으며 커먼즈에 둘러싸여 있습니다. 커먼즈를 이해하기 어려운 것은 상품 관계가 지배적 규칙, 혹은 '상식'이 되어버렸기 때문입니다. 커먼즈를 발견하고 더듬는 순간에조차 우리의 사고와 언어가 커먼즈를 해체하며 등장한 근대적 사고방식, 혹은 인식론에 기초하고 있기 때문이기도 합니다. 17~18세기 영국에서는 '탈커머닝(discommoning)'이라는 단어가 사유화라는 뜻으로 사용되었다고 해요. 이는 커먼즈가 사유화에 선행한다는 것을 보여줍니다. 동시에 커먼즈와 사적 소유를 둘러싼 사람들의 감각의 헤게모니가 얼마나 극적으로 변했는지 드러내죠.

모든 것이 상품이 되어서 계산되고 교환되는 자본주의 사회에서 커먼즈의 감각은 볼품없이 쪼그라들었습니다. 사랑조차 소유의 형식으로밖에 이해하지 못 하거나 손익을 계산하는 교환관계로 생각하는 불행한 상황들이 벌어지고 있으니까요. 하지만 커먼즈가 우리가 전혀 모르는, 완전히 낯선 어떤 원리가 아니라는 사실, 반대로 우리가 언제나 가장 가까운 사람들과 관계 맺는 방식이며 삶을 꾸려온 '공통의(커먼한)' 원리라는 점은 꽤 중요한 포인트입니다. 우리 몸은 사실 이미 커머닝을 알고 있습니다. 길고 긴 인류의 역사에서 사람들은 언제나 누군가와 무언가를 함께하고, 그를 통해 공통의 관계를 만들며 그 관계 속에 거주해왔으니까요. 커머닝은 대화할 때, 누군가와 친구가 될 때 언제나 일어나는 활동이며, 우리가 함께 사는 사회를 짓는 공통의 원리입니다. 게다가 우리는 유례없을 만큼 광범위하게 벌어지는 전 세계적 공통화(커머닝)의 과정에 참여하고 있습니다. 자, 지금부터 우리 몸이 기억하고 있는 커먼즈의 감각을 조금씩 되살려볼까요!

1부

커먼즈로 감각하는
세계

● ● ● 　커먼즈를 둘러싼 가장 유명한 이야기들이 어떻게 근대적 인식론을 공유하고 있는지 확인할 것입니다. 또한 커먼즈를 인류 살림살이의 공통 기반이자, 세계와 우리를 급진적으로 재구성하기 위한 새로운 세계관으로 제시합니다.

1
근대적 인식론을 통해 보는 커먼즈

잘 알려진 이야기부터 시작해볼까요? 커먼즈라는 단어가 환기하는 가장 흔한 이미지는 누구나 자유롭게 양이나 소를 풀어둘 수 있는 넓고 평화로운 목초지, 즉 공유지입니다. 이러한 목초지가 커먼즈를 대표적으로 상징하게 된 것은 아마도 〈공유지의 비극(The Trage-dy of the Commons)〉이라는 유명한 논문 때문일 것입니다. 1968년에 개릿 하딘(Garrett Hardin)이라는 생태학자가 과학 잡지《사이언스》에 실은 논문입니다.[1] '공유지는 결코 유지되지 않는다. 모두 저마다의 이익을 위해 공동의 목초지에 더 많은 가축을 풀어놓을 것이며, 이는 필연적으로 공유지의 황폐화를 불러오기 때문이다. 이러한 비극을 막을 방법은 사유화나 국가 통제뿐이다'라는 것이 논문의 잘 알려진 내용입니다.

공유지의 비극과 성공적 관리

하딘의 논문은 세계적으로 5만 번 넘게 인용되며 커먼즈의 지배적인 담론을 만들었습니다. 한국에서도 이 내용은 고등학교 사회 교과서에 실리고, 논술 문제로 출제되면서 커먼즈에 대한 굉장히 선명한 인상, 일종의 상식을 구축했죠. 좀 황당한 사실을 하나 말씀드릴까요? 사실 하딘의 논문은 커먼즈를 다룬 것이 아니었답니다. 논문의 핵심 내용은 감당할 수 없는 식량난이 벌어지기 전에 인구를 조절해야 한다는 주장이었거든요. 그의 이야기에 등장하는 목초지는 자기 조절 능력을 상실한 지구를 비유하는 장치였죠. 하지만 하딘의 글은 그의 논지와 무관한 방식으로 신나게 인용되며 제3세계 시장화를 추진하던 신자유주의에 학문적 정당성을 실어줍니다.

공유지의 비극에 대한 제대로 된 반론이 등장한 것은 하딘의 논문이 발표된 후 무려 20년이나 지나서입니다. 인류학자 보니 맥케이(Bonnie J. McCay)와 제임스 에치슨(James M. Acheson)이 1987년에《커먼즈의 질문들: 공동 자원의 문화와 생태(The Question of the Commons: The Culture and Ecology of Communal Resources)》를, 1990년엔 정치학자 엘리너 오스트롬(Elinor Ostrom)이《공유의 비극을 넘어(Governing the Commons)》를 출판합니다. 이들의 주장을 한마디로 '공유지의 비극은 막을 수 있다'입니다. 오스트롬은 스위스, 네팔, 일본, 스페인, 필리핀, 인도네시아 등 세계 각지에 남아 있는 작은 규모의 커먼즈들을 탐방하고 각각의 지역 공동체가 어떻게 자치적으로 공동자원을 관리해왔는지 추적했습니다. 그리고 이처럼 장시간 공동자원을 관리하는 데 성공한 사례들의 제도를 분석해 노벨경제학상을 수상하는 쾌거를 이룹니다.

오스트롬에 따르면 커먼즈는 명확한 경계를 둔 공동관리자원입니다. 여기서 자원은 너른 풀밭이나 고속도로처럼 사람들의 접근과 사용을 막기 어려운 것인데요. 누군가 이용하면 그만큼 다른 사람의 몫이 줄어드는 감소성을 갖습니다. 오스트롬은 자원을 잘 관리하기 위해서는 잘 설계된 제도, 규칙을 지키기 위한 감시와 견제가 필요하다며 여덟 가지 조건(설계의 원리)를 제시하죠. 정리하자면 오스트롬의 주장은 제도를 잘 만듦으로써 커먼즈의 비극을 막고 공동자원을 자율적으로 관리할 수 있다는 것입니다.

인간은 이익을 추구한다는 전제를 되묻기

오스트롬은 방대한 실증 조사를 통해 실재하는 커먼즈 사례를 보여주었습니다. 커먼즈가 불가능하다는 주류 경제학자들의 주장이 사실과 다르다는 것을 드러냈죠. 커먼즈를 둘러싼 하딘과 오스트롬의 시각은 정반대인 것처럼 보입니다. 하지만 오스트롬의 논의는 기본적으로 하딘과 동일한 전제를 공유합니다. '인간은 이익을 추구하는 합리적 존재'라는 것이죠. 이는 사실 자유주의 경제학의 가장 중요한 전제입니다.

자유주의 경제학은 '인간은 이익을 추구하고, 그것은 합리적이다', '각자 자신의 이익을 추구할 때 사회는 자연스럽게 발전한다'라는 명제를 전제로 발달한 학문입니다. 인간이 자신의 이익만 추구한다면 공유지의 비극은 절대 풀 수 없는 난제, 즉 딜레마가 됩니다.

경제학자들은 이 딜레마를 해결하기 위해 소위 진화게임이론이라고 불리는 이론을 발전시켰습니다. 로버트 액설로드(Robert Axelrod)의 논문 〈협력의 진화: 이기적인 개인의 팃포탯 전략(The Evolution of Cooperation)〉이 진화게임이론의 대표 저작입니다. 제목이 보여주듯이 자유주의 경제학의 전제 위에서 협력의 가능성을 찾고자 하는 시도입니다. 다양한 참여자 사이에서 게임이 반복될 때, 사람들은 어떤 선택이 정말로 이익인지 깨닫고 협력할 수 있다는 것, 또한 게임 규칙을 잘 만들고 상벌을 정함으로써 사람들이 더욱 합리적인 선택을 하도록 이끌 수 있다는 것이 논문의 주장이죠. 오스트롬은 바로 이 이론에 근거해 커먼즈의 가능성을 주장합니다. '이익을 추구하는 개인들'이라는 전제를 받아들이되, 그들의 합리성이 완벽하지는 않다는 것을 인식하고 이러한 제한을 극복하는 좋은 제도를 디자인하자는 것이 오스트롬의 제안이었습니다. 각각의 개인은 이기적일지언정 더 합리적인 규칙을 만들어 비극을 피할 수 있다는 것이죠.

하지만 인간은 이익을 추구하며 그것은 (약간 문제가 있을 때가 있지만 기본적으로는) 합리적이라는 자유주의 경제학의 전제는 과연 타당할까요? 인간의 본성은 동일하므로 제도만 잘 만들면 어디에서나 같은 결과를 기대해도 좋을까요? 커먼즈를 이해하기 위해 우리는 자유주의 경제학의 공리를 점검할 필요가 있습니다. 서로 다른 것들이 섞이고 나뉘며 지속하던 커먼즈적 삶의 방식이 급격하게 쪼그라들고, 사람들이 커먼즈로부터 분리된 개인이 되어 노동을 포함한 다양한 자원을 상품으로서 '교환'하게 된 기원을 둘러싼 이야기의 중요한 한 축이기 때문입니다.

자유주의 경제학이라는 종교의 탄생

자유주의는 개인이 이익을 추구할 자유를 가장 중요한 가치로 보는 사회사상으로 알려져 있습니다. 하지만 역사학자 헬레나 로젠블랫 (Helena Rosenblatt)은 자유주의가 "개인의 권리와 이익을 보호하는 데 초점을 두는" 사조라는 통념은 냉전의 산물이며 원래 자유주의는 공공선을 더 강조하는 개념이었다고 지적합니다.[2]

로젠블랫에 따르면 자유주의의 출발점은 프랑스 혁명으로, 자유주의는 과거의 종교와 계급제도에서 벗어나 법치와 공민적 평등, 입헌 정부와 대의제 정부, 언론의 자유와 종교의 자유를 포함한 근대적 권리를 지지하는 것을 의미했습니다. 당시 사람들은 "군주, 귀족, 가톨릭교회의 족쇄를 벗어버리면" 공공선이 회복될 것이라고 생각했죠. 그러나 혁명 후 목격한 것은 빈부 격차와 제어되지 않는 개인의 이익 추구였습니다. 낡은 계급적 위계에서 벗어나려는 사상이었던 자유주의가 근대화 과정에서 새롭게 부상한 신흥 부르주아

(중소상공인) 계급의 도덕적 도구로서 경제적 자유방임주의, 혹은 자유무역주의와 결탁하게 된 것입니다.[3]

간단하게 맥락을 짚어보겠습니다. 15세기경, 유럽에서는 절대군주들이 등장해 분할되어 있던 지역을 통일하고 강한 민족국가를 세우기 시작합니다. 절대군주들은 식민지 개척과 보호무역 정책으로 국가를 번영시키고자 노력하는 한편, 기존의 귀족 세력을 약화시키고자 했습니다. 이를 위해서 신흥 부르주아 세력을 관료로 등용하거나 교회와 귀족에게 빼앗은 토지를 판매했죠. 그러나 절대군주와 협력해 입지를 키우고 사회 주도적인 세력으로 등장한 신흥 부르주아 세력은 절대왕정을 무너뜨립니다. 이들은 일련의 시민혁명을 통해 입헌주의를 내세우고 직접 정치에 참여하기 위해 의회민주주의를 수립하죠.

이 과정에서 부르주아 계급이 도모한 것은 무엇보다도 절대왕정에 의한 경제적 규제를 철폐하는 것, 즉 자유로운 시장경제를 만들고 개인의 재산권을 보장하는 것이었습니다. 자유주의가 경제적 방임주의와 결탁한 것은 바로 이러한 역사적 맥락이 있습니다. 현재 자유주의는 정치적으로는 의회민주주의를, 경제적으로는 개인의 이윤 추구를 위한 경제활동의 자유를 보장하는 시장경제와 사적 소유권, 즉 우리가 자본주의라고 부르는 것을 대변합니다.

'경제학'이라는 학문의 등장도 이러한 역사적 맥락과 무관하지 않습니다. 경제학이 독립 학과로 처음 개설된 것은 1903년도 케임

브리지 대학교입니다. 애덤 스미스(Adam Smith)가 1776년에 쓴 《국부론(The Wealth of Nations)》이 경제학의 기틀을 마련했죠. 원래 도덕철학자인 애덤 스미스는 당시의 강력한 보호무역 정책과 개인의 경제활동에 대한 국가의 통제를 중상주의라고 비판하면서, 개인의 자유로운 이윤 추구라는 산업자본주의의 논리를 뒷받침하는 이론을 만들었습니다.

애덤 스미스의 주장을 간단히 정리하면 이렇습니다. 첫째, 가치의 원천은 인간의 노동이다(노동가치설). 둘째, 개인은 이익을 추구하며, 그러한 이익 추구 행위야말로 사회의 이익과 국가의 부를 만든다. 셋째, 시장에는 자율 조절 능력(보이지 않는 손)이 있으니 국가의 개입은 불필요하다. 고전 경제학은 이러한 내용을 과학 혹은 학문으로 정립하고자 하는 시도였죠. 고전 경제학은 18세기 말부터 체계화된 공리주의에 의해 윤리적·철학적으로 뒷받침됩니다. 공리주의는 개인의 이익(쾌락) 추구가 사회 전체의 이익으로 연결된다고 주장할 뿐 아니라 그렇게 얻은 전체 이익의 크기를 도덕의 유일한 기준으로 제시합니다. 즉 새롭게 등장한 경제학과 공리주의는 서로를 보강하며 당시 박차를 가하기 시작한 산업자본주의의 이념적 기반을 마련한 셈입니다.

이후 등장한 마르크스주의 그리고 노동운동과의 대결 속에서 경제학은 가치의 원천을 '노동'이 아니라 '희소성'이라고 주장하기도 합니다. 하지만 이익을 추구하는 개인과 자율 조절 능력을 가진 시장은 현재 주류 경제학에서 여전히 가장 중요한 전제입니다. 하지만 개인이 이익을 추구한다는 것은 대체 무엇을 관찰하거나 분석해서 내린 결론일까요? 경제학은 어떤 과학적 사실에 대한 분석과 기술이라기보다 자본주의와 함께 태어나 신흥 부르주아 계급의 이익 추구 활동을 이념적으로 뒷받침하기 위해 만들어진 이론, 더 정확히 말하자면 일종의 신념 체계입니다.

잘못된 믿음들

경제학의 중요한 전제들이 상상에 불과하다는 것은 많은 인류학자와 사회학자가 지적했습니다.[4] 혹시 고등학교 경제 수업에서 배운 화폐의 역사 기억나나요? 오랜 옛날부터 인간은 살아가는 데 필요한 물건을 구하기 위해 물물교환을 했다, 그런데 자기가 가진 물건을 원하면서 마침 자기에게 필요한 물건을 가진 사람을 찾는 것이 너무 어려웠다, 그래서 화폐가 등장했다는 이야기요. 이 이야기가 함의하는 바는 간단합니다. 인간은 태초부터 필요를 충족하기 위해 재화를 교환했으며 화폐는 그것이 발달한 결과라는 것입니다. 현재 우리가 아는 시장경제가 인류 역사를 관통하는 보편적인 삶의 방식이라는 것이죠. 이 물물교환 하는 미개인들과 원시 화폐의 이야기를 처음 펼친 사람이 바로 애덤 스미스인데요. 문제는 이 주장에 대한 증거가 단 한 번도 발견된 적이 없다는 점입니다.

원시 사회에서 물물교환이 아예 없었다는 이야기가 아닙니다. 다만 물물교환은 주로 이방인들 사이, 혹은 서로 다른 부족들 사이에서 정교한 의식의 형태로 벌어지는 일이었으며, 이때 교환되는 물건들은 대부분 생필품이 아니었다고 합니다. 즉 물물교환은 일상생활의 필요를 충족하기 위한 것이 아니라, 적대적 관계가 되면 위험한 타자와 우호적인 관계를 유지하는 의식 중 하나였다고 보는 것이 타당합니다. 기원전 메소포타미아나 리디아에서 사용된 화폐도 현대 화폐와는 기능이 완전히 달랐습니다. 선물이나 지불수단일 뿐 교환되지 않는 화폐들이었죠. 화폐를 매개로 한 교환을 통해 살림살이를 꾸리고 일상생활의 필요를 충족하는 것은 결코 보편적이거나 자연스러운 삶의 방식이 아니었습니다. 인류학자 데이비드 그레이버(David Graeber)는 경제학 자체가 완전한 상상 혹은 신화에 근거해 있다고 통렬하게 비판합니다.[5]

원시 사회와 고대 사회에도 시장은 존재했습니다. 하지만 근대 이전의 사회에서 시장과 화폐경제는 제도적·윤리적으로 억제되어 있었습니다. 큰 위협이 되지 않은 채 더 큰 사회 시스템에 통합되어 있었죠. 중국이나 이슬람권은 물론 모든 농업 문명이 경제적 거래를 억압했고, 생산과 소비의 압도적인 부분을 친족이나 공동체의 유대 속에서 조직했습니다. 시장이 열리는 터전이 특정한 시공간으로 제한되는 경우 또한 흔하게 관찰되고요. 이는 고대 그리스에서 경제라는 단어가 현재 우리가 생각하는 경제(시장경제)와는 전혀 다른 의미였다는 점에서도 확인됩니다. 경제(economy)의 어원인 고대 그리스어 오이코노미아(oikonomia)는 '가정 살림살이의 관리'라는 뜻인데요. 여기서 가정이란 지금 우리가 생각하는 것보다 훨씬 큰 단위로 밭과 과수원이 딸린 거대한 영지에 지주와 그의 가족은 물론 노예, 가신, 기술자, 가축까지 포함된 단위, 즉 살림살이를 함께하는 사회의 기본 단위였습니다. 살림살이를 조직하는 방식인 오이코노미아와 시장은 서로 대립되는 것으로 여겨졌죠. 그러나 자본주의에서 시장경제는 생산과 살림살이의 가장 기본 영역까지 파고들어와 있으며, 경제라는 말은 자급자족을 위한 살림살이의 질서가 아니라 화폐와 시장경제를 의미합니다. 칼 폴라니(Karl Polanyi)의 표현을 빌리자면 사회에서 뽑혀 나온 경제가 사회 전체를 지배하게 된 것입니다.

무한한 소유욕은 인간 본성인가

인간의 살림살이에서 뽑혀 나와 독자적으로 굴러가기 시작한 경제의 이론인 경제학은 인간을 보는 특정한 관념을 만들어냈습니다. 예를 들어 칼 멩거(Carl Menger)는 인간의 소유욕은 무한한데 재화는 부족하기 때문에, 부족한 재화를 어떻게 분배할 것인가야말로 경제의 관심사라고 말합니다. 그의 언명은 이후 '합리적 선택'이라는 공식과 함께 경제학의 근간을 형성했습니다. 하지만 인간은 정말로 언제나 더 많이 소유하고자 하는, 무한한 욕망을 가진 동물일까요?

다양한 원주민 사회에서 소유란 우리가 생각하는 것과 전혀 다르게 실천되었습니다. 이누이트에게 소유물이란 '사용하는 물건'이라는군요. 놓고 있는 여우 덫은 사용하고자 하는 사람의 소유물이라는 것이죠. 그린란드에서 소유란 실질적인 사용에 관한 것입니다. 텐트나 큰 보트를 가진 사람은 또 다른 텐트나 보트를 상속받을 수 없다고 해요. 한 사람이 텐트나 보트를 하나 이상 사용할 필요는 없기 때문입니다.[6] 많은 수렵채집민은 재산을 일종의 짐, 즉 골칫거리로 여깁니다. 아프리카 부시먼의 존재를 처음으로 서구 사회에 알린 영국 작가 로렌스 판 데르 포스트(Laurens Van der Post)는 부시먼 친구에게 작별을 고하면서 선물을 하고 싶었지만, 이는 "소유 관념 자체가 없는" 그들에게 짐이 될 뿐이었다고 전합니다.[7] 혹시 이런 태도는 경제 관념이 덜 발달된 미개함의 증거가 아니냐고요?

인류학자 마셜 살린스(Marshall Sahlins)는 수렵채집민이 일종의 물질적 풍요를 누리고 있었다고 주장합니다. 이 주장은 방대한 자료의 분석에 기반하는데요, 특히 1948년 미국과 오스트레일리아의 공동 학술조사단이 오스트레일리아 오지인 안헴랜드에서 실시한 방대한 양적 조사는 중요한 데이터를 제공합니다. 이 연구를 보면, 이곳의 수렵채집민들에게 생존에 필요한 자원은 충분했으며(하루 평균 2,160칼로리 소비), 그들은 대부분의 시간을 빈둥거리고 수다를 떨며 보냈습니다.

기후가 온화하고 자연환경이 풍요로운 곳의 수렵채집민에게만 해당하는 이야기가 아닙니다. 유럽인들이 볼 때 누가 이런 곳에서 살까 싶은 척박한 지역에서도 비슷한 사례가 발견됩니다. 아프리카 칼라하리 사막의 부시먼들이 유럽 식민주의자들에게 "세상에 몽고몽고넛이 이렇게 많은데 왜 우리가 경작해야 하느냐"라고 물었다는 이야기는 유명합니다.[8] 원주민을 절대적 빈곤에 허덕이는 집단으로 표현하는 대부분의 자료는 그들의 토착적 삶이 유럽 식민주의자들의 폭력과 수탈로 심각하게 파괴된 이후의 '오염된' 자료라고 살린스는 말합니다.

수렵채집민의 대책 없이 느긋한 태도는, 산업혁명 이전 인류는 항시적 빈곤에 노출되어 있었고 살아남는 데에 모든 에너지를 투여했다는 지배적인 주장과 양립할 수 없어 보입니다. 하지만 경제학과 주류 인류학에는 수렵채집민이 생존에 모든 에너지를 쏟아부어야 한다는 설명과 수렵채집민이 한없이 게으르다는 주장이 공존합니다. 수렵채집민에 대한 상반된 이야기가 모순적으로 뒤섞여 있죠. 오스트리아 인류학자 마틴 구신데(Martin Gusinde)는 이렇게 말합니다.

유럽인 농민과 고용주들에게는 매우 유감스러운 일이지만, 야마나족은 매일매일 지속되는 고된 노동을 견딜 수 없다. 그들은 (이따금 생각나면 하는) 아주 변덕스러운 방식으로 일을 한다. 그렇게 간헐적으로 일을 하다 가끔 아주 반짝 에너지를 쏟아부을 때도 있다. 하지만 잠시 그렇게 반짝하는 노력을 보여준 후 무지하게 오랫동안 쉬고 싶어 한다. 별로 피곤해 보이지 않음에도 불구하고 쉬는 동안은 아무것도 하지 않고 빈둥거린다. (…) 이런 종류의 반복적인 불규칙성이 유럽인 고용주들을 절망하게 만들고 있는 것이 사실이지만, 그 인디언들로서는 어쩔 수 없는 일이다. 그것은 그 사람들의 자연적인 성향이다.[9]

이러한 기록들은 인간이 원래부터 무한히 욕망하는 동물이 아니라는 것을 보여줍니다. 인간의 본성, 혹은 구신데가 "자연적인 성향"이라고 부르는 것은 사람들이 세계와 그리고 서로와 관계 맺는 특정한 방식 속에서 만들어지는 사회적 산물입니다.

합리성이란 무엇인가

다시 한번 합리성의 문제를 생각해봅시다. 19세기 후반 유명한 탐험가 볼드윈 스펜서(Baldwin Spencer)와 프랜시스 질른(F. J.Gillen)은 수렵채집민이 "내일 어떻게 될 것인가에 대해 아주 사소한 생각이나 염려도 하지 않고" 낭비와 향연 후 먹을거리가 떨어지면 채집을 나서고, 소풍을 떠나듯 유랑하는 모습을 묘사했습니다. 스펜서와 질른은 이를 두고 수렵채집민이 물자를 절약하지 않고 미래에 계획적으로 대처할 능력이 없다고 한탄합니다.[10] 반면, 1900년대 초반 선교사의 초대로 유럽을 방문했던 남태평양 사모아섬 추장 투이아비(Tuiavii)는 자신의 동료들에게 유럽인의 어리석음에 대해 연설합니다. 유럽은 시장에 물건을 산더미처럼 쌓아둔 한편에 굶어 죽어가는 사람들이 있다고 말이죠. 이들의 사고방식을 단일한 합리성을 기준으로 평가할 수 있을까요? 유럽 탐험가들과 사모아섬 추장은 전혀 다른 가치나 신념 체계 속에서 서로 다른 합리성을 구축하고 있다고 보아야 하지 않을까요?

소유물은 거의 없지만 하루 두세 시간의 노동으로 모든 필요를 충족하며 대부분을 여가로 보냈다는 점에서 수렵채집민은 아침부터 저녁까지 노동하는 우리와 완전히 다른 방식으로 풍요롭습니다. 그들은 필요한 자원을 어느 시기에 어느 장소에서 얻을 수 있는지 알고 있었고, 결코 무언가가 부족하다고 생각하거나 언젠가는 부족해질지도 모른다는 식의 근심을 하지 않았습니다. 무엇보다 수렵채집민에게 살림살이의 단위는 개인이 아니었습니다. 칼 폴라니가 말하듯이 자연재해로 부족 전체가 굶어 죽을 위험에 처하지 않는 이상 한 개인이 굶어 죽을 염려는 없었습니다.[11] 이런 상황에서 경제는 '건강한 생존'이라는 구체적이고 한정된 목적을 이룰 수 있다면 충분한 것이었고, 그런 의미에서 모두 언제나 필요한 것을 갖고 있었다고 살린스는 말합니다. 언제 다가올지 모르는 재난을 대비하지 않으며 빈둥거리는 이들의 삶은 자주 게으름과 미개함으로 해석되어 식민주의자들의 울분을 샀지만요.

한편, 일본 경제학자 야스토미 아유미(安冨 歩)는 물리학의 관점에서 경제학의 합리성을 비판합니다. 시장경제학의 바탕을 이루는 전제들이 전혀 현실에 발 딛고 있지 않을 뿐만 아니라 기본적인 물리법칙조차 거스르는 비과학적인 내용이라고요. 고등학교 경제 교과서는 사람들이 언제나 최고의 효용을 위한 최적의 선택을 한다거나, 가격은 수요곡선과 공급곡선이 만나는 곳에서 결정된다고 설명하죠. 이러한 설명이 지나치게 단순하다고 생각해본 적 없나요? 경제학은 모든 인간이 같은 종류의 가치를 추구한다고 전제합니다. 게다가 여러 물건이 여러 사람에게 각각 얼마나 효용을 갖는지 일괄해서 계산할 수 있다고 여기죠. 이런 곤란한 전제들을 받아들인다고 해도, 수백 수천 가지의 상품이 있는 상점에 만 원짜리 지폐를 몇 장 들고 들어가서 몇 시간 안에 최고의 효용을 계산하는 것은 물리학적으로 불가능하다고 야스토미는 일갈합니다. 고속 컴퓨터로도 불가능할 무한 속도의 계산을 통해 최선의 이익을 판단하는 추상적 경제인이나, 추상적인 수요곡선과 공급곡선이 만나서 가격을 결정하는 추상적인 시장 같은 것은 현실에 절대 존재하지 않는다고 말입니다.

자유주의적 커먼즈의 한계

문제는 경제학 이론이 물질적 이익에 따라서만 움직이는 허구적 인간을 보편적 인간 형태로 제시할 뿐 아니라, 그러한 인간상이 실제로 영향을 끼치며 세계를 구조화한다는 점입니다. 인간은 각자의 이익을 추구한다는 신념을 사실로 받아들이는 순간, 커먼즈는 반드

시 망가진다는 하딘의 판단은 타당합니다. 모든 사람이 소를 한 마리라도 더 공유지에 풀어놓아 이익을 챙기려고 한다면 공유지는 당연히 망가질 테니까요. 사실 하딘은 커먼즈의 비극을 막는 방법이 국가의 강제나 사유화뿐이라고 주장하지 않았습니다. 오히려 그는 커먼즈의 관리가 "인간의 가치나 도덕 개념의 변화"에 의해서만 달성될 수 있다고 말했죠.[12] 어떤 의미에서 하딘은 '이익을 추구하는 인간'을 합리적이고 윤리적인 것으로 여기는 도덕 개념에 대한 근본적인 문제 제기야말로 커먼즈의 필수적인 조건임을 간파했다고 볼 수 있습니다. 애당초 하딘의 논점이 지구라는 거대한 커먼즈에 관한 것임을 환기할 때, 이윤 추구를 합리적인 것으로 여기는 자본주의 체제가 결국 커먼즈(지구)를 파멸로 이끌 것이라는 하딘의 진단은 정확했던 셈이죠. 하지만 하딘은 인간의 가치를 변화시키기보다는 인구 제한이라는 강압적인 수단을 택합니다.

한편, 오스트롬의 이론에서 커먼즈는 이익을 추구하는 개인이 모여 장기적으로 더 큰 이익을 얻기 위해 효율적인 제도에 기반해 공동으로 관리하는 자원으로 나타납니다. 여기서 사람들은 공동체를 구성하지만, 그것이 어떻게 만들어지는지는 이야기되지 않습니다. 자원과 공동체는 처음부터 주어진 것으로 취급되죠. 무엇보다 오스트롬은 커먼즈를 둘러싼 외부의 힘에 관해 이야기하지 않습니다. 커먼즈가 역사적으로 어떻게 파괴되어왔는지, 현실에 존재하는 커먼즈가 자본이나 국가와 어떻게 관계하고 어떤 영향을 받는지 말입니다. 대신 알프스산맥의 목초지처럼 상품을 생산하는 커먼즈를 성공적인 사례로 제시하는 한편, 지역 공동체의 규칙이 상급 단위인 지방정부와 국가의 헌법, 법률 내부에 잘 자리 잡는 것을 커먼즈의 중요한 조건으로 제안하죠. 요컨대 커먼즈는 국가와 시장을 두 기둥으로 하는 근대 자본주의 체제 내에서 어찌어찌 살아남을 수 있는 제3의 영역으로 여겨집니다.

자유주의적 커먼즈라는 초라한 기획을 넘어서

오스트롬과 하딘의 논의는 정반대의 입장처럼 보이지만 둘 다 근대적 인식론에 기초합니다. 여기서 커먼즈는 자원입니다. 인간(공동체)에 의해 관리되고 이용되는 객체죠. 하지만 자연을 채취·개발·이용·관리하는 주체로서의 인간과 인간에 이용되는 자연(자원)을 나누는 사고방식이야말로 커먼즈 해체와 함께 등장한 것이라고 보아도 좋습니다. 다시 살펴보겠지만 자본주의 이전, 혹은 외부에 존재한 커먼즈적 삶의 양식 속에서 사람들은 무수한 비인간적 존재들과 뒤얽힌 자연의 일부로 살았습니다.

그러나 자본은 인간과 비인간을 나누는 동시에 그 모두를 상품으로 만들며 확장했고, 이는 지구를 엉망으로 만들었습니다. 이윤 창출을 지속하기 위해서는 저렴한 재료, 즉 새로운 자원과 식민지가 필요하기 때문이죠. 지구온난화로 지구 대기 시스템 전체가 급격하게 변화하고 사회적·생태적 붕괴가 가시화되는 현재 상황은 오스트롬이 제안하는 해결책을 명백하게 초과합니다.

에코페미니스트 발 플럼우드(Val Plumwood)는 이렇게 말합니다.

우리 종이 생태계의 위기에서 살아남지 못한다면, 그것은 아마도 우리가 지구와 함께 사는 새로운 방법을 상상하고 실행하지 못 하고, 우리들 자신과 우리들의 고에너지, 고소비, 고도장치적 사회를 고치지 못 한 탓이겠죠. (…) 우리는 다른 양식의 인류로 나아가거나 아니면 완전히 실패할 것입니다.[13]

온 인류가 자기 파괴를 향해 전진하고 있는 것만 같은 현재, 우리는 어떻게 다른 삶의 경로를 만들고 다른 양식의 인류가 될 수 있을까요? 이러한 질문 앞에서 우리가 발견하고자 하는 커먼즈는 국가와 시장 사이에 있는 작은 자율 지대가 아닙니다. 인류가 수천 년간 삶을 조직해온 방식입니다. 또한, 우리가 지금 여기서 우리의 존재를 확장하며 세계와 다시 연결되기 위해 세계를 인지하고 세계에 참여하는 방식을 전환하는 실천적 방법론입니다.

2
세계와 우리를 생산하는 활동, 커먼즈

근대는 자연과 문화를 분리하면서 출발합니다. 한쪽에 인간의 영역인 문화(사회)가 있다면 다른 한쪽에 비인간의 영역인 자연이 존재하죠. 이러한 이원론적 세계관에서 인간은 자연을 다스리고 이용하고 관리하는 주체로, 자연은 수동적 객체로 표상됩니다. 커먼즈를 둘러싼 담론들 또한 커먼즈를 공동체가 관리하는 자원으로 파악함으로써 주체와 객체를 나누는 근대적 인식론에 기대고 그러한 문법을 강화해왔습니다. 하지만 커먼즈의 세계관은 인간을 자연과 분리된 것으로 인식하는 이원론을 거부합니다. 아마존 커먼즈를 연구하는 인류학자 해리 워커(Harry Walker)가 지적하듯이 커먼즈적 세계는 "신체적, 생태적, 정동적" 차원에서 분리되지 않는 여러 존재의 연결로 이루어집니다.[14]

주체와 객체의 구분을 벗어나다

커먼즈는 관계적 세계를 발견하고 구성합니다. 문제는 세계를 바라보는 방식, 즉 인식론을 전환하는 일이 결코 간단하지 않다는 점입니다. 상품 관계의 확장 속에서 커먼즈 실천이 극단적으로 줄어들었을 뿐만 아니라, 인간을 주어의 자리에 놓고 그 밖의 것들을 목적어의 자리에 놓는 지배적 문법이 우리의 사고와 감각에 깊이 자리 잡았기 때문이죠. '대상'과 그것을 바라보는 '주체', 혹은 '자연'과 '인간'을 구분하는 인식론 속에서 우리는 그러한 구분을 실천하며, 주체와 객체가 구분된 세계를 (재)생산합니다. '우리가 세계를 어떻게 인식하는가?'라는 인식론의 문제는 우리가 세계에 어떻게 연루되고, 세계와 우리를 (재)구성하는가와 곧장 얽혀있습니다. 사회현상을 커먼즈로서 인식하는 순간 국가, 법, 시장, 노동, 법률, 사유재산 등 현대 서구 문명의 기반이 되는 많은 개념은 균형을 잃고 문제가 됩니다. 커먼즈의 인식론은 우리가 보편타당하다고 믿어온 세계 전체를 의문에 부칩니다.

그럼에도 커먼즈, 혹은 커먼즈적인 담론과 실천이 점점 많아지고 활성화되는 것은 우리가 세계의 압도적인 관계성을 감각하지 않을 수 없는 상황에 직면해 있기 때문일지도 모릅니다. 다행히 우리에겐 많은 길잡이가 있습니다. "30년간 자신이 커먼즈 연구를 한다는 것을 모른 채 커먼즈 연구를 했다"라고 말하는 법학자 에티엔 르 로이(Étienne Le Roy)처럼 '커먼즈'라는 말을 전혀 쓰지 않는 사람들을 포함해서요.[15] 사실 사람들은 아주 오랫동안 커먼즈의 세계를 살아 왔습니다. 세계 곳곳 민속신앙에, 땅과 자연에 깊이 연결된 원주민들의 언어에 새겨져 있는 커먼즈의 세계관은 근대적 세계가 만들어 낸 이분법적 인식론보다 훨씬 깊고 풍요롭게 연결되는 공통의 기억입니다.

생명의 활동, 커먼즈

프롤로그에서 커먼즈를 여러 개체의 활동이 계산 없이 섞이며 새로운 것을 만들고 나뉘는 과정이라고 설명했습니다. 이는 '생명'의 핵심적인 활동입니다. 신경과학자 안토니오 다마지오(Antonio R. Damasio)는 핵 없는 세포인 박테리아가 20억 년 후 핵을 가진 더 복잡한 세포로, 다시 6억~7억 년의 시간에 걸쳐 다세포 유기체나 후생동물로 진화하는 길고 긴 과정이 "강력한 협동"의 과정임을 밝힙니다. 다마지오에 따르면 진화의 원칙은 항상 동일합니다. 개체는 다른 개체와 협동함으로써, 즉 '독립성'을 포기함으로써 "공통재(commons)"로서의 새로운 세포 조직을 만듭니다. 그것이 "삶을 더 효율적으로 만들고 생존 가능성을 높였기 때문"이죠. 살아있는 것으로서의 세포, 즉 생명 그 자체가 협력을 통해 등장했습니다. 또한 세포는 외부의 것을 끌어다가 스스로 수리함으로써 유지됩니다. 다마지오가 지적하듯이 "이 놀라운 세포의 위업을 달성한 화학적 경로"를 우리는 신진대사(metabolism)라고 부릅니다.[16]

모든 생명-비생명은 외부와 섞이고 교환되는 신진대사 과정, 포식/피식 관계, 사회적 유대를 통해 서로를 살게 하고 자신을 둘러싼 거대한 환경의 일부로서 스스로 재생산합니다. 인간도 마찬가지입니다. 인간은 땅과 비와 햇살, 무수한 미생물과의 연결 속에서 삶의 공간, 즉 자신을 둘러싼 세계를 만듭니다. 버섯과 사람들의 얽힘을 추적한 인류학자 애나 칭(Anna Tsing)이 말하듯이 이러한 세계-만들기 프로젝트에는 언제나 다양한 생물 종이 참여하며 서로 겹치고 교란되고 오염되는 패치들, 복수의 세계를 구성합니다.

핵심은 생명의 활동이 서로 다른 존재들의 협력을 통해서만 가능하다는 것입니다. 인간도 마찬가지죠. 마르크스는 노동을 "인간과 자연 사이에서 이루어지는 하나의 과정"인 "신진대사"라고 정의합니다.[17] 노동이란 근본적으로 인간이 생명을 유지하는 활동이며 이는 무수한 인간, 비인간 타자와의 연결을 통해서만 가능하다는 것을 이보다 잘 드러내는 표현이 있을까요? 생각해보세요. 숲에서 장작을 줍거나 사냥을 하고, 땅을 일구어 작물을 기르고, 갯벌에서 조개를 캐고, 집을 짓고 옷을 만드는 모든 행동은 인간과 자연 사이의 신진대사입니다. 인간을 포함한 모든 생명체는 언제나 자연의 일부로서 거미줄처럼 연결되며 확장되는 집합적인 신진대사 과정에 참여합니다. 삶은 거대한 커먼즈-세계의 일부로서 지속됩니다.

커머닝의 기본 원리, 공산주의

철학자 주디스 버틀러(Judith Butler)는 태어난 순간부터 타인의 존재와 돌봄을 필요로 하는, 혹은 타자에 의해 살 수도 죽을 수도 있는 인간의 실존적 조건을 "위태로움(precariousness)"이라고 표현하는데요. 이 존재론적 위태로움이야말로 다양한 존재들이 협업(커머닝)해야 하는 공통의 조건이라고 말할 수 있습니다.

인류학자 데이비드 그레이버(David Graeber)가 설명하는 '공산주의'라는 개념은 커머닝의 원리를 잘 설명합니다. 공산주의는 모든 것을 공동소유하는 유토피아적 신화나, 국가에 의한 사적 소유 몰수 같은 것이 아닙니다. 공산주의는 우리가 함께 일할 때 언제나 일어나는 것입니다. 사람들이 함께 집을 지을 때 경험이 더 많고 근력이 좋은 사람이 자발적으로 무거운 것을 지고 높은 곳에 오르고, 누군가 내게 옆에 있는 연장을 건네달라고 할 때 그 대가로 뭘 줄 거냐고 묻지 않고 당연히 건네주는 것처럼요. 함께 김장할 때 자연스럽게 역할이 나뉘고 정보를 공유하며 서로를 돕는 것처럼요. 공산주의는 '능력에 따라 생산하고 필요에 따라 나누는' 것입니다.

그레이버에 따르면 모든 인간 사회에는 등가교환, 위계, 공산주의라는 세 가지 도덕원리가 언제나 혼재해 있는데요. 그중 하나가 지배적인 위치를 차지합니다. 일테면 등가교환은 자본주의 사회의 지배적인 도덕원리입니다. 시장에서 우리는 값을 치르고 물건을 사죠. 취직하면 임금을 받고요. 즉, 대등한 두 사람이 각자가 소유한 물건의 가치를 비교해 공정하다고 여길 때 거래(=등가교환)가 성립합니다. 사고 싶은 물건이 생각보다 비싸다거나 자신이 손해를 본다고 느껴서 망설일지도 모르겠네요. 하지만 값을 치르고 물건을 사는 순간, 그 행위는 교환된 물건들을 '등가'로 만듭니다. 쌍방에 부채나 의무가 없이 교환이 성립되었으므로 교환이 성립된 순간, 거래에 참여한 두 사람 사이에는 아무런 의무도, 빚도 남지 않습니다. 이런 의미에서 등가교환은 교환에 참여한 사람들 사이의 평등성을 나타냅니다. 적어도 법적으로는요.

위계는 등가교환과 다릅니다. 농민이 매년 곡식을 바치고 영주가 그를 보호하는 것은 결코 대등한 두 사람 사이의 평등한 교환이 아닙니다. 곡식과 보호라는 재화의 값어치를 비교하는 것은 불가능하죠. 농민과 영주가 애당초 평등한 존재가 아니듯이 말입니다. 위계는 사람들이 언제나 그렇게 해왔다는 전례에 의해 작동합니다. 당연한 듯이 지속해온 위계의 전례를 깨뜨리고 모두가 법적으로 평등한 존재로서 등가교환(=거래)하는 세계를 만들기 위해 유럽에서는 시민혁명이 일어나야만 했죠.

마지막으로 공산주의는 가족, 혹은 친한 친구 사이에서 행하는 것입니다. 각자의 손익을 계산하지 않은 채 능력에 따라 일하고 필요에 따라 나누는 관계죠. 어머니가 자식을 돌보는 데에 얼마나 많은 시간을 들이고 노동했는지 계산하지 않듯이, 사람들이 함께 무언가를 만들 때 각자가 얼마나 기여했는지 일일이 계산하지 않듯이 말이에요.

어떤 사회에서든 이 세 가지 도덕원리는 공존합니다. 하지만 그 중 하나가 지배적인 원리로서 사회와 인간을 둘러싼 세계관을 형성하죠. 예를 들어 자본주의 사회에서 공산주의적 관계는 굉장히 작은 영역으로 줄어들었지만, 우리는 여전히 전혀 모르는 타인에게 때때로 공산주의의 원리에 따라 행동합니다. 하지만 많은 것을 등가교환 관점에서 생각하고 해석하죠. '이익을 추구하는 이기적 인간'이라는 관념, 미생물과 동물의 협업조차 이기심의 발로라고 이해하는 과학이 그러하듯이요. 한편, 공산주의의 원리가 지배적인 사회에서 사람들은 세계와 인간을 전혀 다르게 이해합니다. 내가 준 것을 받을 수 있는지 계산하는 대신 계산 없이 나누는 세계가 언제나 거기에 있을 것이라고 상정하죠. 그레이버는 많은 사회에서 지배적인 도덕원리를 구성한 것은 공산주의의 원리였고, 이 위에서 다양한 커먼즈가 구축되어 왔다고 말합니다.

공통의 노동이 만들어내는 삶의 매트릭스

자본주의가 등장한 이후의 짧은 시기를 제외하면 인류 역사는 커먼즈의 역사라고 말해도 과언이 아닙니다. 물론 커먼즈적 살림살이가 단일한 모양새인 것은 아닙니다. 반대로 우리의 상상을 훨씬 뛰어넘는 무수히 다양한 살림살이의 형태가 존재했죠. 그럼에도 그 모든 살림살이의 양식을 '공통적'으로 관통하는 것이 있다면 사람들이 공통의 노동, 즉 함께 생산하고 나누는 과정을 통해 여러 형태의 물질적·사회적 커먼즈를 구성하고 살림살이를 꾸렸다는 사실입니다.

각각의 지리적·문화적·사회적 맥락에서 커먼즈 양식들은 다른 삶의 모양새와 비교 불가능한 오롯한 특이성으로 만들어집니다. 커먼즈의 특이성은 커먼즈가 노동을 통해 만들어지며, 노동은 그들이 속한 자연환경과 분리할 수 없다는 점에서 비롯됩니다. 라인보우가 너무나 명확하고 아름다운 언어로 표현했듯이 커먼즈는 "들판과 고지, 숲과 습지, 해안의 특정한 실천들에 내재한 노동 과정에 뿌리내린" 것입니다.[18]

사람들은 삶을 지속하기 위해 자연과의 신진대사, 즉 노동을 합니다. 각자가 놓인 구체적 환경 속에서 노동은 서로 다르게 조직되지만, 넓은 의미에서 공산주의적인 것, 능력에 따라 생산하고 필요에 의해 나누는 것이었음은 공통적입니다. 공통의 노동은 땅과 숲, 갯벌과 하천, 바다와 같은 세계의 일부를 공유지, 마을 숲, 동네 개울가, 마을 앞 바다, 공동우물, 공동목장처럼 사람들이 공통으로 속하는 물질적 기반으로 구성합니다. 공통의 노동과정에서 구축된 커먼즈의 물질적 기반은 (우리가 잘 아는 예를 들자면) 두레나 품앗이, 혹은 계처럼 함께 노동하고, 노동의 결과인 잉여를 나누는 활동의 그물망과 겹치고 얽히며 만들어지죠. 이러한 물질적-사회적 커먼즈의 실천은 지역별로 반복되는 세시풍속과 토속 신앙을 만들고 신앙이 만들어내는 심성과 공명하며 서로를 강화합니다.

　물과 육지를 떠도는 영혼과 아귀에 공양하는 제사, 마을의 수호신을 모시는 신당, 집안의 여러 장소를 지키는 가택신들에게 드리는 여러 굿거리는 현대과학의 눈으로 볼 때 어리석고 비합리적입니다. 하지만 다양한 의례와 세시풍속, 토속적인 신앙들은 언제나 사람들이 함께 일하고 나누는 과정, 즉 커머닝의 일부였습니다. 이러한 실천양식을 통해서 사람들은 다시 마을 숲과 공유지, 공동목장을 삶의 공통 기반으로 커머닝했고요. 커머닝의 실천은 노동과 자연자원에 분할 선을 긋지 않습니다.[19] 우리가 흔히 공동체라고 부르는 관계 또한 커머닝의 산물입니다.

　시장경제가 등장하기 전, 사람들의 살림살이는 신화와 문화, 종교와 도덕, 심미적 관행, 명예, 체면, 사회적 관계 등 언뜻 볼 때 먹고사는 문제와 관계없어 보이는 다양한 제도에 깊숙이 뿌리내리고 얽히며 복잡하고 두터운 의미망을 만들고 그를 통해 재생산되었습니다. 커먼즈는 다양한 수준의 인간관계와 집합적 노동의 관행이 사회적, 문화적, 종교적인 여러 실천들과 얽히며 만들어진 일종의 매트릭스(matrix)이며, 사람들은 이러한 매트릭스 속에서 그것의 일부가 되어 삶의 위태로움을 나누었습니다.

　공통적인 삶의 양식인 커먼즈가 근본적으로 봉쇄되기 시작한 것은 '사적 소유'라는 개념이 등장한 자본주의 사회입니다. 즉, 사유화와 커머닝은 정반대의 의미입니다. 하지만 커먼즈가 사유화의 반대

라는 의미가 개인적 소유를 부정하거나 국가에 의한 재산 몰수를
뜻하는 것이 아니라는 것을 기억해주세요. 개인적 재산이 아예 없
는 사회나 공동체는 어디에도 없습니다. 모든 공동체에서 사람들은
여러 가지 기구, 씨앗, 그릇, 옷과 생필품은 물론 집이나 땅까지 다
양한 형태의 자원을 개인적으로 소유했고 앞으로도 그럴 것입니다.
핵심은 각 사회에서 사람들이 무엇을 얼마나 소유할 수 있는가, 또
그 소유란 것이 무엇을 의미하는가가 그 사회에 만들어진 생태적
커먼즈의 복잡한 의미망 속에서 구성되었다는 것입니다.

　고대와 중세를 거쳐 계급 관계가 출현하면서 커먼즈가 약화되거
나 주변화된 사회가 광범위하게 등장한 것은 분명합니다. 게다가
그레이버가 지적하듯이 공산주의적 관계는 쉽게 위계적이고 불평
등한 관계로 미끄러집니다. 공동체 구성원들 사이의 능력과 필요가
다르기 때문이죠. 그럼에도 노예제나 봉건제 사회에서도 커먼즈는
결코 완전히 사라지지 않았습니다. "공기, 흐르는 물, 바다, 그리고
해변—이것들은 자연의 법에 따라 인류에게 공통적으로 속한다"라
는 로마 공화제의 법이 기록하고 있듯이, 조선 정부가 건국 초부터
"산림천택은 백성들과 공유한다(山林川澤 與民共之)"라고 천명했듯
이 말입니다. 영국은 11세기 노르만 정복 이후 모든 토지를 왕의 소
유라고 선언했지만, 광범위한 면적의 숲과 들이 커먼즈로 남아 있
었습니다. 커먼즈와 커먼즈를 둘러싼 관계는 보통 사람들, 민중, 즉
커머너들이 삶을 꾸리는 공통의 기반이었습니다.

민중의 살림살이, 커먼즈

인류학자 빈센트 브란트(Vincent S.R. Brandt)는 1960년대 한국 농촌에 두 상이한 논리가 작동했다고 보고하는데, 이는 당시 농촌 마을에 위계와 공산주의의 논리가 혼재했음을 보여줍니다. 브란트에 따르면 농촌 마을 일상에 자리 잡은 첫 번째 논리는 기분이 좋고 흉허물이 없으며, 잘 접대하고 혈통이 있건 없건 이웃과 상호교류의 의무를 수행하는 '평등한 공동사회의 논리'입니다. 공동으로 작업하거나 품앗이하는 실천이 바로 이러한 논리에 속하죠. 이것이 공산주의/커먼즈의 논리라는 것은 두말할 필요도 없습니다. 다른 하나는 엄숙하고 무거운 위엄을 추구하는 유교적 도덕입니다. 부모에 대한 효성, 종친회에 대한 충성 등 혈연관계를 강조하죠. 이를 지배하는 것은 평등주의가 아닌 '장유유서', 즉 위계의 논리입니다. 브란트는 사람들이 이 두 논리 사이에서 어떻게 구체적인 상황과 맥락에 따라 '적절한' 행동 패턴을 결정하는지 관찰합니다. 이후 다시 이야기하겠지만 근대 이전 한국의 농촌 마을은 비교적 수평적이고 열린 공동체였다고 합니다. 형식적이고 위계적인 논리가 강화된 것은 일제강점기에서 한국전쟁에 이르는 엄혹한 시기를 통과하면서죠. 브란트가 연구를 수행한 것은 마을에 위계적 논리가 강화된 이후지만 거기엔 여전히 커먼즈의 논리가 광범위하게 작동하고 있던 셈입니다.

정치학자 채효정은 '귀족의 살림살이'와 '민중의 살림살이'가 근본적으로 다른 방식으로 꾸려졌다고 지적합니다. 이는 브란트가 관찰한 두 가지 논리를 이해할 수 있는 중요한 관점을 제공하죠. 고대 그리스 시대 귀족들은 경제와 정치의 영역을 구분하고 생산과 돌봄을 위한 모든 노동을 노예에게 맡겼습니다. 인간과 인간 아닌 것은 물론이고 인간의 등급을 분류하는 그들에게 중요한 것은 혈통이며 누가 지배할 자격을 갖느냐였습니다. 한편, 민중의 살림살이에서 삶과 경제, 정치와 경제는 분리되지 않습니다. 사실 경제와 정치를 분리하는 것 자체가 지극히 정치적인 행위입니다. 결국 정치란 우리가 삶의 위태로움을 어떤 방식으로 분배하는가(누구와 어떻게 생산하고 나누며 살아갈까)의 문제이기 때문이죠.

채효정이 지적하듯이 민중의 살림살이에서 중요한 것은 혈통이 아니라 같은 생활권에서 함께 부대끼며 살아가는 동물과 식물을 포함한 이웃들이고 그들과의 관계입니다. 문제가 되는 것은 '자격'이 아니라 '능력'이고요. 민중은 누가 지배 권리를 갖는지, 일하거나 일하지 않을 자격이 있는지 묻는 대신 지금 이 밭에 무엇이 필요한지, 또 어떻게 돌보아야 할지를 살핍니다. 전후 일본에서 오갈 곳 없는 고아들을 거둔 이는 대부분 부자가 아닌 가난한 사람들이었다고 해요. 이러한 사실은 민중의 살림살이가 능력에 따라, 필요에 따라 곁을 돌보며 함께 살아가는 커먼즈의 감각에 기반하고 있음을 보여줍니다.

계급적 위계가 구조화된 봉건 사회에서도 민중은 여전히 커먼즈 속에서 자신의 삶을 스스로 돌보고 지킬 능력이 있었습니다. 송기숙은 산문집《마을, 그 아름다운 공화국》에서 이렇게 말합니다.

이해관계를 자잘하게 따지지 않는다는 점에서 두레는 단순히 품앗이 조직인 작업 공동체를 넘어 마을 공동체로서 사회성을 지니게 된다. 바로 이 때문에 두레에 나오지 않는 사람한테 멍석말이를 하거나 우물길을 끊어버리는 강제력을 발동할 수 있는 근거를 획득하는 셈이다. (…) 두레가 양반이나 부자 등 당시 지배계층을 상대로 위세를 떨칠 수 있었던 더 결정적인 조건은, 두레가 자신들의 노동력을 자신들이 장악하고 주체적으로 그들에게 배분한다는 데 있었다.[20]

조선시대 마을은 민중이 생산 활동을 조직하고 살림살이를 꾸리는 커먼즈의 기본 단위였을 뿐만 아니라 중앙정부와 일정한 긴장 관계를 유지하는 자율적 단위였습니다. 사람들은 나라의 부세를 공동 납부하고 지방행정의 부세 수취가 과중해지지 않도록 조절했습니다. 중앙정부를 상대로 지방 관리의 부정부패를 고소하는 경우도 적지 않았습니다. 일본도 마찬가지입니다. 막부시대 마을은 신사의 제사나 공동노동을 통해 강한 결속력을 만들었는데요, 특히 총촌(總村)이라 불리던 자치 마을의 운영은 촌장의 지도 아래 주민들의 회의로 결정되었고 마을 내의 질서를 위해 규약을 만들거나 스스로 경찰권을 행사하는 일도 있었다고 합니다. 관개용수 관리를 직접

하는 것은 물론, 영주에게 바치는 공물을 마을 단위로 한꺼번에 청부받았습니다. 자연재해 등이 일어나면 영주에게 공물의 감면을 요구하고 받아들여지지 않으면 모두 경작을 그만두는 것은 물론이고 이웃 마을의 농민들과 함께 '잇끼(一揆)'라는 농민의 난을 일으키기까지 했죠.

이러한 힘과 역량은 사람들이 자신의 삶의 기반, 즉 커먼즈에 연결되어 있다는 사실로부터 비롯되었을 것입니다. 집합적 노동으로 자연과 서로를 연결하며 구성되는 커먼즈는 함께 살아간다는 공통 감각입니다. 또한 삶을 자율적으로 통치하는 과정이자 역량입니다. 이는 소수의 지배계급, 엘리트, 귀족에 속한 것이 아니라 평범한 사람들, 즉 민중에 속한 것입니다. 민중은 커먼즈에 기반해 자신의 살림살이를 통치했을 뿐 아니라 지배권력에 직접 대항했습니다.

자유롭고 평등한 삶, 커먼즈

서구의 역사를 인류의 역사로 구성하는 세계사에는 누락되어 있지만, 세계의 많은 곳에서 사람들은 커먼즈적 관계가 위계적 관계로 변질될 위험을 정확히 인지하고 주의를 기울였습니다. 1960년대 파라과이와 베네수엘라에서 생활하며 연구한 인류학자 피에르 클라스트르(Pierre Clastres)는 원시 사회는 미개해서 '국가'에 도달하지 못한 것이 아니라 국가라는 지배 장치를 거부한 사회라고 분석했습니다. 지배하는 자와 지배받는 자로 분리되지 않도록 내부의 사회적 장치를 발전시켰다고요. 아프리카, 남아메리카, 동남아시아에 존재하는 평등한 부족 사회를 연구한 진화인류학자 크리스토퍼 보엠(Christopher Boehm)은 이러한 사회들이 발전시킨 평등주의가 권력 출현과 강화를 막는 신중하고 면밀한 감시와 견제의 지속적인 작업, 즉 잘 짜인 전략을 통해 이루어진다고 이야기합니다. 뛰어난 능력을 뽐내는 사람(권력의 원천)이나 재화를 갖고도 나누지 않는 인색한 사람(자본 축적)을 끌어내리기 위한 다양한 메커니즘이 고안되었습니다. 조롱과 구박, 유머와 같은 기술을 통해 숙련되고 능력 있는 사냥꾼을 체계적으로 경시하는 문화, 사냥한 고기를 부족 사람들과 나눌 때 짐승을 잡은 사람이 아닌 무작위로 선택된 사람이 나눠주는 분배 체계 등의 법률과 관습들이죠.

17세기 유럽의 계몽주의자들은 사회 규모가 커질 때 초월적 권력을 가진 국가의 등장은 불가피하다고 주장했지만, 최근의 고고학적 증거들은 전혀 다른 이야기를 들려줍니다. 인류 역사가 작고 평등한 수렵 채집 사회에서 농경 사회로 발달하고, 계급, 국가, 종교가 출현하고 산업자본주의로 이어지는 식의 일직선적 변화를 거치지 않았다는 것입니다. 우리가 구석기시대라 부르는 때에 이미 대규모의 문명이 존재했다는 증거들이 속속 발견되고 있습니다. 불과 몇세기 전까지만 해도 오스트레일리아나 미국에서 같은 토템과 언어를 가진 원주민 캠프들이 대륙의 절반을 가로지르며 연결되어 있었다는 사실은 평등한 사회가 작은 규모에서만 가능하다는 믿음을 배신합니다. 또한 많은 곳에서 사람들은 중앙집중적 권력의 위험성을 예리하게 인식했고, 시기와 필요에 따라 권력을 조직하고 해체했습니다.

농업의 발달이 계급 사회를 초래했다는 것도 사실이 아닙니다. 계급은 농업과 함께 출현했지만 많은 농부들은, 평등한 삶을 유지했습니다. 농업이 시작되고 계급이 출현할 때까지 수 세기, 수천 년이 걸린 곳도 있었고요. 폭력배나 영주가 권력을 장악한 곳에서도 민중이 국가의 지속적 노예화와 군사적 습격에 끈질기게 저항하며 권력을 전복하거나 권력으로부터 탈주하는 상황은 반복해서 나타납니다.

이러한 사실들은 인간의 본성이나 문명의 진화에 대한 지배적 가설을 폐기할 것을 요구합니다. 많은 곳에서 사람들은 위계가 나타나는 다양한 가능성을 의식적으로 성찰하고, 더 즐겁고 자유로운 삶을 조직하기 위해 다양한 시도와 실험을 했습니다. 커먼즈의 정치는 삶의 주권을 누군가에게 양도하지 않는 것입니다.

커먼즈와 공동체

한편, 우리 삶의 주권을 되찾고 현대 사회가 경험하는 다양한 문제를 해결하기 위한 노력 속에서 '공동체'가 주목받았습니다. 커먼즈를 공동체가 관리하는 공동의 자원으로 이해하면서 커먼즈와 공동체를 겹쳐 생각하는 경향도 있습니다.

하지만 커먼즈를 공동체가 관리하는 자원이라고 정의할 때 우리는 공동체란 무엇인가, 공동체는 과연 어떻게 만들어지는가라는 질문을 빠뜨리고 맙니다. 솔직히 공동체라는 단어가 우리에게 긍정적인 감정만 불러일으키는 것은 아니죠. 서로 돕고 나누는 정다운 마을이라는 낭만적인 이미지 한 귀퉁이에 뭔지 모를 갑갑함이 꼭꼭 접혀 있다고 해야 할까요. 옆집 숟가락이 몇 개인지 아는 사이, 넉넉한 인심과 상부상조라는 말 뒤에 남겨진 누군가의 헌신과 희생. 우리가 공동체와 관계맺는 방식은 (각자에게 역할과 위치를 할당하는) 공동체 질서를 따르거나, 그렇지 않으면 공동체로부터 배제되는 상당히 억압적인 형태임을 부정하기 어렵습니다. 이런 상황에서 현재 우리가 겪는 문제들이 정말로 공동체의 부재 때문인지, 혹은 우리가 독립된 주체로서 타인과 대등하게 만나는 경험을 해본 적이 없어서인지도 아리송하죠. 건강한 개인주의를 권하는 담론들이 등장하는 것이 이상한 일은 아닙니다. 하지만 낡은 계급 사회를 종식하고 의회민주주의를 추동한 개인주의의 발상지에서도 공동체 회복의 필요를 역설하는 목소리가 점점 커지고 있는 현실은 문제가 그렇게 간단하지 않음을 암시합니다.

공동체란 대체 무엇일까요? 힌트는 역사의 장면에 있을지도 모르겠습니다. 앞에서 이야기했듯이 근대 이전 한국과 일본의 마을은 국가로부터 일정 정도의 자율성을 유지하며 사람들이 자기 노동력을 포함한 다양한 자원을 집단적으로 조직하는 커먼즈의 기본 단위, 즉 공동체였습니다. 하지만 마을들이 국가로부터 확보한 거리와 자율성의 수준이 제각각이었듯이, 각각의 마을 안에서 개인들이 관계한 방식, 즉 마을 공동체의 구조 또한 다양했습니다. 학자들은 긴 근대화 과정을 경험한 일본의 마을은 국가와의 긴장 관계 속에서 강하게 결속된 닫힌 공동체로 발달했지만, 한국의 마을은 비교적 열린 구조였다고 말합니다. 가족제도나 토지 소유권 개념도 일본에 비해 느슨했고요. 일본이나 중세 유럽의 장원과 달리 마을 간 이동도 자유로운 편이었습니다.

한국과 비교하자면 닫힌 공동체의 성격이 강했던 일본조차 마을의 구조는 지역별로 다양하게 관찰됩니다. 동북지방의 마을들이 경직된 위계 구조인 반면 서남지방의 어촌 마을들은 다양한 연령층의 조합들(청년회, 중년회, 장년회 등)이 마을의 공동작업과 다양한 공적 업무를 나누어 수행하는, 평등하고 개방된 구조였습니다. 이런 수평적이고 자치적인 마을 구조가 파괴되고, 위계적이고 닫힌 구조의 공동체가 지배적인 형태가 되는 현상은 오히려 근대화 과정에서 나타납니다. 일본의 근대 민족국가 만들기는 메이지 시대부터 시작되었죠. 국가는 서남지방 특유의 수평적인 조합을 금지하는 한편, 동북지방의 위계적인 형태를 '호적법'으로 법제화합니다. 각 집의 가장인 호주가 국가행정 조직의 최말단으로 계열화되는 가부장적 가족국가를 수립한 것이죠. 그뿐만 아니라 메이지 말기의 '지방개량운동'과 함께 마을의 자치 조직은 지방행정 단위로 흡수되고 국가

의식과 천황제 이데올로기 확산의 모태가 됩니다.

한국의 마을 자치 조직들이 체계적으로 파괴된 시기는 일제강점기입니다. 식민지 수탈과 전쟁을 거치는 동안 농촌 공동체는 친족제도를 강화하고 유교적인 도덕률을 강화하며 보수화되었죠. 극심한 빈곤으로부터 친족을 보호하기 위해, 혹은 선거라는 근대적 기제를 매개로 지역사회에서 가문의 위상을 재정비하기 위해서였습니다. 이어지는 근대화 시기, 마을 공동체는 군사정권이 추진한 새마을운동을 통해 민족국가 일부로 통합됩니다. 마을은 국가가 추진하는 근대화에 복무하는 말단 단위이자, 국가의 심사를 통한 각종 경제적 지원을 받기 위해 경쟁하는 단위가 되고 말았습니다.

전통적 커먼즈가 뚜렷한 경계를 가진 공동체라기보다 여러 그룹이 서로 연동되고 겹치는 네트워크였다는 점도 중요합니다. 예를 들어서 근대 이전 한국 마을에서 사람들은 다양한 계를 통해 마을의 공적 업무를 수행하고 필요한 노동과 자원을 순환시키고 나누었습니다. 소가 없는 농민들이 소를 마련하기 위한 우계(牛契)나 마을 자원을 보호하기 위한 송계(松契) 등 경제적인 목적으로 조직된 계는 물론이고, 학계(學契)나 동제계(洞祭契)처럼 종교·교육·문화·오락적인 이유로 만들어진 계, 마을 공동의 일을 함께하기 위한 동계(洞契)나 농계(두레)같이 복합적인 성격을 띤 계도 있었습니다. 계는 가입과 탈퇴가 자유로운 결사체였고 내부의 관계는 평등하고 친밀했으며 민주적인 의사 결정 구조였죠. 마을 사람들은 각자의 필요에 따라 다수의 계에 자유롭게 참여했는데, 가장 포괄적이고 중요한 역할을 담당했던 동계조차 마을의 지리적 범위와 일치하지 않는 경우가 많다고 해요. 중세 영국의 숲 커먼즈도 그렇습니다. 국왕, 영주와 귀족, 땅을 소유한 농민과 아무것도 없는 가난한 평민은 물론 그곳의 동물까지 아우르는 서로 다른 그룹들이 숲 커먼즈를 사용하며 연결되어 있었죠.

이런 역사적 사실은 우리가 사용하는 '공동체'라는 용어가 실재의 다채로움을 지우고 있음을 보여줍니다. 인간은 결코 혼자서 살아갈 수 없으므로 언제나 공동체의 일부입니다. 그러나 공동체는 그 자체로 해방적이거나 선한 것이 아닙니다. 가족이기주의부터 지역이기주의는 물론 민족주의와 국가주의에 이르기까지, 우리는 공동체가 얼마나 끔찍한 것으로 둔갑할 수 있는지 잘 알고 있습니다.

공동체를 둘러싼 두 가지 벡터

커먼즈와 공동체의 관계에서 많은 학자가 강조하는 것은 공동체야말로 커머닝의 산물이라는 점입니다. 손익을 따지지 않고 함께 생산하고 나누는 커머닝의 과정, 즉 공산주의적 관계 속에서 공동체가 만들어집니다. 리베카 솔닛(Rebecca Solnit)은 샌프란시스코의 대지진과 대화재, 9·11 뉴욕 세계무역센터 붕괴, 허리케인 카트리나가 강타한 뉴올리언스 등 끔찍한 재난 상황에서 사람들이 어떻게 자신이 가진 것을 타인들과 나누며 공동체를 만들었는지 이야기합니다. 그녀는 재난 상황이야말로 "연대와 이타주의와 즉흥성의 별자리"가 우리 안에 존재하고 있다는 사실을 보여준다고 말하죠.[21] 이러한 힘, 능력에 따라 일하고 필요에 의해 나누는 인간의 역량이야말로 폐허에서 공동체를, 사회를 복구합니다. 공동체는 미리 존재하는 어떤 것이 아니라 공산주의적 관계와 활동, 즉 커머닝의 산물입니다.

철학자 이진경은 이러한 초기 설정값을 생명의 존재론적 관점에서 포착하며 공동체를 정의합니다.[22] 그는 "더 나눌 수 없는 것(in-dividual)"으로서의 개인(individual), 혹은 개체라는 관념 자체가 19세기적 오해의 산물이라고 말하죠. 우리 몸이 무수한 박테리아의 공생체라는 사실은 몸이 나뉘지 않는 개체라는 관념을 무너뜨립니다. 서로 다른 개체들이 모여서 관계 맺으며 하나의 리듬을 형성하고 일정한 (그러나 언제든 깨질 수 있는 유동적인) 경계, 혹은 작동 방식을 구성할 때 하나의 공동체인 개체가 만들어집니다. 즉, 개체는 서로 다른 것들이 하나의 개체가 되는 과정인 '개체화'의 표현이며, 이런 의미에서 존재하는 모든 개체는 항상-이미 하나의 공동체입니다. 개체란 존재론적으로 이미 집합체이며, 모든 것은 "무수히 많은 분할 가능한 것들이 모여서 만들어지는 거대한 '중-생(衆-生, multi-dividual)'"입니다.

이탈리아 철학자 로베르토 에스포지토(Roberto Esposito)는 이러한 인식에서 한 걸음 더 나아갑니다. 그는 단순한 집합체는 더 큰 개체일 뿐 공동체가 아니라고 말합니다.[23] 동질적인 집합체는 설령 아무리 많은 개체로 이루어져 있다고 한들 공통적인 것을 만드는 관계가 아니기 때문입니다. 에스포지토의 주장은 공동체(community), 공통적인 것(the common), 공산주의(communism)의 어근인 라틴어 'com'의 의미에 근거합니다. 핵심은 'com'이 지시하는 대상이 어떤 것에 '고유한/속하는' 것이 아니라는 점입니다. 무언가가 나에게 고유하게 귀속된 것이라면, 그것은 다른 이들과 '공통'되는 것이 아니니까요. '고유한/속하는(proper)'이란 단어는 누군가의 소유물인 재산(property), 혹은 개인이나 어떤 집단에 고유한 것으로서의 정체성(identity)이 갖는 배타성을 드러냅니다. 이와 달리 공통적인 것은 누군가에게 속하거나 소유되지 않은 채 '사이'에서 만들어지고 서로 다른 것들을 아우릅니다.

공동체를 서로 다르게 정의하는 이진경과 에스포지토의 논의는 공동체가 품고 있는 두 가지 벡터를 드러냅니다. 하나의 벡터는 서로 다른 개체들이 마주치고 섞이며 공통의 리듬을 만들어가는 과정, 즉 공동체를 형성하는 과정입니다. 이진경은 생명의 원리가 공통화(커머닝)이며 모든 개체는 존재론적으로 이미 커머닝의 산물인 공동체라는 점을 강조함으로써 '개인'이라는 관념을 문제시합니다. 그러나 공동체는 또 하나의 벡터를 갖습니다. 커머닝을 통해 만들어진 공동체가 내부의 구성원들이 규범, 습관, 신념을 공유하는 폐쇄적인 세계로 고착화될 때 그것은 에스포지토가 '개체'라고 부르는 것이 되고 맙니다. 모든 개체가 이미 집합으로서 존재한다는 실존적인 상태가 즉각 외부와의 '공통성'을 보장하지는 않습니다. 단일한 의지, 동일한 정체성을 갖는(소유한) 폐쇄적 집단은 아무리 많은 구성원을 포함하더라도 거기에 타자와의 마주침을 통해서만 발생하는 섞임(=커머닝)은 없죠.

에스포지토의 관점은 공동체와 커먼즈를 둘러싼 논의에 중요한 실천적 함의를 던집니다. 예를 들어 가족은 구성원의 능력에 따라 생산하고 필요에 따라 나누는 관계로서 어느 사회에서나 기본적인 커먼즈의 단위, 공동체를 만들어왔습니다. 하지만 자본주의 사회에서 가족은 극히 사적인 형식으로 축소되며 내부의 재산과 구성원의 안전을 지키는 것을 최우선의 목표로 삼는 배타적 집단이 되어버렸죠. 마이클 하트(Michael Hardt)와 네그리는 근대적 핵가족을 민족, 그리고 기업과 함께 부패한 커먼즈로 지목합니다.[24] 핵가족은 내부에서 젠더적인 분업과 위계를 재생산합니다. 그리고 위태로움과 친밀함을 나누는 유일한 단위를 자임하며 다른 관계 형식들을 비정상적인 것으로 취급하고, 가장 극단적인 형태의 나르시시즘과 개인주의를 재생산하죠. 이런 관점에서 가족을 커머닝한다는 것은 위태로움을 나누는 공동체를 재구성하고 민주화하는 것입니다. 커머닝은 공동체를 만드는 활동일뿐 아니라 공동체를 외부에 개방하고 타자와의 관계 속에서 공통성을 재구성하는 수행적 실천입니다.

수많은 세계–짓기로서의 커먼즈

커먼즈는 사람들이 자연과의 집합적 신진대사, 즉 함께 생산하고 나누는 관계 속에서 상호의존의 물질적·사회적 관계를 구성해온 살림살이의 방식입니다. 민중은 자연에, 그리고 서로에게 의지하며 자신을 세계(커먼즈) 안에 속한 존재로 감각하고 있었습니다. 동물과 식물은 물론이고 물체에도 영혼이 있다고 생각했던 원시 문화의 애니미즘, 다양한 민속신앙과 민중 문화는 주체와 객체를 뚜렷이 구분하지 않고 삼라만상을 서로 연결된 것으로 파악하는 커먼즈적 세계를 그립니다.

한편, 커먼즈는 하나의 동질한 세계가 아닌 복수의 세계입니다. 미국의 커먼즈 활동가이자 이론가 데이비드 볼리어(David Bollier)의 말을 빌리자면 "각기 특정한 자원, 산수, 향토사, 전통과의 관계 속에서 진화해 온 것이기 때문에 하나하나가 모두 특별"하죠.[25] 구체적 자연환경에서 구성된 집합적 노동 관행과 다양한 인간관계는 사회적·문화적·종교적 차원의 다양한 실천과 얽히며 고유한 살림살이를 만듭니다. 지구 표면의 다채로운 풍경만큼이나 무수히 다양한 커먼즈가 존재합니다.

혹시 베르베르인에 대해 알고 있나요? 베르베르인은 사하라 사막을 유목하며 살아갑니다. 이들은 삶을 유지하는 데 필요한 모든 자원을 함께 사는 동물들에게 얻습니다. 우유와 치즈, 동물 가죽으로 만든 옷과 집과 이불. 즉 이들의 커먼즈, 삶의 생산양식은 양이라는 존재와 함께 짠 하나의 고유한 세계입니다. 양과 인간의 경계에서 구성되는 공동성을 통해 자신들의 삶과 죽음을 순환시키는 장소인 세계를 짓고 있다고도 말할 수 있습니다. 베르베르인의 단순한 삶의 양식이 보여주는 것은 커먼즈의 경제가 생태적 과정과 구분되지 않는다는 점입니다. 영어 단어 경제(economy)는 생태(ecology)와 같은 어원을 갖고 있죠. 두 단어의 어원 모두 '사는 곳'을 뜻하는 그리스어 'oikos'입니다. 이런 의미에서 생각할 때 나날의 삶을 지속하기 위한 집합적 활동인 노동은 함께 사는 집으로서의 고유한 세계를 짓는 활동이라고 볼 수 있지 않을까요? 서로 다른 경제적 토대를 갖는 집단은 소유 관념뿐 아니라 친족과 결혼에 대해서도 상반된 생각을 합니다. 이 점은 우리가 살림을 꾸리는 방식이 우리가 집을 구성하고 세계를 짓는 방식, 그 속에서 우리 스스로를 (재)생산하는 방식과 분리할 수 없음을 보여줍니다.

이 복수의 세계들은 서로 겹치고 교란하며 커먼즈라는 하나의 세계를 만듭니다. 해리 워커는 아마존에서 사람들이 어떻게 서로 완전히 다른 사람들, 동물들, 삶의 차원들을 연결된 것으로 여기고 있는지 설명합니다. 아마존 커먼즈에서 신체와 정동, 생태의 서로 다른 차원들은 "생산과정의 산물이자 그 선행조건"입니다.[26] 사람들은 사냥, 사냥으로 잡은 동물들이 떨어지면 보충하는 활동, 자연의 안녕, 그리고 사람들의 안녕을 돌보는 활동을 모두 연결된 것으로 여기죠. 인간과 비인간, 생물과 무생물, 물질과 정신이 서로 깊이 얽힌 관계적 세계에서 인간과 인간, 인간과 동물, 생명과 무생물을 포함한 모든 존재는 결코 비교되거나 위계화될 수 없는 고유성을 표현합니다. 한편, 이들의 연결이 만들어내는 전체(=공동체)는 언제나 새롭게 구성되는 것, 불완전한 전체, 열린 것으로 남아 있습니다.

해리 워커가 설명하는 아마존 커먼즈는 도나 해러웨이(Donna J. Haraway)가 말하는 실뜨기의 이미지를 떠오르게 합니다. 다양한 패턴을 만들며 넓게 연결되는 실뜨기요. 실뜨기야말로 세계-짓기로서 커먼즈의 원리를 형상화한다고 생각합니다. 실뜨기라는 공통적 행위가 다양한 매듭법, 고리의 크기, 그물에 얽혀 들어가는 재료들의 무수한 조합을 통해 수천 가지의 고유한 문양과 패턴을 만들어내듯이 커머닝은 각각의 구체적인 맥락 속에서 무수히 다른 방식으로 조직됩니다. 노동과 나눔을 둘러싼 각각의 실천들은 지역의 구체적인 자연환경, 언어, 문화, 노동 관습이 얽히며 해안과 습지, 밭과 논, 산과 숲에 고유한 물질적 커먼즈의 패턴을 새기고 특정한 감각, 감수성, 혹은 상식을 공유한 무리(folks), 즉 인간-커먼즈를 생산하죠. 커머닝은 세계 짓기의 공통적 원리이자 활동입니다. 서로 다른 세계가 서로 연결되며 커다란 세계로 펼쳐집니다. 각각의 세계들이 이어지는 자리에서는 패턴의 얽힘과 색의 오염이 발생하며 다시 새로운 세계들을 만들어냅니다.

세계 속의 우리를 다시 실뜨기하기 위해

제주도가 그러하듯이 공유지나 공동목장과 같은 커먼즈의 물질적 기반이 많이 남아 있는 곳일수록 노동과 금융을 둘러싼 커먼즈의 실천양식은 물론, 토속적 실천과 신앙의 공간 또한 상대적으로 풍부하게 남아 있습니다. 이 사실은 살림살이의 양식으로서 커먼즈의 복합성을 보여줍니다. 커먼즈의 매트릭스가 두껍게, 넓게 짜인 세계에서 인간은 자신을 자연의 지배자로 여기지 않습니다. 삶은 그 자체로 다른 존재들과 깊이 얽혀있으며, 노동의 목적은 그러한 연결, 신진대사를 활성화함으로써 나날의 삶을 지속하는 것, 그러한 삶을 세대를 이어 재생산하는 것, 즉 살림(enlivenment) 자체입니다. 살림살이의 경제는 삶의 다른 영역들과 분리하거나 생산과 재생산을 구분하지 않으며 인간과 인간의 삶을 (재)생산합니다. 문제는 생산양식으로서의 자본주의 또한 특정한 삶의 방식과 그에 조응하는 인간을 생산해 낸다는 점입니다.

다음은 2019년, 불타버린 아마존 우림에서 아마존 원주민 샤먼 이사카 후니 쿠인(Isaka Huni Kuin)이 한 말입니다.

그들은 숲속에 있는 치료제를 알지 못한다. 그들은 그것이 쓸모없다고, 단지 숲일 뿐이라고 생각하지만, 전혀 그렇지 않다. 불이 숲을 사라지게 만들면 내가 가진 풍요로운 지식은 그것으로 끝이 난다. 이 모든 불이 나를 매우 슬프게 한다.[27]

그에게 숲은 공통의 지식이자 삶의 원천입니다. 하지만 자본주의적 생산양식에서 숲은 자원이며 상품입니다. 숲을 불태우고 만들어진 목초지(상품)에서 사람들은 한 푼이라도 더 벌기 위해 목초지 상태와 관계없이 많은 소를 풀어놓는 목동이 되고, 돈을 벌기 위해 우거진 열대우림에 불을 지르는 개발업자가 되죠. 살기 위해 노동력을 팔아야만 하고 모든 활동의 가치를 화폐로 계산하는 세계에서 삶의 가장 중요한 목적은 돈이 되기 때문입니다. 공유지는 불가능하다는 하딘의 경고는 전 지구적 차원의 끔찍한 현실이 되어버리죠.

생산양식으로서 자본주의가 생산하는 것은 정확히 말하면 상품이 아니라, '상품 관계'를 통해서 삶을 (재)생산하게 된 사람들과 그들의 관계입니다. 자본주의적 생산양식 속에서 사람들은 세계를 특정한 방식으로 바라보기 시작하고, 그 속에서 만들어진 특정한 욕망을 본능으로 여기기 시작합니다. 데 안젤리스(Massimo de Angelis)의 말을 빌리자면 "포식자 자본주의 시스템은 우리의 감각마저 식민지로" 만듭니다.[28] 사람들은 스스로를 비싼 상품으로 만들기 위해 최선을 다합니다.

바로 이런 맥락에서 커먼즈는 사회 전환 키워드로 발견됩니다. 사회적 관계의 공통적 원리이자 근본적 삶의 양식이라는 의미를 넘어서 근대적 삶의 방식과 관계를 그 내부에서부터 침식하고 새로운 관계를 만드는 운동이라는 또 하나의 적극적인 의미를 품게 됩니다. 마르크스와 엥겔스(Friedrich Engels)의 표현을 빌리자면 커먼즈는 삶의 공통 원리일 뿐 아니라 "현실의 상태를 지양하는 현실적 운동"으로 나타납니다.[29] 동시에 커먼즈는 세계를 하나의 방향성으로 '진보'시키고자 하는 시도가 아닙니다. 커먼즈는 세계가 언제나 우발적인 복수의 프로젝트임을 인지하고 세계의 가변성에 몸을 적극적으로 집어넣어서 다른 방식의 세계 짓기를 지금, 여기서 시작하는 것입니다.

2부

커먼즈를 해체하고 만든
각자도생의 세계

●　●　● 　우리에게 마치 공기처럼 자연스럽게 느껴지는 근대적 인식론은 커먼즈를 특정하게 분할하고 사유화하는 대규모의 인클로저(enclosure)와 함께 구축되었습니다. 이 인클로저의 과정이 어떻게 우리의 물질과 감각 세계를 재구성하며 새로운 인간과 세계를 창조했는지 살펴봅니다. 커먼즈의 해체는 근대 이전까지 분명히 구분되지 않았던 일과 집, 생산과 재생산을 공간적으로, 실천적으로 나누고 아주 특정한 형태로 구축하는 과정과 함께 진행됩니다.

3
커머너들은 어떻게
임노동자가 되는가

월세가 밀려서 죄송하다는 유서와 연체된 고지서 더미를 남기고 누군가 살아가기를 그만두었다는 소식이 뉴스에 종종 나옵니다. 먹을거리와 입을 옷이 넘쳐나고 화려한 불빛이 가득한 도시 한가운데, 물건이 산처럼 쌓인 대형 쇼핑몰들 사이에서요.

살기 위해 노동력을 팔아야 하는 세계

2020년도 유엔세계식량계획(WFP) 보고에 따르면, 전 세계에서 매년 생산량의 35%에 달하는 식량이 버려지고 있습니다. 하지만 같은 시기 유엔이 발간한 보고서에 따르면 세계 인구의 9%, 즉 7억 명에 이르는 사람들이 굶주림과 영양실조에 시달리고 있으며, 30억 명 이상의 사람들은 건강한 식사를 하지 못 한다고 합니다. 2020년은 세계 억만장자들의 재산 점유율이 역사상 가장 가파르게 증가한 해이기도 합니다. 현재 세계 부자 10%는 전 세계 소득의 52%를 차지하고 있습니다. 1995년 이후 지구상에서 생산된 부의 3분의 1을 세계 상위 1%가 가져간 반면, 하위 50%에게 주어진 부는 단 2%에 불과합니다.[1] 이 숫자는 빈곤의 원인이 자원의 희소성이 아니라는 사실을 드러냅니다. 그렇다면 역사상 유례없는 물질적 풍요를 목도하고 있는 현대 사회에 존재하는 역설적인 물질적 빈곤의 원인은 과연 무엇일까요?

아프리카에는 '빈민'을 지칭하는 단어가 존재하지 않는다고 합니다. 서구 학자들이 종종 빈민이라고 번역하는 단어가 있긴 하지만, 그 단어는 사실 '고아'를 의미한다는군요. 그들에게 빈곤이란 물질적 결핍이 아니라 사회적 관계의 결핍을 의미합니다. 반면 현대 사회에서 빈곤은 개인적 실패 때문이라고 여겨집니다. 살기 위해 필요한 화폐를 손에 넣는 일반적인 방법이 일자리를 구하는 것, 즉 자신의 노동력을 판매하는 것이기 때문이죠.

노동력이 매매 대상, 즉 상품이 되는 것은 생산양식으로서 자본주의를 특징 짓는 핵심 내용입니다. 바꿔 말하자면, 자본주의가 작동하기 위해서는 취직하지 않고서는 (즉, 자신의 노동력을 팔지 않으면) 생계를 유지할 수 없는 사람들이 아주 많이 필요합니다. 물론 자본주의는 단일한 체제가 아니며 다양한 시간대와 맥락 속에서 다르게 발달합니다. 브라질의 자본주의와 일본의 자본주의, 프랑스의 자본주의와 한국의 자본주의는 모두 다르죠. 그럼에도 그 모든 자본주의를 관통하는 특징이 있다면 바로 노동력의 판매를 통한 노동, 즉 임노동이라고 할 수 있습니다.

노동력의 상품화는 역사적으로 서로 맞물리는 두 개의 과정을 통해 이루어졌습니다. 하나는 전통적인 신분 제도와 계급 관계를 해체하는 과정입니다. 노동력을 '자유롭게' 팔기 위해서 사람들은 과거의 신분 질서로부터 해방되어야만 하니까요. 다른 하나는 다양한 물질적·사회적 커먼즈를 울타리 치는 과정, 즉 커먼즈의 인클로저입니다. 커먼즈의 인클로저를 통해 생계 수단에서 분리된 사람들은 먹고살기 위해 자신의 유일한 '소유물'인 노동력을 팔 수밖에 없는 조건에 놓입니다. 운 좋게 금수저를 물고 태어나지 않은 이상 우리는 일해야만 합니다. 아무리 고된 일이라도요. '임금 노예'라는 씁쓸한 표현이나 '해고는 살인이다'라는 잘 알려진 슬로건이 드러내듯이, 임금 노동을 하지 않을 자유는 곧 굶어 죽을 자유에 불과합니다. 문제는 노동력이 판매될지(취직이 될지) 결코 보장되지 않는다는 점입니다. 게다가 일평생 자신의 노동력에 의지해 살아갈 수 있는 인간은 없습니다. 이는 우리의 삶을 근본적으로 불안정하게 만듭니다.

산업혁명의 발상지인 영국은 근대 자본주의의 탄생 과정을 잘 보여줍니다. 중세 봉건제가 근대로 넘어가는 시기의 영국을 특징짓는 것은 종교개혁, 감옥의 탄생, 마녀사냥, 그리고 대대적인 공유지의 인클로저와 엄청난 숫자의 유랑민입니다. 지금부터 살펴보겠지만

이 각각의 키워드는 모두 커먼즈의 해체 과정, 근대적인 형태의 노동(일)과 가족(집)이 형성되고, 사적인 영역(경제)과 공적인 영역(정치)이 나뉘는 과정과 깊이 관련되어 있습니다. 우선 커먼즈의 해체가 어떻게 '일'을 둘러싼 감각과 실천을 재편하는지를 중심으로 이야기를 풀어나가볼까요.

영국의 커먼즈와 〈삼림헌장〉이 알려주는 것

영국에서 커먼즈는 '많은 사람이 함께 사용하는 개방된 땅' 혹은 그러한 땅에 기대어 사는 평민들, 즉 보통 사람들이라는 의미를 가진 단어였습니다. 사람들에게 땅(커먼즈)은 가장 기본적인 자연과의 신진대사의 장이었으며 땅과 연결된 평범한 사람들 또한 커먼즈의 일부였죠.

라인보우는 영국의 커먼즈를 둘러싼 역사를 자세히 추적합니다. 중세 잉글랜드에서 숲(forest)은 지금 우리가 떠올리는 것보다 훨씬 광범위한 개념이었습니다. 삼림뿐 아니라 습지나 목초지는 물론, 나무가 거의 없는 지역까지 다양한 자원을 생산하는 넓은 대지를 숲이라 불렀죠. 커머너(평민)들에게 숲은 삶의 기반이었습니다. 사람들은 불을 때고 집을 지을 장작과 목재, 다양한 열매와 약초를 숲에서 구했고, 가축을 기르고 사냥을 했습니다. 숲에서 나온 다양한 자원을 '에스토버스(Estovers)'라고 불렀죠. 형식적으로 영주가 소유한 땅일지라도 평민들은 매일의 일상에서 그 땅에 깊이 연결되어 있었습니다.

'정복자 윌리엄'으로 알려진 윌리엄 1세가 잉글랜드 곳곳의 드넓은 숲을 '왕의 숲'으로 선포하면서 상황은 변합니다. 1086년 작성된 토지조사부엔 지역별 공유지 면적이 상세히 기록되어 있는데요. 당시 25개였던 왕의 숲은 점점 늘어나서 1217년경에는 143개가 되었다고 하네요. 숲을 이용하는 것을 막기 위해 벌금을 매기거나 체포하는 것은 물론이고 사형에 처하기도 했습니다. 숲에 의지해 생계를 꾸리던 사람들의 삶이 곤란해지기 시작했음은 굳이 설명할 필요도 없습니다. 12세기 무렵부터 널리 퍼진 유명한 민담의 주인공 로빈 후드는 바로 이런 시대적 상황을 반영합니다. 숲에 살며 왕의 사슴을 사냥하고 탐욕스러운 귀족을 응징하는 로빈 후드의 이야기에 민중들은 열광했죠. 왕은 로빈 후드를 도둑으로 지목했지만, 민중에게 도둑은 로빈 후드가 아니라 모두의 것인 숲을 강탈한 왕이었기 때문입니다.

12세기 유럽은 점점 더 불안정해집니다. 도시가 성장하고 상업이 발달하는 한편, 중앙 권력을 추구하는 군주와 교황권 사이에 갈등이 일어나죠. 도심의 성장, 교역 증가와 더불어 점점 더 많은 숲이 개간됩니다. 장원의 영주들은 숲을 독점하고 커머너들의 숲 이용을 제한했죠. 농노 수탈이 심화되는 한편, 커먼즈의 관행이 위기에 처하면서 빈민이 증가합니다. 민생은 황폐해지고 사람들의 불만은 점점 더 커졌습니다. 크고 작은 봉기와 반란이 이어졌죠.

1215년, 결국 대규모 내란이 일어납니다. 백성들의 원성을 등에 업고 런던을 점령한 귀족들은 존 왕에게 '잉글랜드의 자유민'의 권리를 보장하는 헌장에 서명하라고 요구했습니다. 유명한 '마그나카르타(Magna Carta, 대헌장)'입니다. 주목할 것은 당시 마그나카르타와 함께 제정된 '삼림헌장(소헌장)'입니다. 마그나카르타가 교회, 봉건귀족, 상인, 도시 부르주아 계급과 유대인의 이익을 보호하기 위한 것이었다면, 마그나카르타와 짝을 이루는 삼림헌장은 공유지에 대한 커머너의 권리를 기록했습니다. 삼림헌장의 17개 조항은 커머너가 커먼즈에서 열매를 따고, 땔감을 줍거나 나무를 하고, 흙을 사용하고, 방목하고, 낚시하고, 물을 관리할 권리 등 생계 자급을 위해 일할 권리를 천명합니다. 두 헌장은 1369년, 국가의 제정법으로 인정되었지만, 삼림헌장은 1971년 영국 정부에 의해 폐지되었죠.

삼림헌장을 커먼즈, 혹은 커먼즈 권리의 기원으로 오해해선 안 됩니다. 커먼즈는 왕이나 국가 같은 것보다 훨씬 오랫동안 지속된 실천이니까요. 지역 생태계, 사람들이 삶을 유지하는 필수적인 노동 과정에 뿌리내린 커먼즈는 나날의 일상에서 세대를 건너 전해진 경험이자 지식 체계입니다. 커먼즈를 굳이 법이라는 관점에서 생각하고 싶다면 우리는 그것을 국가법보다 훨씬 오래된 관습법이라고 부를 수 있습니다. 국가의 법이 처벌의 위협을 통해 사회를 규제한다면, 관습법은 공유된 도덕 감각과 상호관계를 통해 작동합니다. 많은 부분을 공통의 문화와 관례에 기대고 있으며 상황에 따라 유연하게 변화하죠. 마그나카르타와 삼림헌장은 왕이 숲 커먼즈에 대한 배타적 통제력(사유재산권)을 무자비하게 확대하고 무수한 로빈 후드를 처벌하던 시기에 민중들이 스스로를 통치하던 관습법을 문서로 만든 것입니다. 어떻게든 커먼즈를 지키기 위해서요.

커먼즈가 사유화되기 시작할 때 커먼즈의 권리는 지키기 위해 투쟁해야만 하는 것이 됩니다. 국가법이 커먼즈의 권리를 명시했다는 것은 커먼즈가 공격받기 시작했다는 뚜렷한 반증인 셈이죠. 근본적인 의미에서 커먼즈는 법이나 권리의 문제라기보다 그것을 만들고 재구성하는 사람들의 구체적인 실천이며 커먼즈를 독점하고 사유화하는 힘에 대항하는 싸움일 수밖에 없습니다. 마그나카르타와 삼림헌장의 존재에도 불구하고 커먼즈의 인클로저가 대대적으로 진행된 영국 역사는 이를 역설적으로 보여줍니다.

땅은 어떻게 사적 소유물 혹은 자본이 되는가

영국에서 절대왕정에 기반한 중앙집권적 국가의 기틀이 형성된 것은 왕권의 전성기였던 16세기, 그리고 군주정이 몰락하는 17세기입니다. 30년간이나 지속된 내전에 승리하고 튜더 왕조의 첫 번째 국왕이 된 헨리 7세는 강력한 왕권을 휘둘렀고, 새롭게 부상한 신흥 부르주아지를 관료로 등용합니다. 귀족 세력을 견제하고 왕권을 강화하기 위해서죠. 그 뒤를 이은 헨리 8세는 과감한 종교개혁을 단행합니다. 이 과정에서 수많은 수도원이 해체되고 수도원에 딸린 공유지들이 신흥 부르주아 세력에게 주어집니다. 피터 라인보우의 표현으로 이는 "국가가 후원하는 대대적인 사유화 작전"이었고, 사유재산 형성을 둘러싼 영국의 오랜 역사 속에서 가장 결정적으로 영국의 토지를 상품화한 사건이었습니다.[2]

수도원에 속한 공유지는 마을 사람들에게 속한 것이기도 했습니다. 사람들은 공유지에서 가축을 키우고 식량과 땔감을 얻었으며 다른 커머너들과 교류했습니다. 역사가 윌리엄 코빗(William Cobbett)은 수도원의 해체가 "영국의 오래된 환대의 풍속을 즉시 축출"했고 그 대신 빈곤을 남겼다고 말합니다. "빈곤이란 이전의 영국에서는 그 이름조차도 알려져 있지 않았던 것"이라고 덧붙이면서요.[3] 한편, 15세기 말부터 17세기 중반에는 모직 공업이 발달하는데요, 양모 생산이 돈이 된다는 것을 깨달은 봉건영주들이 농민들을 내쫓고 공유지를 목장으로 전환하기 시작합니다. 바로 '인클로저 운동'입니다. "양은 원래 순한 동물인데, 영국에서는 사람을 잡아먹는다"라는 토마스 모어의 말로 유명하죠. 마그나카르타와 삼림헌장의 존재에도 불구하고 대대적으로 행해진 '울타리 치기(인클로저)' 과정은 중세 영국 농촌의 공동체적 성격을 완전히 해체했고, 농민들이 대거 유랑민이 되면서 심각한 사회문제를 일으켰습니다. 유랑민과 걸인 문제가 하도 심각해서 인클로저를 금지하는 조치가 취해졌을 정도이지만 상황은 바뀌지 않았습니다.

그러나 모어의 탄식 후 200년이 지난 1700년 초에도 공유지는 여전히 넓게 남아 있었습니다. 산업자본주의로의 전환을 완성하기 위해서는 또 한 번의 대대적인 공격이 필요했죠. 이를 추진한 세력은 왕권을 등에 업고 막대한 부를 축적하며 의회로 진출한 신흥 부르주아지입니다. 이들은 왕권을 직접적으로 압박하고 18~19세기에 걸친 법안 개정을 통해 공식적인 인클로저를 추진합니다. 농업 생산성을 향상시킨다는 명목 아래서요. 15~17세기에 벌어진 인클로저가 민간 주도하에 일어난 것이라면, 2차 인클로저는 국가의 정책적 개입을 통해 벌어졌습니다. 이 두 번째 인클로저는 토지에 대한 관습권과 공동경작권을 없애고 토지의 사유재산권을 확립했습니다. 무엇보다 생산수단과 분리된 다수의 임노동자를 만들어냈다는 점에서 사회 전체를 자본주의적으로 재편하는 과정이었을 뿐만 아니라 영국을 넘어 제국을 확장시키는 과정이기도 했습니다.[4]

2차 인클로저는 19세기 초반까지 지속됩니다. 1688년에는 잉글랜드 토지의 4분의 1이, 스코틀랜드의 대부분이 공유지였는데요. 1911년에 이르면 불과 5%의 공유지가 남습니다. 마르크스는 당시의 '청소'가 어떤 식으로 진행되었는지 기술합니다. 1814년부터 1820년까지 6년간 자신이 소유한 영지에 불을 질러 1만 5,000명의 주민과 약 3,000세대의 가족을 쫓아내고 모든 경지를 목장으로 바꾼 서덜랜드 공작부인과 그 과정에서 자신의 오두막을 떠나길 거부하다 불길에 휩싸여 죽은 노파의 이야기가 하나의 사례입니다.[5] 대대적인 인클로저는 커먼즈에 기대어 살던 평범한 사람, 커머너, 농민을 추방하는 과정이었습니다. 농민들이 삶의 기반을 잃은 것은 물론, 작은 규모의 토지를 소유하던 농민들도 거의 사라지고 대부분의 농지는 소수의 거대 농장주가 차지하죠. (현재 영국 전체 토지의 50%를 단 1%의 인구가 소유하고 있습니다.) 서덜랜드 공작부인 단 한 사람이 80만 에이커(3,237㎢)의 토지를 사유화하는 동안, 토지와 분리된 수많은 농민은 날품팔이와 피고용인의 처지로 전락했죠. 이들은 일자리를 찾아 도시로 향하고, 당시 박차를 가하던 산업혁명이 필요로 한 땔감, 대규모의 싸구려 노동력-상품이 됩니다.

커머너들은 어떻게 마녀가 되었는가

커먼즈의 인클로저와 관련한 또 하나의 중요한 이야기가 있습니다. 바로 마녀사냥입니다. 유럽 각지에서 인클로저가 벌어지며 농업자본주의가 부상하던 시기에 수십만 명의 여성이 학살된 사건입니다. 흔히 마녀사냥을 (미신에 사로잡힌) 중세의 사건으로 생각하지만, 마녀사냥이 가장 맹렬하게 벌어진 시기는 학문 체계가 정립되고 근대 국가가 출현하는 15~18세기입니다.

마녀로 몰려 끔찍한 고문 끝에 산 채로 불태워진 사람이 50만 명에 육박하는데요. 대부분의 희생자가 가난한 여성들이었다는 점은 의미심장합니다. 인류학자 앨런 맥팔레인(Alan Macfarlane)은 마녀재판이 발생한 지역과 인클로저 현상이 일어난 지역이 상당수 일치한다는 점에 주목하며 영국의 마녀사냥이 기존 공동체에서 수행한 기능을 밝힙니다.[6] 마녀를 고발한 사람들 대부분은 고발당한 마녀와 안면이 있는 마을 주민이었습니다. 이는 마녀사냥을 단지 지배층이 주도한 폭력으로 간주할 수 없다는 점을 암시하죠. 마녀사냥의 광적인 동학에는 마을 내부의 긴장과 압력이 관련되어 있었습니다.

전통적으로 토지에 대한 권리나 사회적 권력이 남성보다 약했던 여성, 특히 결혼하지 않은 여성과 가난한 과부(즉, 여타의 사회적 보호막이 없는 가난한 여성)가 누구보다 깊이 커먼즈와 관계하고 있었으리라는 사실은 쉽게 짐작할 수 있습니다. 커먼즈에 대한 평민들의 권리를 기록한 삼림헌장 역시 가난한 여성들, 남편이 없는 여성들이 숲에서 식량과 땔나무를 가져갈 권리를 강조합니다. 또한 영국의 장원 체제는 고유한 구빈 체계를 가지고 있었습니다. 빈민들은 수확이 끝난 밭에서 이삭을 주울 수 있었고, 잘 곳이 없으면 교회에서 숙박할 수 있었죠.

그러나 커먼즈의 인클로저와 함께 모든 상황이 달라지기 시작합니다. 엄청난 수의 빈민이 양산되는 한편, 소작료와 물가는 폭등합니다. 부랑자를 줄이고 사회질서를 도모하겠다는 목적으로 제정된 구빈법은 실제로는 구걸을 범죄화했고, 갑자기 구빈세까지 내야 하는 부담스러운 상황에 놓인 주민들은 마을의 가난한 자들을 그 원흉으로 여기게 됩니다. 삶이 팍팍해지고 화폐경제가 점점 더 넓게 퍼지며 모두가 경제적 이해관계에 민감해지는 분위기 속에서, 전통적으로 관대한 미덕으로 칭송받던 자선 행위는 멸시되기 시작합니다. 계급적 위계 구조와 상부상조적인 커먼즈의 질서 사이에서 유지되어온 중세 장원의 오랜 공동체성이 무너지고, 마을은 커먼즈를 독점한 사람들과 커먼즈에서 쫓겨난 사람들로 양극화되었죠.

마을 사람들 사이에 극심한 갈등이 불거졌으리란 것은 상상하기 어렵지 않습니다. 실비아 페데리치(Silvia Federici)가 지적하듯이 "인클로저를 행한 사람과 당한 사람은 서로 잘 아는 사이였고, 평소에 같은 길을 오갔으며, 다양한 관계로 연결되어" 있었을 것입니다.[7] 서로 잘 알던 사람들이기에 구체적인 불편함, 적개심, 증오는 더 쉽게 싹트고 더 맹렬하게 자라났습니다. 기존 사회적 관계와 유대감이 무너지고 빈곤과 불평등, 증오와 갈등이 걷잡을 수 없이 심각해진 곳일수록 대대적인 마녀사냥이 발생했다는 점에 주목해야 합니다. 당시 마녀로 고발당한 사람들은 주로 나이 들고 가난한 독신 여성인 반면, 고발자는 주로 마을에서 제법 잘 사는 남자나 그의 가족인 경우가 많았다고 하는군요. 부자가 마을의 가난한 여성들을 마녀로 고발했다는 거죠. 고발의 증거는 많은 경우 방목권, 커먼즈에서 얻던 땔감과 이삭 등의 에스토버스와 관계가 있었습니다. 이 사실은 무엇을 의미할까요? 1585년 마가렛 하켓이라는 늙은 과부가 마녀로 고발되어 살해당한 사건이 있었는데요. 그녀가 마녀로 고발된 이유에 대한 기록이 힌트를 줍니다.

그녀는 이웃의 밭에서 허락을 받지 않고 콩을 한 바구니 땄다. 주인이 돌려달라고 하자 그녀는 화가 나서 콩을 바닥에 집어던졌다. 그 이후로 그 이웃의 밭에서는 콩이 자라지 않았다. 나중에 윌리엄 굿윈의 하인이 그녀에게 효모를 주지 않았더니 그의 양조대가 다 말라버렸다. 그녀는 어떤 사람의 땅에서 나무를 가져가다 토지 관리인에게 발각되었다. 이 관리인은 단단히 화가 났다.[8]

이 여성들은 인클로저가 불러온 갑작스러운 가난에 가장 먼저 커다란 타격을 받은 이들입니다. 하지만 이들이 도움을 요청할 때 이웃 사람들의 태도는 이전과 달랐죠. 이 여성들은 어떤 기분이었을까요? 하루아침에 커먼즈에서 쫓겨나고, 그동안 당연하게 손에 넣은 땔감과 콩, 효모를 박탈당한 것은 물론이고 긴 세월 이웃이었던 마을 사람들에게 거지 취급을 받는 상황에서 말입니다. 그녀들은 당연히 화를 내거나 악담을 퍼붓고 저주의 말을 던졌을 것입니다. 형언할 수 없는 배신감, 울분과 억울함을 담아서요. 페데리치는 바로 이러한 의미에서 이들이 단지 희생자가 아닌, "빈곤과 사회적 배제에 저항한 여성"이었다고 지적합니다.[9]

마을 사람들은 찜찜하고 불편했을 것입니다. 인클로저를 통해 부를 손에 넣은 사람들일수록 더 껄끄러웠을 테고요. 동시에 마을 사람들에게는 심리적·도덕적 불편함을 간단히 제거할 수단이 있었습니다. 이 여성들이 던진 분노와 저주의 말을 마녀의 증거로 고발하는 것, 이 여성들이 성공한 이웃을 괴롭히고 물질을 얻기 위해 악마와 계약을 맺었다고 주장하는 것이었죠.

축제의 시간을 멈추고 노동하는 몸을 만들기

15세기 이후 유럽에는 빈민과 유랑민이 넘쳐납니다. 대규모 토지 수탈은 어마어마한 수의 맨몸뚱이 가난뱅이들을 만들었지만, 이들을 수용할 공장은 부족했기 때문입니다. 땅과 관계 맺으며 자연의 리듬을 살아온 농민들에게 매일매일 장시간의 단순노동을 반복하는 공장의 리듬에 적응하는 것은 갑작스러운 빈곤만큼이나 어려운 일이었습니다. 임노동을 거부하고 유랑하는 커머너들의 몸을 공장으로 불러와 쉬지 않고 돌아가는 기계에 끼워 맞추기 위해서는 시간과 노동을 둘러싼 감각의 인클로저가 필요했죠.

15세기 말에서 16세기에 걸쳐 서유럽의 거의 모든 나라에서 부랑과 도둑질을 방지하는 법이 만들어집니다. 늙거나 아파서 노동할 수 없는 사람에게만 거지면허를 부여하고, 면허가 없는 부랑자는 태형과 낙인, 감금과 강제노동은 물론 사형까지 부과하는 가혹한 조치이었죠. 그 잔인함 때문에 '피의 입법'이라 불린 이 새로운 법은 영국의 헨리 8세 때만 무려 7만 명이 넘는 부랑자를 죽음으로 몰아넣었습니다. 그런데도 많은 사람들은 임금 노동을 자유의 상실로 여겼고, 임노동을 하느니 방랑하는 위험을 감수했습니다. 이어지는 17~18세기는 유럽 국가와 지방 정치체들이 빈민, 실업자, 게으름뱅이, 거지, 광인, 범죄자를 색출해 감옥에 가두는 이른바 '대감금'의 시대입니다. 종합병원 혹은 교화소라고 불린 이 거대한 수용시설에 파리에서만 시민 1% 이상이 감금되었을 정도죠. 광인을 제외한 부랑자들이 수용소에서 풀려난 것은 산업 발달로 노동력이 부족해지기 시작한 18세기 후반인데요, 대부분 산업 현장의 가장 싸구려 노동력으로 편입되었습니다.

가장 가난한 사람들을 시설에 몰아넣고 강제노동을 통해 교화(!)하는 한편, 게으름을 악마화하고 부지런함을 찬양하는 정신교육이 사회 전체에서 대대적으로 벌어졌습니다. 게으름은 인생을 파괴할 것이라고 협박하는 〈개미와 베짱이〉 우화의 다양한 버전들이 쏟아져 나왔죠. 사람들의 마음을 가장 효과적으로 사로잡은 것은 바로 미국 건국의 아버지로 알려진 벤저민 프랭클린(Benjamin Franklin)의 "시간은 돈"이라는 설교였습니다. 그는 말합니다. "당신이 하루를 빈둥거렸다면 당신이 잃은 것은 단지 하루치 일당이 아니다. 당신은 그 일당을 밑천 삼아 돈을 버는 경쟁에서도 뒤처진 것이다."[10]

여기서 주목해야 할 것은 사람들이 시간을 분과 초로 쪼갤 수 있는 동질한 것, 계산 가능하고 돈으로 환산되며 그렇기에 아끼거나 낭비할 수 있는 것으로 여기는 게 새로운 현상이라는 점입니다. 예를 들어, 14세기 남프랑스 시골 마을 몽타이유에서는 "느릅나무 싹이 돋는 계절에 무슨 일을 했다"라거나 "주기도문 두 개를 읽고 있는 동안"이라는 식으로 시간을 표현했다고 합니다.[11] 영국의 역사학자 E. P. 톰슨(E. P. Thomson)도 비슷한 사례들을 이야기합니다. 마다가스카르의 사람들은 "밥이 지어지는 시간" 혹은 "메뚜기 뛰기는 시간"이라는 식으로 시간을 쟀고, 17세기 남아메리카에서는 달걀 조리 시간을 "아베마리아를 한 번 소리 내어 부르는 동안"으로 측정했다고요. 크로스 리버 원주민은 "옥수수가 채 다 익지도 않을 시간에 남자가 죽었다"라는 보고를 남겼다는군요.[12] 하루를 열두 개로 나눈 것은 바빌론의 유물이라지만, 이는 기도 시간을 정해둔 중세 수도원에서 통용된 시간이었습니다. 보통 사람들에게 중요했던 것은 농부가 파종이나 수확을 하고, 유목민이 가축을 방목하거나 이동시키는 활동처럼 집합적 살림살이를 자연의 리듬이나 우주적 질서와 조화시키는 것이었죠. 매순간 서로 다른 농도와 의미를 품은 질적인 시간이 다양한 세시풍속, 축제나 의례를 통해 조직되었습니다.[13]

그러나 산업 사회에서 시간은 1초와 1초로 나눌 수 있는 동질한 것이 됩니다. 타닥타닥, 나무 타는 소리만이 울리는 가운데 화덕 불을 쬐는 고즈넉한 밤의 시간, 마을 축제에서 사람들과 노래하고 춤추는 시간, 밭에서 돌아오는 가족을 기다리며 분주히 저녁을 짓는 시간이 갖는 고유한 질적 특징은 사라지죠. 게다가 자본주의의 양적 시간은 결코 그냥 흘려보내서는 안 되는 것, 철저히 아껴 써야만 하는 것입니다. 하루치 일당을 주고 노동자의 노동력을 구매한 자본가 입장을 생각해보세요. 하루에 몇 시간까지 일을 시킬 수 있는가, 주어진 시간 동안 얼마나 강도 높게 일을 시킬 수 있는가는 너무나 중요한 문제죠. 자본가에게 시간은 문자 그대로 돈입니다.

독일 사회학자 막스 베버(Max Weber)의 《프로테스탄트 윤리와 자본주의 정신(Die protestantische Ethik und der 'Geist' des Kapitalismus)》은 16세기 발흥한 개신교, 특히 청교도주의가 어떻게 노동을 둘러싼 보통 사람들의 관념과 실천을 바꾸었는지 분석합니다. 신흥 부르주아 계급이 주도한 영국의 청교도 혁명은 절대 군주의 왕권과 중세 종교에 대한 반발로 일어납니다. 베버에 따르면 청교도 혁명을 통해 개인은 종교인의 중재 없이 신과 직접 소통할 수 있게 됩니다. 여기서 자신의 죄가 사해졌는지, 기도를 잘하고 있는지 아무도 확인해주지 않는다는 불안감을 해결한 것이 바로 청교도의 구원예정설이었죠. 열심히 일해서 세속적 성공(부의 축적)을 이룬다면 그것이야말로 구원의 증거가 됩니다. 기업가의 이윤 추구 활동과 노동자의 노동 활동을 구원을 위한 각각의 소명 행위로 보는 청교도주의의 교리는 세속적 도덕을 지배하기 시작했죠.

한편, 종교개혁은 신의 목소리를 듣지 못하는 무지몽매한 대중을 훈육하기 위해 축제와 휴일, 즐거움을 금지했습니다. 중세 유럽 사회에서 사람들의 생활은 무수한 축제와 함께 한바탕 일하고 한바탕 노는 것의 반복이었는데요. 교구마다 차이가 있지만 15세기 무렵 노동이 금지된 의무적 축제일은 1년에 40~60일 정도였다고 합니다. 여기에 52일의 일요일(안식일)을 더하면 1년 중 휴일이 3분의 1에

육박했죠. 그러나 휴일의 노동을 엄격히 금지하는 전통 교회법이 폐지되고, 금욕과 절제를 내세우는 청교도 정신에 입각해 각종 축제와 놀이가 금지됩니다. 푸딩과 고기 파이, 춤과 노래, 거리 공연, 크리스마스를 법으로 금지하고 일요일을 줄이기 위해 일주일을 열흘로 늘린 기간이 있을 정도였다고 합니다.[14]

동시에 사회 전체에서 훈육의 과정이 진행됩니다. 이는 수도원에서 만들어진 정확하고 엄격한 시간표를 일상생활에 적용함으로써 종소리에 따라 움직이고, 공장의 리듬에 맞추어 출퇴근하는 몸, 괴로워도 참고 견디며 기계의 리듬에 몸을 끼워 맞추는 사람들을 만들어내는 과정이었죠. 공장의 작업 시간은 철저히 감독되고, 정해진 시간을 조금이라도 어기면 벌금이 부과됩니다. 훈육은 공장에서만 벌어진 것이 아니었습니다. 교회는 빈둥거림과 즐거움을 비난하고, 학교는 시간 엄수, 시간 절약, 규칙 엄수 등의 습관을 강제했습니다. 무엇보다 시계의 보급과 함께 시간은 아껴 써야 하는 것이라는 인식이 사회 전체에 스며듭니다. 이는 부자가 되는 것이야말로 천국에 가는 길이니 시간을 아끼고 근면하게 일하라고 말하는 청교도 윤리와 맞물리며 새로운 시대의 도덕률로 자리 잡았죠. 근대적 시간과 임노동자를 만드는 과정은 "새로운 인간 본성"을 창조하는 과정이었다는 톰슨의 말은 결코 과장이 아니었습니다.[15]

대지의 마법을 지우고 생명의 그물을 해체하기

인클로저, 이와 병행된 종교개혁과 마녀사냥은 민중을 거대한 생명의 그물망에서 분리해내는 과정이기도 했습니다. 커먼즈가 해체되기 전 민중에게 땅과 숲, 바다와 강, 비와 태풍은 신비스럽고 때론 무섭기까지 한 어떤 것, 즉 신의 영역이었고, 인간은 다른 많은 동식물과 함께 그러한 마술의 영역 안에 연결된 존재였죠. 불교에선 서로를 비추는 구슬들이 엮인 한없이 커다란 그물(인드라망)로 세상이 이루어져 있다고 말합니다. 캐나다 스쿼미시의 추장은 "인간들이 생명의 그물을 짜는 것이 아니라, 인간이란 단지 그 그물 속의 한 올"일 뿐이라고 말했고요. 이는 삼라만상을 연결된 것으로 파악하는 관계적 사고를 보여줍니다. 여기서 인간은 자연-자원을 관리하거나 개척하는 주체가 아니라 복잡하게 얽힌 생명과 삶의 그물망, 즉 커먼즈의 일부입니다.[16]

이러한 세계관은 인간의 노동력을 사고팔며 자연을 상품의 원료로 여기는 자본주의적 사고방식과는 양립할 수 없습니다. 노동력(인간의 활동)과 자연을 대상화하고, 인간을 그 모든 것을 소유한 주체로서의 개인으로 만들기 위해서는 모든 것이 거대한 생명의 그물망으로 이어져 있다는 감각, 땅과 신체에 새겨진 마술적 힘을 뿌리 뽑아야만 합니다. 땅과 강, 바다와 숲과 나무, 소와 닭과 돼지와 물고기, 원주민과 여성 신체를 저렴한 재료, 즉 인간과 분리된 대상으로 보지 않는다면 생산성을 높일 수 없기 때문이죠. 부의 축적을 구원의 증거로 제시하는 청교도 윤리가 자본주의적 합리화와 탈주술화의 과정을 동반했다는 막스 베버의 분석 또한 이러한 측면을 잘 보여줍니다.

예를 들어 민중문화 연구로 알려진 카를로 긴즈부르그(Carlo Ginzburg)는 이탈리아 정부와 교회가 보관한 엄청난 양의 마녀 심문조서를 판독한 결과, 16세기 이탈리아에서 자신의 행위를 떳떳이 밝힌 피고들의 자백을 발견합니다. 대부분 여성인 이 피고들은 스스로 '베난단티'라고 불렀는데, 베난단티는 기독교가 들어오기 전 유럽에 널리 분포하던 민속신앙이며 이 신앙을 지키는 무당을 일컬었습니다. 다산과 풍요를 비는 농경 의식에서 시작된 이 신앙의 주체들은 계절이 바뀌는 축일이면 베난단티로 변해 농작물을 망치고 포도주를 상하게 하는 마녀와 가상의 전투를 벌였습니다. 사람들에게 걸린 저주를 치유하기도 했고요.

종교개혁과 인클로저는 마그나카르타의 위반이며 커먼즈의 수탈이었을 뿐 아니라, 땅에서 마법의 힘을 빼앗는 사건이었습니다. 라인보우의 표현을 빌리면 "케이크와 맥주의 축출, 스포츠의 축출, 춤과 축제의 폐지, 그리고 남성과 여성의 신체에 대한 엄밀한 규율"을 의미했으며, 결정적으로 땅과의 정신적 유대를 파괴하는 과정이었죠.[17] 커먼즈의 세계로부터 분리된 커머너들은 다양한 노동 규율을 내면화한 임노동자가 됩니다. 어울림, 연결, 우리가 우리보다 더 큰 세계로서의 커먼즈에 속해 있다는 감각들은 울타리 쳐지고 그 자리를 합리성, 생산성, 효율성이 대신합니다.

커먼즈 해체의 다양한 버전 혹은 공통의 이야기

지금까지 살펴본 것은 주로 산업자본주의 발상지인 영국의 사례입니다. 하지만 자본주의 시장경제가 자리 잡은 그 어디에서나 커먼즈를 울타리 치고 사유화하는 과정, 사람들을 커먼즈로부터 축출하는 과정이 발생합니다. 폴라니는 유럽이 지배한 여러 식민지에서 어떻게 자본주의, 즉 임노동 관계가 시작되었는가를 두고 이렇게 말합니다.

백인 식민주의자들은 식량 부족 사태를 인위적으로 창출하기 위하여 빵열매 나무들을 베어 넘어뜨리기도 하고, 또 원주민들에게 세금을 징수하여 그들로 하여금 세금으로 낼 화폐를 벌기 위해서 어쩔 수 없이 자신들의 노동을 맞바꾸도록 강제하기도 했던 것이다. 어느 쪽의 경우이든 그 결과는 영국 튜더 왕조 시대의 종획 운동과 비슷하여, 살 곳을 잃은 부랑민 떼거리가 사방을 휩쓸고 다니게 된 것이다.[18]

한 가지 예를 더 들어볼까요. 1895년 마다가스카르섬을 침공하고 점령한 프랑스 갈리에니 장군이 가장 먼저 한 일은 주민에게 무거운 인두세를 부과하는 것이었습니다. 데이비드 그레이버는 갈리에니가 이 세금을 '교육세'라고 불렀다는 점에 주목합니다.[19] 세금을 통해 원주민에게 노동의 가치를 가르친다는 의미죠. 세금을 내기 위해 화폐가 필요해진 마다가스카르섬의 농부들은 수확한 쌀의 일부를 전국의 소도시에 흩어져 있던 중국이나 인도의 상인들에게 팔아야 했고, 이듬해 가족을 부양할 양식을 훨씬 비싸게 사야만 했습니다. 농부들은 빚의 구렁텅이로 빠지고, 프랑스인 식민지 이주자의 플랜테이션에서 임노동을 하거나 자식을 임노동자로 도시에 보냅니다.

이와 비슷한 예는 제국주의자들이 식민지로 삼은 전 세계 모든 곳에서 거의 예외 없이 나타납니다. 조선은 건국 초기부터 "산림천택은 백성들과 공유한다"라고 천명했습니다.[20] 하지만 17세기 이후 상업이 발달하고 화폐경제 비중이 커지는 상황에서 지방 토호들과 조정의 세력가들은 산림천택을 사유화하기 시작하죠. 권세가와 부호가 토지를 사들이고 자작농 비중은 계속해서 줄어드는 한편, 가혹한 부세 수탈과 세금의 화폐화로 농민의 삶은 점점 더 피폐해집니다. 당시 어려움에 처한 백성을 구제하기 위해 환곡제를 운영하는데요. 춘궁기에 관청에서 농민에게 곡식을 대여하고 추수기에 약간의 이자와 함께 돌려받는 제도였습니다. 하지만 상품 화폐경제의 확장 속에서 지방 관청은 오히려 이 제도를 고리대적 수탈의 수단으로 악용합니다. 곡식이 비싼 봄에 백성들에게 화폐를 나누어주고, 그 대금과 이자를 곡식이 싼 가을에 쌀로 받아 차액을 가로챈 것이죠.[21]

커먼즈로 존재하던 산림천택에 결정적으로 소유권을 부여하고 근대적 토지와 세금 제도의 근간을 마련한 것은 일제강점기 토지조사사업입니다. 이는 토지를 경작하는 농민의 여러 전통적·관습적 권리를 박탈하고 소유권이 모호한 공유지를 국유화하는 과정이었습니다. 특히 공전, 역토, 둔토, 목장토 등 농민들이 대대로 경작하던 땅이 역둔토라는 이름으로 국유지에 편입됩니다. 1912년 국유지로 편입된 토지의 총 면적은 경지 총 면적의 20분의 1에 해당했습니다. 이곳에서 농사를 짓던 농민의 수는 기록된 것만 33만 1,748명에 달합니다.[22]

파괴된 것은 물질적 커먼즈만이 아닙니다. 민중을 커먼즈로서의 땅과 공동의 관계로부터 분리하기 위한 감각의 인클로저도 진행되었죠. 근대화 과정에서 대부분의 민중 문화와 민간신앙은 비합리적인 것, 전근대적인 것, 미신으로 치부되고 억압되었습니다. 한국의 민중은 강물과 바위, 개구리와 꿀벌과 민들레, 고래와 쑥부쟁이에 이르는 모든 동물과 식물, 사물을 영혼을 가진 것, 즉 살아있는 존재로 여겼습니다. 부엌과 대들보, 심지어 변소까지 집안의 곳곳을 신령한 존재로 여기고, 평안한 일상을 위해 이들을 섬기고 달래는 의식을 했던 것은 그리 먼 과거의 일도 아니죠. 하지만 근대화 과정에서 점이나 굿, 마을 축제는 타파해야 할 미신이자 구습으로 지목됩니다. 마을 축제가 없어지고 서낭당과 장승이 파괴됩니다. 이러한 흐름은 일제강점기에 시작되어 새마을운동까지 계속되었는데요,

1937년 〈동아일보〉에 실린 "동리제를 폐(廢)하라"라는 사설은 민중 문화 파괴의 근저에 있는 근대적 합리성이 무엇을 의미하는지 분명히 드러냅니다. 사설은 마을 제사로서 사람들을 결속시키는 민간신앙의 구심점이었던 동리제가 미신을 조장하는 폐습일 뿐 아니라 경제적 낭비라고 주장하죠. 부의 축적을 방해하는 요소는 철저히 배제해야 한다는 주장입니다.[23]

사회적 커먼즈도 해체되었습니다. 조선시대 농민은 다양한 두레와 계의 결속력을 바탕으로 양반도 함부로 할 수 없는 공동체의 일원으로 살아가고 있었습니다. 계는 돈을 모으기 위한 목적은 물론 그릇이나 소, 말 등을 나눠 쓰거나 마련하는 다양한 활동을 포괄했습니다. 입회와 탈퇴가 자유로울 뿐 아니라 평등한 결사체, 혹은 협동조합의 성격을 갖고 있었습니다. 18세기에도 계의 내부에서는 신분의 고하를 따지지 않았다는 기록이 있을 정도죠. 두레의 힘 또한 강력해서 지주라도 소작인을 함부로 바꿀 수 없었고, 소작료는 30~40% 정도로 안정되어 있었다고 해요. 그러나 일제강점기 토지 조사사업으로 물질적 커먼즈는 해체되고 온갖 명목의 세금이 부과됩니다. 화폐경제가 침투할수록 농민들 사이에서 이익 추구 현상이 확산되었죠. 두레 안에서도 노동의 대가를 정확히 계산하려는 경향이 강해지고요. 일제강점기 말기에 이르면 두레는 청부 임금 노동 단체로 변질되고 맙니다.

수많은 농민이 대대손손 농사를 짓고 평생을 살아온 땅, 그곳에서 만들어온 관계와 삶의 방식을 잃고 농촌을 떠나야 했습니다. 산업화가 진행되지 않았던 당시 한국에서 농민들은 대부분 소작농, 머슴, 화전민 등으로 전락하거나 유랑민이 되고, 살길을 찾아 만주와 시베리아, 일본 등 해외로 향했죠. 최서해 작가의 〈탈출기〉라는 소설을 아시나요? 1920년대, 가난에 시달리다 못해 간도로 살길을 찾아 나선 가난한 농민이 품팔이, 구들장이, 나무 장수, 생선 장수 등을 전전하면서 아무리 애써도 삶을 유지할 수 없는 현실을 향한 분노를 활활 타오르는 필체로 적은 작품입니다. 해방과 전쟁 이후에도 농촌은 점점 피폐해지고 이농은 계속됩니다. 한국 경제가 수출 지향 공업화로 크게 변모하기 시작하는 1960년대와 1970년대, 전통적 커먼즈로부터 뿌리 뽑힌 농민들의 정착지는 도시의 판자촌이었습니다.

물론 영국에서 몇백 년에 걸쳐 일어난 변화가 한국에서는 단 몇십 년 안에 일어났듯이 세계 곳곳 식민지에서 벌어진 인클로저는 다양한 궤적을 그렸습니다. 각각의 과정은 복잡한 역사적·사회적·문화적·지리적 차이를 품고 있고요. 그럼에도 구체적 다양성을 가로지르는 공통의 이야기가 있습니다. 바로 기존의 물질적이고 사회적인 관계들, 거기에 의지해 삶을 재생산하던 커먼즈를 인클로저함으로써 사람들을 커먼즈로부터 분리된 맨몸뚱이의 개인으로 만들었다는 것입니다. 커먼즈를 사유화해 임노동자를 만드는 이 과정을 마르크스는 '시초 축적'이라는 말로 표현합니다. 시초 축적 없이 자본주의는 시작되지 않는다는 점에서, 이는 신학에서 원죄와 같은 기능을 수행한다고요. 17세기 아일랜드에서 퍼졌던 익명의 영문 시는 커먼즈를 울타리 치는 과정이 근본적으로 도둑질이며, 그러한 도둑질이 어떻게 국가의 법에 의해 자행되었는지 보여줍니다.

법은 사람들을 가두어 놓지.
커먼즈에서 거위를 훔치는 사람들을.
하지만 더 나쁜 놈들은 풀어주지.
거위에게서 커먼즈를 훔치는 놈들을.

4

커먼즈가 불탄 자리에 세워진 인형의 집

인클로저는 땅과 같은 물질적 커먼즈뿐 아니라, 그 땅과 관계 맺으며 살던 사람들의 노동력 또한 상품으로 바꾸는 과정이었습니다. 일을 둘러싼 사람들의 신체와 감각은 물론이고 사람들이 자신을 둘러싼 환경을 인식하고 관계 맺는 방식 또한 근본적으로 재배열되죠. 4장은 이 과정에서 어떻게 일과 집이 분리되고 집(가족, 공동체)을 둘러싼 감각이 바뀌었는지 살펴보고자 합니다. 우리에게 익숙한 집과 가족, 그리고 가족 구성원들의 역할 분담은 이러한 재배열 속에서 만들어진 것입니다. 1879년, 노르웨이 극작가 헨리크 입센(Henrik Johan Ibsen)의 유명한 희곡 〈인형의 집(Et dukkehjem)〉은은 근대적 집/가족의 모습을 상징하는 단어가 되었죠.

삶의 위태로움을 나누는 살림살이의 단위로서의 가족

핵가족으로 상징되는 근대 가족제도는, 전통적인 성역할을 수행하는 가부장과 그를 둘러싼 방계가족으로 이루어진 전근대적 대가족제도가 붕괴하며 성립된 것으로 알려져 있습니다. 하지만, 세계 곳곳의 근대 이전 가족 형태는 훨씬 다양한 모습을 보이고 경계 또한 느슨했습니다. 중국 소수민족 중에는 여전히 결혼 제도나 일체의 구속력 없는 자유연애를 통해 낳은 아이를 여성이 책임지고 양육하는 모계 사회가 남아 있습니다. 고려시대에는 결혼한 남성이 부인의 가문에 사는 소위 '남귀여가혼(男歸女家婚)'이 일반적이었죠. '장가간다'라는 말에 그 흔적이 있습니다.

가족 형태라는 측면에서 일부일처제가 규범적인 형태가 된 것은 인류 역사에서 비교적 최근 일로, 역사상 일부다처 가족이나 일처다부 가족은 흔히 발견됩니다. 기혼 남녀가 안정적인 혼외 관계를 갖거나 (혹은 임신 중엔 다양한 남자와 공식적으로 성관계를 할 수 있는 아마존 부족들의 경우처럼) 일시적인 혼외 관계를 허용하는 등 결혼 형태 및 그 내부에서 서로를 성적으로 구속하는 방식과 정도 또한 다양하죠.

역사적으로도 가족이라는 단어의 의미는 계속 변해왔습니다. 가족(家族)이라는 한자어는 춘추전국시대의 어록에서부터 발견되는데요. 이때 가족은 정치 행정 단위로서 제후에 의해 봉해진 경대부가 다스리는 식솔의 의미였다고 해요. 즉, 가족은 혈연과 무관하게 함께 살아가는 경제적 생활 단위였습니다. 영어의 가족(family)의 어원 또한 비슷하게 넓은 의미를 갖습니다. 'family'는 원래 하인이나 조수를 의미하는 라틴어 'famulus'에서 유래하는데, 같이 사는 사람들은 물론이고 하인과 가축까지 포함하는 살림살이의 단위를 뜻했다고 하네요. 《성경》에 남아 있는 고대 유대인의 가족 개념을 보면 함께 거처하는 하인이나 손님은 물론이고 더 넓게는 실향민, 과부, 고아를 포함한 부족 전체를 나타냈습니다. 중세 유럽에서도 가족은 더부살이하는 친척뿐 아니라 견습생 그룹과 하인, 때로 장기 체류하는 손님까지 포함하는 매우 개방적인 단위였습니다. 자신의 집을 (방랑하는 외부인까지 포함해) 손님에게 개방하는 환대는 일상적이고 당연한 일이었죠.[24]

결국 가족이란 남녀의 결합을 통한 생물학적 재생산의 단위가 아니라 사회적이고 집합적인 의미화와 반복되는 일상적 실천의 결과입니다. 또한 동서양을 막론하고 가족은 삶의 위태로움을 나누고 생사를 함께하는 생존 공동체의 단위, 일상적 살림살이라는 측면에서 사회 구성의 최소 단위를 뜻했다고 볼 수 있습니다. 경계와 구조는 역사적으로 계속 변해왔지만, 공통점이 있다면 내부에서 자원과 소득의 생산 능력에 따라 기여하고 필요에 따라 나눔으로써 삶을 함께 꾸리는 관계였다는 것이 아닐까요? 물론 이러한 관계가 억압과 위계를 동반하는 경우도 많았다는 점은 분명히 인지해야 하지만요.

자본주의적 등가교환 논리가 지배적인 근대사회에서도 가족은 여전히 자원과 소득을 능력에 따라 생산하고 필요에 따라 나누는 단위입니다. '집은 전쟁터 같은 세계의 안식처'라는 식의 표현은 집/가족이 각자도생의 시장 논리가 멈추는 공간이라는 것을 역설적으로 드러내죠. 문제는 이러한 관계가 철저히 사유화되어 있을 뿐 아니라, 위계와 억압을 재생산하며 자본주의 사회의 기본 단위로 기능하고 있다는 점입니다. 이러한 상황은 근대 사회에서 가족이 혈연과 결혼에 기반한 아주 작은 관계로 축소되었을 뿐 아니라 대단히 규범적인 형식을 취하게 된 것과 깊은 관련이 있습니다.

핵가족은 왜 지배적인 가족 형태가 되었을까

가족의 위기라는 말이 떠돌기 시작한 것은 어제오늘 일이 아니고, 다양한 가족 형태를 인정할 필요성이 강조되었습니다. 이러한 담론과 현실은 '정상가족'을 둘러싼 관념과 이미지가 긴 시간 우리 사회를 지배해왔음을 보여줍니다. 열심히 일해서 국가 경제에 기여하며 가족을 부양하는 남성 가장, 그러한 남성을 내조하고 아이를 돌보며 귀가한 가장이 쉴 수 있는 안식처로서의 가정을 만드는 여성, 미래의 노동자이자 사회의 주역이 될 아이. 이것이야말로 근대화 시기 한국에서 열심히 홍보하고 강제한 근대적 가정의 모습입니다. 눈치채셨겠지만, 이러한 가족의 형태는 임노동을 중심으로 짜인 삶의 방식과 맞물려 있습니다.

자본주의 성립은 노동생산성을 잣대로 삼아 사회와 인간을 재구성하는 과정이었습니다. 다양한 물질적 커먼즈 즉 생산수단을 사유화하고, 정치적·경제적 실천의 주체로서 '개인'을 만드는 동시에, 이들의 몸을 가장 빨리, 가장 효율적으로 일하도록 재조직하는 프로젝트였죠. 특히 자본주의가 원활히 작동하기 위해서는 값싼 노동력, 즉 노동하는 인간을 원활하게 공급하는 것이 무엇보다 중요합니다. 문제는 인간이 기계가 아니라는 점입니다. 공장에서 제작될 수도 없고 누군가의 도움 없이 홀로 살아갈 수도 없습니다. 일하기에 너무 어리거나 늙거나 아픈 사람은 충분한 돌봄을 받아야 하고, 쓸 만한 노동력으로 여겨지는 시기에조차 일하기 위해서는 먹고 쉬어야 합니다.

　기계가 아닌 인간을 효율적인 노동력으로 만들기 위해서는 노동력의 생산과 재생산, 즉 인간을 낳고 돌보는 과정을 둘러싼 폭력적인 개입이 필요했습니다. 여성의 섹슈얼리티를 결혼과 출산으로 제한하고, 여성에게 가정을 돌보는 아내와 어머니라는 역할을 담당하도록 하는 것이죠. 이런 점에서 자본주의는 태초부터 가부장제와 결탁해 있었습니다. 남성 가장이 지배권을 가지고 가족을 통솔하는 가족 구조인 가부장제는 자본주의 이전에도 광범위하게 존재했지만 자본주의 아래서 더 강력한 것으로 등장합니다.

　핵가족은 '노동력을 소유한 개인'이라는 관념과 실천에 기초한 근대 사회에 가장 적합한 가족 구조입니다. 캐나다 정치철학자 크로포드 맥퍼슨(C.G. Macpherson)은 《소유적 개인주의의 정치이론 (The Political Theory of Possessive Individualism)》에서 근대사회에서 사회에 아무것도 빚지지 않은 독립된 존재로 여겨지는 개인이 어떻게 '소유'를 통해 관계 맺는지 설명합니다. 근대적 개인은 공동체의 구성원이 아닌 독립적 소유자로서 관계합니다. 국가는 소유자(개인)들 사이의 갈등을 그들의 원초적 권리인 사적 소유의 권리에 기반해 통치하고요. 하지만 아무것도 빚지지 않은 원초적 개인이란 사실 존재하지 않습니다. 태어난 순간부터 우리는 타인의 돌봄이라는 관계 속에서만 자연과의 신진대사에 연결될 수 있기 때문이죠. 생존과 살림살이를 함께하는 단위, 서로에게 빚진 존재들의 엮임을 우리는 공동체라고 부릅니다.

공동체는 서로 다른 사회에서 다양한 형태로 나타나지만, 근대 사회에서 이는 부부와 자식이라는 극히 사적인 단위로 축소됩니다. 이성애에 기초한 일부일처제, 파트너에 대한 독점적인 성적 소유권, 그리고 경제활동을 하고 가족을 부양하는 남성과 가정을 돌보는 여성의 역할을 확실히 구분하는 강력한 성별 분업 시스템입니다. 여기서 부모는 아이를 소유하고 남성은 여성을 소유합니다. 즉 사랑과 돌봄마저 소유의 형태로 실천되는 핵가족 모델이야말로 사적 소유라는 자본주의적 소유 형태에 부합하는 가족의 형태라고 할 수 있습니다.

이러한 가족 모델이 정상적인 것이 되기 위해서는 국가의 폭력을 동반한 법적·제도적·담론적 장치가 필요했습니다. 이는 위생이나 사생활, 심지어 '아동'에 이르는 새로운 개념과 실천을 만들어내는 과정이었을 뿐만 아니라 성생활, 임신, 출산을 국가의 통치 대상으로 바꾸는 광범위한 프로젝트였습니다. 몸과 섹슈얼리티를 인클로저함으로써 소위 '정상가족'의 원형을 만드는 과정에 다시 한번 마녀사냥 이야기가 등장합니다.

몸과 섹슈얼리티의 인클로저

중세에도 지배계급은 순수한 쾌락을 위한 성을 악으로 규정하고 순결을 강조함으로써 사회를 통제하고자 했습니다. 그러나 높으신 분들의 노력과 별개로 실제 민중의 삶은 놀랄 만큼 자유롭고 분방했죠. 예를 들어, 앞서 이야기한 중세 마을 몽타이유에서 사람들은 중세에 대한 우리의 상상을 초월하는 대범한(!) 성생활을 즐깁니다. 본당 신부와 성관계를 가진 열네 살의 소녀 그라지드 리지에는 자신의 행위에 대해 이렇게 말하죠. "피에르 클레르그(본당 신부의 이름)와의 관계가 나에게는 즐거웠다. 그러니 하느님도 그것을 불쾌해하지 않았다. 그것은 죄가 아니었다." 하지만 그녀는 애정 관계에 싫증이 난 이후부터는 "자신이 욕구를 느끼지 않았기 때문에 본당 신부와의 모든 육체관계가 냉랭하게 치러졌으며, 이 때문에 죄가 되었다"라고 진술합니다.[25]

그라지드의 사례는 당시 몽타이유 사람들이 지배계급이 강제하고자 했던 윤리관과 전혀 다른 윤리관을 갖고 있었다는 것, 혹은 중세 유럽 사회가 우리 상상보다 훨씬 다양한 문화와 감각을 품고 있었다는 것을 보여줍니다.[26] 《몽타이유(Montaillou)》의 저자인 엠마뉘엘 르루아 라뒤리(Emmanuel Le Roy Ladurie)의 말대로, 이 시기 몽타이유는 종교적 죄의식에 감염되어 있지 않았으며, 윤리란 규범적 의무가 아닌 각자의 마음, 관계의 충실함과 기쁨에 기반하고 있었습니다.

그러나 서유럽을 공포로 몰아넣은 마녀사냥은 가족과 노동력의 (재)생산을 둘러싼 지배층의 규제를 효과적으로 완수합니다. 실비아 페데리치가 주목하듯이 마녀사냥의 광풍이 휩쓴 16~17세기에 섹스, 혼인, 간통, 출산과 관련한 각종 규제가 도입됩니다. 엄격한 노동 규율의 도입으로 노동자들의 몸을 바꾸던 한편에서는 사람들의 (특히 여성들의) 섹슈얼리티와 에로스에 대한 통제가 시도되었습니다.

마녀를 불태우고 여성을 집에 가두기

마녀사냥이 가장 극심했던 16~17세기에 마녀재판의 절반 이상을 조직하고 심판한 주체는 종교인이 아닌 치안 판사와 시정부였습니다. 마녀사냥은 철저하게 근대적인 프로젝트였습니다. 기소당한 마녀는 80%가 여성이었고, 대부분은 비혼 여성이나 남편을 잃은 과부 등 혼자 사는 여성이었습니다. 사생아를 출산하거나 여러

명의 애인이 있다는 등 행실이 바르지 않고 문란하다는 것, 평판이 나쁜 것 또한 흔한 고발의 이유였습니다. 남편이 있으면서 기소당한 예는 아주 드물었는데, 이런 경우 기소자는 대부분 남편으로 혼외자가 있다거나 자신에게 대들거나 말대답을 하고 잔소리가 심한 것이 결정적인 이유였다고 해요. 즉, 마녀로 고발된 여성들은 전형적인 가족관계를 벗어나 살아가는 여성이건 결혼을 했건 간에 가부장 사회가 정의하는 '좋은 여성'의 이미지에서 벗어나 있었습니다.

마녀재판에서 가장 많이 언급되는 직업이 치료사나 산파였다는 점은 중요합니다. 주로 혼자 사는 나이 많은 여성들이 이 직업에 종사했는데, 그녀들은 이전 세대로부터 전해지는 이야기와 민간 지식을 이어받고 공동체에 순환시키는 지혜로운 자로서 중요한 역할을 담당했습니다. 신성한 장소에서 기도하고 신비로운 약초와 부적으로 여성들이 자신의 몸을 돌보고 출산과 피임을 조절하도록 안내했습니다. 날씨 변화를 예측하고 점을 치는 등 농사와 삶 전반에 중요한 조언자의 역할도 했고요. 이 시기 맥주를 만들어 팔던 사람도 주로 여성들이었다는 사실을 아시나요? 중세 배경의 영화나 드라마에 자주 나오는, 여행자들이 숙박하기도 하는 마을 입구의 활기찬 맥줏집 말입니다. 그러한 맥줏집 주인은 대개 남편 없는 여성이었는데 마녀로 고발된 대표적인 직업으로 목록에 올라 있죠.

많은 여성이 가족이 없는 사회적 약자이기 때문만이 아니라 그들이 가진 사회적 힘 때문에 고발당했습니다. 그 여성들은 공동체의 집합적 기억과 지식을 전달하고, 동네 사람들과 여행객들에게 유쾌한 사교와 여흥의 시공간을 제공하는 적극적인 커먼즈 생산자였습니다. 인클로저가 가난한 여성들을 물질적 커먼즈에서 쫓아내고 마을 내부의 커먼즈적 관계와 문화를 파괴했다면, 마녀사냥은 지식을 전승하고 사회적 몸들을 연결하며 문화를 만들던 커먼즈 생산자로서의 여성들을 커먼즈로부터 끊어내고 성적, 경제적, 신체적으로 통제했습니다. 조신하고 말 잘 듣는 현모양처로 길들임으로써 인형의 집을 짓는 프로젝트였죠.

300년간 이어진 마녀사냥, 한번 마녀로 지목되면 결정되어버리는 운명—이루 말할 수 없이 끔찍한 고문 및 죽음과 그것의 전시—이 당시 여성들의 삶을 극한의 공포로 몰아넣었으리라는 것은 상상하기 어렵지 않습니다. 마녀들의 회합에 참여한다는 고발을 피하기 위해서도, 누군가 고문을 받다가 견딜 수 없는 고통에 이름을 부르지 않도록 하기 위해서도, 여성들의 친교와 우정은 극히 위험한 것이 되었습니다. '잔소리'조차 고문의 이유가 되는 상황에서, 남편과 난투를 벌이던 중세의 씩씩한 여성들은 사라지고 맙니다. 남성의 심기를 거스르지 않기 위해 남편과 아버지에게 순종하는 법을 익혀야만 했죠. 가족 내 가부장적 권위의 강화는 상공업에서 여성이 배제되는 과정, 몸과 출산에 대한 여성의 지식이 공식 의료체계에서 밀려나는 과정, 선술집에서 여성들의 모임이 사라지는 과정과 동시에 일어납니다. 독립적인 생계 수단을 잃고 가난해진 여성은 가부장제의 족쇄에 예속되었습니다.

근대적 집(가족) 만들기의 여러 버전

마녀사냥은 분명 커먼즈의 해체(인클로저)의 일환이자 시초 축적의 과정이었습니다. 임노동이 지배적인 '일'의 형태로 자리 잡는 한편, 이러한 노동력의 안정적인 재생산을 중심에 두는 특정한 가족 모델이 만들어졌습니다. 남성은 가장으로서 공장에서 일해서 가족을 부양합니다. 가장에게 음식과 쉼을 제공하고 미래의 노동자인 아이를 낳아 기르는 모든 활동은 여성의 역할로 지정되었고요. 공장에서의 일이 경제적인 가치를 만드는 생산 노동으로 분류되어 임금을 받는 반면, 나날의 삶을 유지하기 위한 살림과 돌봄(자본가의 입장에서 볼 때 노동력을 (재)생산하기 위한 활동)은 경제적 가치 생산과는 무관한 집안일로 분류됩니다. 이러한 구분을 통해 자본주의는 시스템을 굴리기 위한 필수조건인 노동력(인간)을 생산하고 재생산하는 데 드는 비용을 가족과 여성의 몫으로 떠넘기고, 여성의 노동을 물이나 공기처럼 공짜로 이용할 수 있었습니다.

토지의 인클로저를 통한 임노동 생산과정이 그러했듯이 집/가족의 인클로저 또한 각각의 사회에서 다양한 방식으로 벌어졌습니다. 예를 들어 1960~1970년대 한국에서 벌어진 가족계획사업은 자본주의적 산업화와 긴밀하게 연결된 정상가족 만들기 프로젝트였습니다. 출산율 낮추기를 중심으로 전개되었지만, 궁극적으로 사람들의 삶의 양식을 통치하기 위한 기획이었죠. 가족 '계획'에 의해 적당한 시기에 남녀가 만나 한두 명의 아이를 낳고 사회에서 요구된 역할을 수행합니다. 이러한 정상가족의 수립을 통해 국가는 사람들의 삶을 파악하기 쉬운 시스템을 구축하고, 그 시스템 위에서 삶에 강력한 영향을 끼치는 각종 정책을 수립합니다. 정상적 삶의 형태가 구조화되는 것이죠.

주목할 것은 한국 사회에서 대단히 짧은 시간 동안 벌어진 이 정상가족 만들기 프로젝트가 폭력적 억압이나 통제에 따른 것만은 아니었다는 점입니다. 재생산의 목적에서 벗어난 성적 행위, 쾌락과 섹슈얼리티를 단죄한 유럽과 달리 한국에서 정상가족 만들기는 재생산과 분리된 성의 쾌락을 적극적으로 전파하는 과정을 동반했습니다. 우리나라의 경우 여성의 몸과 민중의 섹슈얼리티를 강하게 억압한 것은 조선 사회입니다. 특히 조선 후기 국가는 여성의 재혼을 금지하고 열녀의 모델을 제시하며 유교적 가부장제를 수립했죠. 이런 배경에서 가족계획사업은 낭만적 사랑, 연애결혼, 부부의 즐거운 성생활, 합리적이고 현명한 여성의 이미지를 강조해 여성을 적극적으로 주체화하는 과정을 동반합니다. 그러나 사회학자 조은주가 설명하듯이 이러한 주체화는 새로운 '종속화'이기도 했습니다. 결혼으로 이어지는 낭만적 사랑과 새로운 섹슈얼리티의 결합은 이성애적 가족 규범에 벗어나는 실천을 금기시하며 부부 중심의 가족 모델을 확산시키는 한편, 피임과 가족계획을 당연한 것으로 만들었습니다. 또한 기존 공동체의 감수성과 실천을 통째로 낡은 것으로 치부하며 단절하도록 했죠. 여성들은 자신을 '주체'로 발견했지만, 이는 정상가족에서 부여된 역할을 내면화하는 종속의 과정이기도 했던 셈입니다.

5
욕망은 왜
화폐를 향하게 되었는가

인간이 독립된 개인으로 살아간다는 것은 환상입니다. 태어나는 순간부터 죽는 날까지 인간은 타자의 돌봄이 필요합니다. 그러나 커먼즈를 해체하며 시작하는 자본주의 사회에서 사람들은 노동력을 팔아야 하는 개인이 됩니다. 직장을 잃을 위험은 삶의 모퉁이마다 도사리고 있지만 삶의 근본적 위태로움을 함께 나누는 관계는 혈연과 결혼에 기반한 극히 작고 규범적인 형식으로 주어집니다.

전쟁터 같은 세계에서 기댈 언덕은 가족뿐이라는 식의 관념은 이러한 상황을 반영합니다. 하지만 많은 가족이 재산을 둘러싸고 재판까지 불사하는 현실, 결혼이 서로의 스펙에 값을 매긴 교환으로 여겨지고 '반반 결혼' 같은 말이 평범하게 쓰이는 현실은 집/가족이라는 최후의 공동체조차 화폐 관계로 침식되고 있음을 보여주죠. 삶은 극단적으로 불안정한 것이 되어버립니다. 불안정성(precarity)

은 사람들이 커먼즈에서 분리되고 임노동을 통해 생계를 유지해야 하는 자본주의의 고유한 특징입니다. 인간의 실존적 조건으로서의 '위태로움(precariousness)'을 자본주의적 형태로 재배열한, 왜곡된 형태의 위태로움이라고 말해도 좋을 것입니다.

자본주의 불안정성의 뿌리를 보다

시장이 만들어낸 불안정성을 국가가 복지제도를 통해 어느 정도 보완해왔다고 볼 수도 있습니다. 하지만 자본주의 역사상 복지제도란 소위 제1세계의 고도성장기에만 존재했던 것으로, 대부분의 자본주의 사회에서 불안정성은 항상 만연했습니다. 제1세계의 복지 또한 노동조합 운동의 성장과 사회주의의 위협에 대응하기 위해 고안한 방어적인 것이었습니다. 자본의 성장이 멈칫거리기 시작하자마자 바로 글로브를 벗은 맨주먹 자본주의(=신자유주의)로 회귀했고요. 무엇보다 커먼즈의 해체 과정에서 근대국가가 핵심적인 역할을 했다는 점을 잊어서는 안 됩니다. 국가와 시장은 서로 대립하는 것이 아니라 서로를 보완하며 함께 작동해온 통치-기계입니다. 남아메리카 대륙을 비롯한 제3세계에서 다국적 기업과 신자유주의 정권의 협력 아래 대규모의 인클로저가 현재진행형으로 벌어지는 현실이 보여주듯이 말이죠.

국가의 공공성을 강화하고 보편적인 복지를 실현하려는 노력은 대단히 중요합니다. 하지만 근본적으로는 우리 스스로가 집합적 살림살이의 주체로서 삶의 방식을 재구성해야 합니다. 살림살이의 재구성은 우리가 어떻게 서로를 돌보고 사랑하며, 자신과 공동체를 만들고 세계와 연결되는가의 문제이기 때문이죠.

문제는 '다시 공동체적인 관계를 만들자!'라는 식으로는 현재의 문제를 해결할 수 없다는 점입니다. 공동체가 상품 사회가 불러오는 개인주의와 이기주의를 극복하게 해줄 것이라는 희망은 어쩌면 환상에 불과합니다. 마르크스가 지적했듯이 개인은 언제나 이미 사회적 존재이며 사회적인 것을 표현합니다.[27] 자본주의는 공동체를 없앤 것이 아니라, 개인과 공동체를 특수한 방식으로 배열함으로써 스스로를 '독립된 개인'이자 '상품의 소유자'로 인식하는 사람들의 관계를 (재)생산합니다. 철학자 에티엔 발리바르(Étienne Balibar)의 표현을 빌리자면 "자본주의의 문제는 관계로부터의 소외가 아니라 소외라는 관계를 만들어내는 것"이죠.[28] 그러므로 질문은, 어떻게 이 사회의 내부에서 이 사회와 다른 방식으로 삶을 활성화하는 연결(물질대사)의 방식을 재조직할 수 있을지를 향해야 합니다. 어떻게 개인들의 관계, 개인과 공동체의 관계를 재배열함으로써 우리 자신을 새롭게 구성할 수 있을까요? 이러한 질문을 더욱 잘 던지기 위해서는 우선 자본주의에서 물질대사가 이루어지는 방식을 보아야만 합니다. 그 핵심에 화폐가 있습니다.

화폐가 매개하는 세계

인클로저는 (본질적으로 분리될 수 없는) 인간과 자연의 신진대사 과정에서 구성된 커먼즈를 자연자원과 개개인의 노동력이라는 개별 요소들로 쪼갭니다. 여기서 인간은 자연이라는 객체를 다스리는 주체인 것처럼 표상되지만, 실제로 인클로저는 인간의 '노동력'을 인간으로부터 소외시키고 대상화하는 과정이었죠. 커먼즈의 해체는 인간과 자연을 모두 대상화하는 과정입니다. 한편, 생명을 지속하기 위해 신진대사는 어떻게든 계속되어야 합니다. 이 연결을 매개하는 것이 바로 화폐입니다. 인간(의 노동력)과 자연은 화폐를 통해 연결되고 매개되는 상품이 되죠.

1장에서 이야기했듯이 자본주의 이전 사회에도 상품경제는 있었습니다. 그러나 언제나 훨씬 큰 전체 살림살이의 주변에 존재했습니다.[29] 삶의 단위인 공동체 안에서 자원을 나누는 방식은 화폐가 매개하는 교환과 다릅니다. 생각해보세요. 우리는 가족 혹은 친구 사이에서 더 많은 이익을 얻기 위해 물건을 사고팔지 않습니다. 이익을 위한 화폐 거래, 혹은 그레이버가 등가교환이라고 부른 것은 낯선 사람들 사이에서 벌어지는 일입니다. 재산 분할 등을 이유로 싸움이 벌어질 때 가족은 가족이길 멈추죠. 정확히 계산하고, 칼 같이 이자를 받고, 약속대로 담보를 가져감으로써 최대한 이익을 낸다는 것은 상대의 처지 따위 아무래도 상관없다는 것을 전제합니다. 거래가 끝나면 관계도 끝납니다.

공동체 외부, 사회의 바깥에 존재하던 화폐 관계가 한 사회의 내부에 자리잡는 것은 조세 관계를 통해서입니다. 국가가 세금을 화폐로 거둬들이기 시작하는 순간 사람들은 화폐를 손에 넣어야만 합니다. 그리고 공동체 내부로 파고든 화폐는 공동체의 관계를 전면적으로 바꾸어버립니다. 예를 들어 역사학자 페르낭 브로델(Fernand Braudel)은 16세기 브르타뉴의 한 늙은 농부를 소개합니다. 이 농부는 화폐를 사용해야 하는 현실에 대해 "완전히 딴 세상에 사는 것 같다"라며 분개합니다. 이전에는 자연스럽게 얻을 수 있던 이웃의 도움에 돈을 내야 하고, 게다가 세금을 내기 위해서는 돈을 구해야 하니 닭이든 거위든 다 크기도 전에 내다 팔아야 한다고요.[30] 금융학자이자 화폐 연구자 베르나르 리에테르(Bernard Lietaer)는 1970년대 페루 영토 내 아마존강 유역에서 페루의 국가 화폐가 토착부족들 내부에서 유통되기 시작하면서 공동체가 어떻게 붕괴했는지 보고합니다. 이 밖에도 화폐가 도입되며 공동체가 해체된 사례는 무수히 관찰되죠.[31]

기존 관계를 침식하는 화폐 관계에 저항하는 흐름 또한 존재했습니다. 마다가스카르섬 동부 해안 마을 주민들은 인두세를 내기 위해 커피 플랜테이션에서 일했지만, 세금을 납부한 뒤에는 현지 가게에서 소비하지 않았습니다. 돈을 노인들에게 줘서 조상에게 바칠 제물을 사도록 했습니다. 많은 주민은 "덫에 걸리지 않기 위해" 노력하고 있다고 말했다는군요.[32] 인류학자 마이클 타우시크(Michael

Taussig)는 화폐 관계가 확장되기 시작하던 시절, 볼리비아와 콜롬비아 농민들이 임노동 관계에 들어가는 것을 악마와의 계약으로 인식했다고 말합니다. 사탕수수 플랜테이션이나 광산에 들어가는 것은 악마와 계약을 맺는 것으로, 많은 돈을 벌 수 있지만 그 돈을 결국 흥청망청 낭비할 것이고 비참한 죽음을 맞이할 거라고 여겼다고 합니다.[33] 그러나 일단 화폐 관계가 도입되고 국가에 의해 (세금이라는 도구를 통해) 강제된 사회에서 이러한 인식론적·실천적 저항은 오래가지 못했습니다.

화폐는 사람들이 서로에게 의존하면서 만들어지는 공동체적 관계를 끊어내고 그것을 독립적인 개인 간의 관계로 대체합니다. 교환은 등가로 여겨지므로 교환이 성립하는 순간 관계는 종료되고 어떤 빚도 의무도 남지 않습니다. 물론 현실에서 이런 의미의 칼 같은 등가교환은 일어나지 않죠. 회사에서 거래처를 (더 나은 조건을 위해) 바꾸기도 하고, 누군가를 해고 할 때는 갈등이 발생한다는 사실에서 알 수 있듯이, 사람들의 거래는 관계를 만듭니다. 그럼에도 시장의 이데올로기는 이러한 감정과 관계를 지우도록 추동합니다.

독립한 개인의 자수성가라는 이데올로기

공동체적 관계가 사라진 자리에 들어서는 건 각자 자신의 복리를 책임져야 한다는 개인주의의 이상입니다. 19세기 전반 런던의 무서운 빈곤과 끔찍한 노동환경에 대한 관찰로 유명한 찰스 디킨스(Charles

John Dickens)의 소설을 볼까요.《어려운 시절(Hard Times)》에는 공리주의(=경제적 합리성)가 새로운 윤리로 자리 잡기 시작한 당대 사회의 모습이 묘사되어 있습니다. 인간성마저 숫자로 표현된다고 믿는 교육자와 정치가, 자신이 자수성가한 사람이라고 언제나 과시하는 자본가가 핵심 인물로 등장합니다. 영어로 자수성가한 사람은 'a self-made man'입니다. 직역하면 '자기 스스로 만든 사람'이죠. 근대의 이상적 인간상이 사회에 아무런 빚도 지지 않은 개인이라는 것을 무서울만큼 노골적으로 보여주는 단어입니다.

자수성가한 개인이라는 이념은 자립과 의존을 둘러싼 사람들의 관념을 철저하게 바꾸어버립니다. 예를 들어 18세기까지만 해도 대다수 미국 사람은 가족이나 이웃에 의존하는 것을 당연하게 생각했고, 젊은 남자들은 땅을 소유해서 독립하고자 했지만 그러한 독립이 일가친척의 도움 없이는 불가능하다고 생각했습니다. 윌리엄 하웰(William Howell)이 방대한 조사를 통해 논증하듯이 미국이라는 나라의 독립 프로젝트 자체가 무수한 의존을 통해서만 가능했습니다.[34] 그러나 시장이 확산되고 계약과 임금노동이 상호 교류에 기반을 둔 공동체적 경제 관계를 대체하는 18세기 후반과 19세기 초반에 이르면 자립은 개인의 성공, 즉 자수성가와 관련한 것이 되는 한편 의존은 결함의 표지가 됩니다. 생산적인 노동자로서 자립하지 못하는 성인은 이제 게으름과 타락, 무능력을 상징하게 되죠.

자수성가 이념은 1970년대 한국 판자촌에서도 발견됩니다. 농촌 해체와 함께 진행된 근대화 과정에서 먹고살기 위해 무작정 도시에 올라와야 했던 농민들이 겪은 가치의 변화에 관한 이야기 기억하시나요? 인류학자 브란트는 계산하지 않고 이웃과 나누는 관대한 감각을 활성화하던 시골 마을의 가치 체계가 어떻게 도시의 냉혹한 생존 논리와 부딪치며 빠르게 부식되는지 관찰했습니다. 커먼즈의 부재를 깨달은 농부-도시빈민들에게는 "잘살고 싶다"라는 새로운 목표가 생깁니다. 브란트는 이렇게 서술합니다. "오늘날 판자촌 주민에게 모방할 의욕을 불어넣는 새 이상의 모델은 자수성가로 성공한 비즈니스맨이다. 바꿔 말하면 판자촌민은 새로운 개인주의적 가치를 획득하기 위하여 도약적으로 전진하는 것 같"다고요.[35] 하지만 도시빈민들에게 있어 "잘산다"는 것은 과연 언제부터 자수성가, 즉 경제적인 성공을 의미하게 되었을까요?

자본주의 이전의 많은 사회에서 '좋은 삶'이란 결코 양적으로 계산될 수 있는 것도, 물질적 재화의 수준으로 가늠되는 것도 아니었습니다. 오히려 유럽과 인도, 중국, 고대 그리스 등 많은 사회에서 사람들은 돈의 힘을 인식하고 경계했죠. 무엇이 좋은 삶인지는 한마디로 정의할 수 있는 것도, 모두에게 같은 것도 아니었습니다. 적어도 경제(살림살이)의 가장 중요한 목적이 삶의 재생산이 아닌 '돈'이 된 것은 자본주의 사회에서입니다. 도시빈민들에게 "잘산다"라는 말이 경제적 성공을 의미하게 된 것은 그들이 화폐를 중심으로 하는 새로운 가치 체계 안으로 들어왔고 이를 내면화하기 시작했음을 보여줍니다.

인간의 가치, 삶의 가치를 새롭게 결정하기

임노동과 정상가족이라는 특정한 '일'과 '집'의 개념과 실천 속에서
우리는 생산과 재생산을 구분하고 재생산을 경제적인 가치를 갖지
않는 자연적 활동으로 치부합니다. 사회생활이나 돈을 버는 가치
있는 일은 남자가 하고 있으니 '여자는 집에서 애 낳고 살림이나 해
라'라는 말은 전형적으로 살림과 돌봄을 가치 없는 일로 규정하는
사고방식을 보여줍니다.

생산을 돈으로 환산되는 가치를 만드는 영역으로 규정하며 삶으
로부터 분리할 때 인간의 다양한 활동은 얼마나 많은 이윤을 내는
가라는 기준에 맞춰 위계화되고, 사람들의 가치 혹은 유용성 또한
그에 따라 결정됩니다. 20세기에 폭발적으로 성장한 우생학은 바로
이러한 위계화 과정을 이데올로기적으로 뒷받침하는 국가적 프로
그램으로, 거대기업들의 전폭적인 지원을 받았습니다. 우생학의 논
리는 명확합니다. 미국 우생학기록보관소 초대 소장 로플린이 말하
듯이 "기업이 더 좋은 상품을 생산하려 하듯 인간도 그렇게 만들려
는 것", 즉 "인간의 재생산에 대기업의 방법을 적용"하고자 하는 것
이죠. 생산성에 따라 인간의 가치를 측정하기 시작할 때 어떤 사람
들의 생존은 사회적 낭비로 규정됩니다. 1920년대 독일에서는 《살
가치가 없는 생명의 말살에 대한 허용(The Permission to Destroy

Life Unworthy of Life)》이라는 제목의 책이 출판되었고, 나치 정권은 '장애인이 국가의 경제적 부담'이라는 선전과 함께 안락사라는 이름의 집단 학살을 자행했죠.[36]

노인의 지위 변화 또한 생산성에 기반한 위계가 우리 세계를 어떻게 재조직했는지 보여줍니다. 노인은 생물학적으로 취약하지만 많은 사회에서 집단적 경험과 문화를 체현하고 전승하는 자로서 존중받았습니다. 예를 들어 보츠와나에서 수렵과 채집으로 살아가는 쿵족의 노인은 지역 내 물과 자원의 접근권을 관리하고, 사막에서 생존하기 위해 필요한 지식과 기술을 전수하며, 사람들의 정신적 평화를 돌보는 멘토로서 모든 제의에서 우선권을 누립니다. 아프가니스탄 유목민족 키르기스족은 해마다 지혜가 자란다고 여기기에 신체 능력이 저하된 노인일수록 중요한 사람으로 대우했고요. 캐나다 치페위안족의 경우 특히 여성 노인이 사회적 지위를 누린다고 해요. 이 공동체는 젊은 남성이 수행하는 사냥 능력보다 마을에서 아이를 돌보고 저장 식량을 준비하는 여성의 능력에 더 큰 가치를 부여했고, 나이 든 여성의 지혜가 공동체를 유지하는데 더 중요한 역할을 한다고 여겼기 때문입니다.[37]

그러나 근대화가 진행될수록 연장자의 사회적 지위는 상실됩니다. 살기 위해 돈을 벌어야 하고, 미래를 알 수 없으니 더 많이 소유해야 하는 경쟁 사회에서 자원은 희소한 것으로 인식됩니다. 이런 세상에 아무 기반 없이 던져진 젊은이들에게 노인은 단지 부양해야 할 짐일 뿐입니다. 노인이란 경제적 생산, 즉 돈벌이에 아무런 도움도 되지 않으면서 식량만 축내는 존재, 낡은 가치와 사고방식에 얽매인 무의미한 존재로 전락하고 말죠.

페데리치는 1990년대 이래 아프리카와 인도에 도래한 마녀사냥에 대해 이야기합니다. 1991~2001년에 아프리카에서는 적어도 2만3,000명의 여성이 마녀로 몰려 마을에서 쫓겨나거나 재산을 빼앗긴 채 고문당하고 살해당했다고 합니다. 이러한 현상들이 상업적 사업이 지정된 지역, 혹은 토지 민영화가 진행 중인 지역에서 더 많이 발생했다는 것은 재도래한 마녀사냥의 근원에 역시 '시초 축적'이 자리 잡고 있음을 드러냅니다. 이러한 시초 축적의 과정에서 '가치의 원천'에 대한 개념이 급격하게 변합니다. 공동체적 마을 경제는 해체되고, 실업과 불안정 고용은 점점 극심해집니다. 각자도생의 불안정한 삶 속에서 사람들은 고통의 원인을 초자연적인 힘, 즉 마녀에게 돌리기도 합니다. 가장 먼저 고발의 대상이 되는 것은 (때로는 억압적인) 전통적 가치를 체현하지만 현실에서 생산적이지 않은 존재, '쓸모없는 사람', '지역사회의 부담'으로 여겨지는 노인들입니다. 화폐가치의 확산을 방해하는 존재이기 때문입니다. 게다가 전통적 마술 행위에 대한 고발은 토지 강제수용(인클로저) 수단이 되기도 합니다.

과거에도 지금도 마녀사냥은 커먼즈와 커먼즈를 둘러싼 감각의 해체를 통한 자본주의 시초 축적의 일부이며 자본주의 사회에서 생산성과 가치가 무엇을 의미하는지 뚜렷하게 보여줍니다. 이는 단지 남성에 의한 여성 억압을 의미하지 않습니다. 자본주의적 세계의 수립은 기존의 모든 관계를 생산력을 기준으로 재편하는 과정이기 때문이죠. 사람들의 다양한 활동/노동을 위계화하는 이 과정에서 남성에 의한 남성 억압, 여성에 의한 여성 억압, 젊은 세대에 의한 노인 억압, 이성애에 의한 비이성애 억압, 백인에 의한 비백인 억압, 중산층에 의한 노동계층 억압 등이 복잡하게 결합하며 서로를 강화하는 형태로 등장하죠.

무상으로 착취되던 돌봄과 재생산은 20세기를 지나며 상품화되었습니다. 돌봄 노동의 시장이 점점 커지고 있다는 점은 시장경제가 더 내밀한 인간 생산의 영역까지 확장되고 있음을 보여주죠. 물론 노동의 위계는 사라지지 않습니다. 문화적으로, 지리적으로 그 영역과 형태를 바꾸면서 계속 만들어지죠. 계속해서 이윤을 만들어내기 위해서 저렴한 자원과 노동력, 즉 새로운 식민지를 개척해야 하니까요. 외국인 가사 노동자를 제도화하면서 최저임금 적용을 제외하자는 최근의 논의가 보여주듯이 노동의 위계는 언어, 피부색, 지역, 종교, 젠더 등 다양한 기준들이 교차되며 복잡하게 나타납니다.

가치는 어떻게 측정되는가

우리는 또 하나의 질문에 마주칩니다. 생산력을 기준으로 하는 경제적인 가치란 대체 어떻게 측정될까요? 아이에게 들려주는 할머

니의 어린 시절 이야기, 친구들을 초대해 함께 먹을 음식을 준비하기, 땔감으로 사용할 나무 줍기, 수십 년간 반지를 세공해온 장인의 작업이 만든 가치는 어떻게 비교할 수 있을까요? 이 모든 활동은 서로 다른 목적으로 수행되는 활동이며 그 가치 또한 모두에게 다릅니다. 이 활동들을 하나의 척도로 '몇 점' 혹은 '얼마짜리'로 계산하는 것이 과연 가능할까요?

고전 경제학자들은 상품 가치가 그 상품의 생산에 필요한 '사회적 노동 시간'에 의해 결정된다고 보았습니다. 사람들의 노동력은 동질하므로, 마찬가지로 동질한 시간이라는 잣대로 측정할 수 있다는 것입니다. 하지만 앞에서 살펴보았듯이 동질한 시간이라는 관념 자체가 근대적 구성물입니다. 인간의 활동인 노동을 각각의 개인과 그들 각자가 소유한 추상적 노동력이라는 요소로 나누어 생각하는 사고방식 또한 근대에 등장한 것입니다. 그러므로 우리는 질문을 바꾸어야 합니다. 사람들은 어떻게 시간을, 사람들의 활동(노동력)을, 다양한 활동이 만들어내는 가치를 양적으로 비교 가능한 것으로 여기기 시작했을까요?

마르크스는 이러한 사고방식/실천은 '노동력의 상품화'라는 사건을 통해서만 가능해진다고 지적합니다. 각 활동에 추상적이고 동질한 인간 노동력이 포함되어 있기 때문에 상품의 가치를 계산할 수 있는 것이 아니라 '그 반대'라고요. 마르크스에 따르면 모든 노동이 "인간 노동 일반"이기에 동등하며 동일하다는 사고방식은 "상품소유자로서의 인간관계가 지배적인 사회관계로 되는 사회에서만 비로소 가능"합니다.[38] 상품 관계가 지배적인 사회에서 사람들은 서로 다른 생산물을 교환을 통해 등치하는데, 마르크스의 표현을 빌리자면 사람들은 이를 의식하지 않은 채 행합니다. 다시 말하자면 우리는 다양한 가치를 비교할 수 있기에 교환하는 것이 아닙니다. 반대로 결코 비교될 수 없는 다양한 가치를 '등가교환'하는 행위 속에서 우리는 인간의 다양한 노동과 가치를 추상적이고 계산가능한 것으로 여기게 되죠.

> 사람들은 그들의 상이한 생산물을 교환에서 서로 가치로 등치(等値)함으로써 그들의 상이한 노동을 인간노동으로 동등시하는 것이다. 그들은 이것을 의식하지 못하면서 그렇게 하고 있는 것이다. 가치는 자기의 이마에 가치라고 써붙이고 있지는 않다. 가치는 오히려 각각의 노동생산물을 하나의 사회적 상형문자(象形文字)로 전환시킨다.[39]

다양한 노동력의 가치가 계산되고 공정하게 거래 가능하다는 믿음은 인간의 노동력이 상품화되기 위해 인클로저와 그를 통한 시초축적이라는 폭력적 과정이 있었다는 역사적 사실을 지웁니다. 시장에서의 교환은 결코 평등한 혹은 공정한 거래가 아닙니다. 참가자들이 교환을 통해 더 많은 이익을 추구한다는 시장의 공식 자체가 이미 등가교환이란 불가능하다는 사실을 드러냅니다. 교환은 언제나 (계산되지 않은 채) 자본에 포획되는 잉여를 품고 있습니다. 즉 등가교환이라는 교환의 형식은 근본적으로 투기적이며 이 속에서 사람들은 '이익을 추구하는 개인'이 됩니다.

화폐라는 가치를 중심으로 만들어진 세계

자본주의 체제의 수립은 세계의 그물 짜기의 규칙을 두 가지 의미에서 근본적으로 바꾸는 과정이었습니다. 우선 사람들은 그들이 얽혀있던 거대한 생명의 그물로부터 뽑혀 나와 그물을 만드는 존재, 즉 자연 밖의 주체가 됩니다. 동시에 자연은 인간과 사회로부터 분리된 원료, 대상, 혹은 객체로서 발견되고요. 자연과 인간이 뒤얽히며 서로를 공동생산하는 커먼즈에서 사람(의 노동력)을 분리하고 인간의 외부로서 자연을 만들어내는 것은 자본주의가 가동되기 위한 전제조건이었습니다. 물론 이러한 구분은 거짓입니다. 인간의 노동력을 값싼 원료로 사용하기 위해 재생산 활동을 '자연화'한 자본주의의 역사가 잘 보여주듯이 말입니다. 자본주의 체계는 인간과 비인간 모두를 대상화하고 자원으로 만듭니다. 그럼에도 이 새로운 인식론은 일과 집을 둘러싼 우리의 일상을 재조직하면서 다양한 이분법을 만들어냅니다.

또 하나의 근본적인 변화는 그물을 짜는 목적을 둘러싸고 벌어집니다. 노동의 목적이 인간과 삶의 재생산이 아닌 상품 생산과 이를 통한 이윤 증식으로 바뀝니다. 이를 가장 잘 보여주는 것이 바로 '생산과 '재생산'이라는 개념입니다. 자본주의 이전 그 어떤 사회에서도 생산과 재생산은 구분되지 않았습니다. 인간을 낳고 기르고 돌보는 활동, 농사를 짓거나 사냥을 하는 활동들은 삶의 다양한 필요를 위한 것이었죠. 그러나 자본주의 사회에서 노동으로 승인되어 임금을 받는 것은 경제적 이익을 증식시키는 활동, 혹은 공적인 정치나 행정 영역에 기여하는 활동뿐입니다. 출산과 육아, 청소와 요리, 노인과 환자 돌봄 등 노동력의 생산과 회복을 위한 활동은 경제적 가치 생산과 무관한 사적인 문제, 가정 내의 영역, 혹은 자연의 영역으로 분류되었죠. 자연(객체)과 사람(주체), 공적인 영역과 사적인 영역, 노동의 공간으로서 일터와 그와 분리된 공간으로서 집, 경제적 가치를 만들어내는 생산과 그렇지 않은 재생산이 구분되고요. 내 것과 네 것이 뚜렷이 구분되고 각자의 경제적 가치가 측정되고 비교되는 사회에서 공정한 대가나 각자도생 같은 말들이 세상을 지배합니다. 특별한 이름이 필요 없을 만큼 당연했던 커먼즈의 감각은 빠른 속도로 잊히죠.

　가장 큰 문제는 삶을 지속하기 위해 필수적인 물질대사를 매개하는 화폐가 단지 교환 수단이 아니라 우리의 삶과 욕망을 구조화한다는 점입니다. 자유주의 경제학자들은 사람들이 부족한 자원을 손에 넣기 위해 경쟁한다고 주장했지만, 사람들이 정말로 좇는 것은 자원이 아닌 돈입니다. 리에테르가 지적하듯이 시장경제와 화폐 체제야말로 희소성에 대한 두려움, 탐욕이나 경쟁 등의 감정을 끊임

없이 생산하고 증폭시켰죠. 1900년대 초 유럽을 방문했던 사모아의 추장 투이아비는 이 사실을 정확히 꿰뚫어보고 있습니다.

어느 사람이 돈을 많이, 보통 사람보다 훨씬 많이 가지고 있어서, 만약 그 돈을 쓴다면 백 명, 아니 천 명이 고통스러운 일을 하지 않아도 될 정도이다. 하지만 그는 한 푼도 내놓지 않는다. 다만 둥근 쇠붙이를 껴안고, 묵직한 종이를 깔고 앉아 있을 뿐이다. (…) 이윽고 너도 알게 될 것이다. 돈이 그를 병들게 했다는 사실을. 그는 돈에 홀리어 얼이 나가버렸다는 사실을. (…) 모두가 똑같이 많은 돈을 갖고, 모두가 같은 시각에 양지에서 햇볕 쬐기를 원한다. 아니 그러한 일은 있을 수가 없다고 빠빠라기는 믿고 있다. 이렇게 믿기 때문에 빠빠라기는 돈을 위해서 잔혹하게 되는 것을 정당한 일이라고 생각하게 된다.[40]

투이아비의 눈에 유럽인의 모습이 기괴하게 보였던 까닭은 그가 등가교환이 지배하지 않는 사회, 사람들이 화폐가치와 다른 가치를 추구하는 사회에서 왔기 때문입니다.

점점 더 증폭되는 삶의 불안정성 속에서 사람들은 취업하기 위해, 조금이라도 더 나은 조건에서 일하기 위해, 젊은 사람에게 밀려나지 않기 위해, 해고되지 않기 위해, 그리고 은퇴 후를 대비하기 위해 끝없이 다른 사람과 경쟁하고 가치를 증명해야 합니다. 경쟁은 사실 노동시장에 뛰어들기 이전부터 시작되죠. 우리 인생의 초반은 열심히 공부해서 좋은 학교에 들어가고 여러 스펙을 쌓는 것으로 점철됩니다. 성인이 되어 세상이라는 전쟁터에 나설 때 조금이라도 유리한 고지를 점하기 위해서요. 아무도 내 생존을 보장해주지 않는 사회에서 불투명한 미래를 대비하기 위해 다들 최선을 다해 '노오오오오력'합니다.

물론 모두가 노동해야만 하는 것은 아닙니다. 만약 당신에게 충분한 자본(투자할 수 있는 돈)이 있다면 사업을 할 수 있을 것입니다. 아니, 집이나 건물을 사서 세를 받는 건물주가 될 수 있겠군요. 더 큰 돈을 만들기 위해 주식투자를 하거나, 돈이 필요한 사람에게 빌려주고 이자를 받는 것도 가능합니다. 자본은 돈을 낳는 돈입니다. 점점 더 불어납니다. 사정이 이렇다보니 언제 잘릴지 모르는 임노동의 불안정한 세계를 벗어나기 위해 '영혼까지 끌어모아' 종잣돈을 만들고, 돈이 돈을 낳는 불로소득의 시스템에 올라타고 싶어지는 것은 당연한 일입니다. 이 각자의 고군분투, '영끌'과 '빚투'의 세계에서 우리의 삶은 만인에 대한 만인의 투쟁이 되어버립니다. 불안정성이 부채질하는 안전과 생존에 대한 욕망이 시장의 논리를 가속화하며 불안정성을 더욱 확대시키는 악무한이 펼쳐집니다.

3부

지금 여기서, 커먼즈

● ● ● 　커먼즈 운동은 화폐가 우리와 우리의 욕망을 만드는 것을 멈추고, 우리 스스로 삶과 욕망의 생산자가 되기 위한 것입니다. 자연과 노동의 분리와 대상화를 멈추고 삶의 신진대사를 회복하여 우리를 자연의 일부로 다시 위치 짓는 것이기도 하고요. 커먼즈 활동가 데이비드 볼리어(David Bollier)의 표현을 빌리면 "수많은 커먼즈의 은하계"가 있습니다.[1] 공통의 땅과 숲과 강을 지키고 되찾기 위한 싸움, 새로운 커먼즈를 구성하기 위한 실천이 세계 곳곳에서 벌어지고 있죠. 커먼즈 운동이 만드는 새로운 공통감각은 구체적인 역사 · 문화 · 지리 · 사회경제적 맥락에서 서로 다른 감수성, 다른 필요, 다른 언어로 나타나는 한편, 서로 참조하고 연결되고 함께 변이하며 공통의 언어와 감각을 구성합니다.

3부에서는 커먼즈 운동이 무엇인지 살펴본 후 한국 커먼즈 운동의 몇 가지 사례를 자세히 들여다보고자 합니다. 저는 2000년대부터 한국의 다양한 커먼즈 운동 현장에 동료이자 연구자로서 참여하며 커머너들을 만나고 그들의 목소리를 기록했습니다. 여기서 소개하는 사례들은 무수한 커먼즈 운동의 일부에 불과합니다. 하지만 한국에서 커먼즈 운동의 실천과 감각이 '투기적 도시화'라는 구체적인 과정에 대항하며 등장했고 이러한 실천이 세대를 넘어 연결되고 있다는 것을 보여줍니다. 또한 커먼즈 운동이란 그에 연루된 사람들이 일상에서 일을 하고 집을 짓는 방식, 살림을 꾸리고 세계와 연결되는 방식 전체를 뒤흔드는 '되기'의 과정이라는 점을 생생히 드러냅니다.

6
세계짓기의 새로운 방법론, 커먼즈 운동

커먼즈 운동은 경제(살림살이)의 목적을 이윤이 아닌 삶 그 자체로 되돌리는 동시에 우리 삶의 방식을 우리 스스로 창안한다는 (즉 국가에 무언가를 요구하기보다 우리 스스로가 자율적 공통체의 통치자가 된다는) 두 가지 의미에서 삶을 그 자체로 존엄한 것, 살만한 것으로 복구하고자 하는 시도입니다. 운동의 목표는 생계 자립과 삶의 활성화가 가능한 기반을 구축하고 집단적 노동과 나눔을 우리 스스로 통치하는 것, 즉 삶의 자율적 기반과 역량을 회복하는 것이죠. 이는 정치학자 하승우가 "풀뿌리 민주주의"라고 부른 것과 강하게 공명합니다. 단지 운동의 전략이 아니라 "서로 뿌리를 단단히 얽어서 함께 살아보자는 '생활의 전략'"이라는 점에서, 그리고 정치적으로 소외된 보통 사람들이 자신의 삶을 조직하고 살림살이의 문제를 결정하는 과정이라는 점에서요.[2]

삶의 주권을 되찾기

커먼즈라는 단어가 조명되기 훨씬 이전부터 커먼즈 운동은 존재했습니다. 우리나라에서 커먼즈 운동의 역사적 경험은 두레 등의 공동노동 조직이나 계 같은 자조 모임, 다양한 풀뿌리 민주주의 운동에서부터 찾아야 할 것입니다. 해방 직후인 1945년 9월에 만들어진 아나키스트 단체 자유사회건설자연맹이 지방 분권에 기반한 "상호부조에 의한 인류일가이상(人類一家理想)의 구현"을 자신들의 강령으로 선포했을 때, 1970년대에 한살림이나 생명민회 운동 등이 낭비를 구조화하는 자본주의 시장으로부터 독립된 자치적 '해방구'를 만들고자 했을 때 이 운동들은 커먼즈를 지향했습니다. 커먼즈라는 말을 사용하건 그렇지 않건, 사람들이 일상적인 생활의 필요를 충족하기 위해 필요한 관계와 물질적 인프라를 만들고 집합적 노동과 나눔을 자율적으로 통치하고자 할 때 커머닝은 일어납니다.

커먼즈 운동이 과거를 낭만적으로 호출하는 시도가 아니라는 것은 아무리 강조해도 지나치지 않습니다. 우리가 오스트롬의 언어로 자원의 관리 방식을 고민할 때도 현실은 이미 '개인' 혹은 '소유'의 논리는 물론 전통적인 의미의 '공동체'라는 관념마저 초과하며 흘러넘치고 있습니다. 다양한 문화, 언어, 감각과 생활방식이 마주치고 섞이며 거대한 커먼즈로 생산되는 도시의 삶이 보여주듯이 현대 사회에서 사회적 부와 가치는 다양한 지리적·사회적·문화적 경계는 물론이고 인간과 기계, 온라인과 오프라인을 가로지르는 대규모

협업을 통해 생산되고 있죠. 커먼즈 운동은 전 지구적으로, 그리고 폭발적으로 구성되고 있는 공통의 사회적 부를 이미 그것의 일부인 커머너들이 함께 생산하고 조직하고 나눌 수 있는 새로운 방식을 창안하는 것입니다.

소유의 새로운 형식을 발명하기

커먼즈를 통해 사회를 전환한다는 것, 즉 살림살이의 중심을 화폐가 아니라 삶으로 되돌린다는 것은 화폐가치와는 다른 가치들을 활성화하는 '가치의 커머닝'을 의미합니다. 가치는 그것을 추구하는 사람들의 행동을 통해 재생산되고 강화되며 삶과 욕망을 구조화합니다. 자본주의 사회는 화폐로 환산되는 경제적 가치를 중심으로 조직되고 그에 조응하는 욕망을 생산하죠. 이런 관점에서 우리는 서로 다른 가치를 중심으로 조직된 사회는 서로 다른 욕망을 갖는 사람들과 삶의 방식을 생산한다고 말할 수 있습니다.

화폐가치를 통해 조직되는 근대적 삶-형태의 근간에는 사적 소유라는 특수한 소유의 형식이 있습니다. 땅과 같은 생산수단을 배타적으로 보유하고 사용 방식을 독점적으로 결정하는 권리인 사적 소유권은 자연적인 것도 절대적인 것도 아닙니다. 다양한 커먼즈를 없애며 만들어낸 역사적 산물이죠. 사적 소유권이 소유의 절대적 형식으로 자리 잡은 사회에서 우리는 개인으로 노동하고, 그 노동의 산물을 상품으로 교환하는 것을 당연하다고 여기게 됩니다. 커먼즈는 경계가 뚜렷한 공동체가 내부의 자원을 관리하는 실천으로 쪼그라들고 말죠.

이러한 맥락에서 커먼즈 운동은 무엇보다 소유의 새로운 형식을 둘러싸고 펼쳐집니다. 예를 들어, 공장에서의 노동은 집단적으로 조직되지만 이러한 노동이 만들어낸 가치는 그 일부만이 임금의 형식으로 개인으로서의 노동자에게 나누어지고 막대한 잉여가 자본가(생산수단의 소유자)에게 귀속됩니다. 데이비드 하비(David Harvey)가 지적하듯이 커먼즈는 이러한 집합적 노동에 걸맞는 새로운 소유권의 형식을 고안하는 것입니다.[3] 마르크스가 "자유인들의 연합체"를 새로운 재산권의 주체로 구성해 집합적 노동을 개인이 아닌 조합의 것으로 향유하고자 한 시도는 하나의 사례일 것입니다. 커먼즈의 소유권을 고안하는 것은 사적 재산과 자원을 공유하는 조금 더 큰 가족적 단위로서의 공동체를 만들거나 공공자원을 확보하고 복지를 통해 재분배하는 국가의 역할을 강화하는 것을 넘어섭니다. 커먼즈 운동은 삶에 필요한 여러 부(가치)를 생산하고 나누는 방식과 이를 둘러싼 정치의 자율적 주체를 새롭게 발명합니다.

생산과 나눔의 새로운 방식 창안하기

데 안젤리스의 표현을 빌리자면 지난 몇십 년간 전 세계의 사회운동은 "커먼즈 전회(a commons turn)"라고 불러도 좋을 흐름을 형성했습니다.[4] 이 배경에는 리눅스, 위키피디아, 다양한 프리소프트웨어(Free-Software) 운동과 오픈 플랫폼의 등장이 있었죠. 이러한 디지털 커먼즈의 등장은 생산이 '공장'을 넘어서 전 사회적으로 일어나는 현재 상황, 다양한 가치를 생산하는 노동력을 개인의 소유로 간주하고 임금과 교환하는 것이 점점 어려워지는 현실을 보여줍니다. 현대 자본주의 체제에서 지식, 아이디어, 이미지와 감수성은 점점 더 중요한 상품이 되고 있지만, 이러한 가치들은 결코 어떤 개인의 고유한 활동의 결과물이 아닙니다. 전통적으로 비생산적인 노동으로 취급되며 가정에 갇혀 있던 돌봄과 재생산은 본격적으로 상품이 되고 있지만, 이러한 노동의 핵심적 활동은 결코 개인의 것으로 환원되지 않는 상호작용으로서의 '감정'이며 '정동'이고 사람들 사이의 관계를 구성하죠.

과거 30년간의 신자유주의적 흐름은 아마존의 숲과 아프리카의 땅처럼 저개발된 국가들에 남아 있던 물질적 공유지를 광범위하게 인클로저했습니다. 점점 강화되어온 특허, 저작권 등은 비물질적 가치의 독점적 상품화를 강화해왔고요. 유전자 정보와 같은 생명의 가장 깊숙한 영역, 식물의 치유력, 씨앗을 갈아서 천연의 살충제로 사용하는 것과 같은 공통의 지식들이 거대 기업의 사유재산이 되어버립니다. 잘 팔릴 만한 것, 상품화되기 쉬운 것만을 남기는 자본의 논리는 생물 다양성을 어마어마하게 훼손했지요. 이런 상황에서 프리소프트웨어 운동은 코드를 모두에게 공개해 생산수단과 생산과정의 사유화를 멈추고자 했습니다. 모든 것을 사유화하고 상품으로 교환하는 체제에서 그 체제의 재생산에 참여하기를 그만두고자 한 것입니다.

커먼즈 이론가이자 활동가 미셸 바우웬스(Michel Bauwens)와 바실리스 코스타키스(Vasilis Kostakis)는 커먼즈 운동이 구성하고자 하는 새로운 생산양식을 'P2P(peer to peer) 생산'이라는 용어로 개념화합니다. P2P는 생산자들이 자유로운 협력을 통해 사용가치를 생산하고, 이러한 가치를 새로운 '공동 재산 체제(common property regime)'를 통해 집단적으로 향유하는 것입니다. '한데 모으기(pooling)'와 '공통화하기(commoning)'를 특징으로 하는 P2P를 가능케 하는 인프라는 이미 노동과 일상, 사회의 일반적인 조건이 되어가고 있습니다. (이후 살펴보겠지만 바우웬스와 코스타키스가 말하는 P2P의 아이디어는 한국의 커먼즈 금융 실험 속에서 구체화되고 있기도 합니다.) 바우웬스와 코스타키스가 말하듯이 P2P 관계 역학은 한마디로 "능력에 따라 생산하고, 필요에 따라 나눈다"라는 공산주의의 원리를 단적으로 보여줍니다.[5]

커먼즈 운동은 우리가 노동으로 만들어낸 가치가 언제나 집합적이라는 것을 인식하고, 사용법을 집단적으로 결정하며, 함께 향유하는 새로운 소유권 형식을 고안합니다. 새로운 소유형식을 만들어낸다는 것은 (하딘의 목초지에 비유하자면) 목동들이 소를 집단으로 소유하는 걸 훌쩍 넘어섭니다. 소유의 새로운 형식은 목동들 사이의 관계는 물론 목동과 소, 목초지의 관계를 새롭게 구성합니다.

삶을 되살리는 살림살이 회복하기

커먼즈 운동은 우리의 삶의 목적을 이윤의 생산에서 삶의 생산으로 되돌리고자 합니다. 자본주의 사회에서 평가절하해온 재생산 활동이야말로 커머닝의 핵심적인 장소로 등장하죠. 노동이 만들어낸 다양한 물질적 잉여를 노동에 참가하지 못하는 사람들과 나누는 활동인 돌봄과 재생산이야말로 사람들 사이의 관계, 즉 공동체를 구성하고 세대를 넘어 삶을 지속시켜온 근간이기 때문입니다. 어떤 투쟁 현장에서나 가장 먼저 만들어지는 것은 공동의 부엌, 함께 음식과 온기를 나누는 공간입니다. 라인보우는 생산과 재생산이 만나는 부엌이야말로 커머닝의 핵심적인 장소라고 말합니다.[6]

노동력의 상품화가 불러온 노동의 위계, 특히 생산과 재생산의 위계에 가장 먼저 이의를 제기한 이는 여성들이었습니다. 1970년대 북아메리카와 유럽에서는 '가사 노동에 임금을' 부여하라는 운동이 전개되며 재생산 노동의 착취를 가시화했습니다. 하지만 페데리치는 당시 운동의 중요성에도 불구하고 돌봄과 살림의 경제적 가치를 인정받고자 한 전략에는 한계가 있었다고 말합니다. 문제는 경제적 가치를 인정받는 것이 아니라 경제적 가치 그 자체를 문제시하고, 생산성이라는 잣대로 인간 활동을 위계화하는 체계에서 빠져나오는 것이기 때문입니다.[7] 노동의 커머닝이라 부를 수 있을 이 과정은 상품화에서 벗어나는 것뿐 아니라 생산과 재생산이라는 이분법과 젠더화된 노동에서 탈피하는 이중의 전환을 필요로 합니다.

커먼즈의 살림살이는 삶과 분리된 경제를 생태의 일부로 되돌립니다. 인도 에라쿨라팔리의 여성들은 그 지역 토양과 기후에 맞는 토종 씨앗을 복원하는 씨앗 커먼즈를 구축했습니다. 씨앗 커먼즈로 생계의 자립을 얻는 동시에 생물 다양성에 적합한 농법을 복원했죠. 이 여성들에게 씨앗은 경제적으로 계산될 수 있는 상품이나 재화가 아닙니다. 이들은 씨앗과 "'사회적인', 거의 신비롭기까지 한 관계"를 맺고 있으며 씨앗을 "존엄의 원천"으로 여깁니다.[8] 이 사례는 생계의 자립이 어떻게 삶(생물다양성)의 활성화와 함께 일어나는지, 인간이 씨앗과 관계 맺는 방식의 변화가 어떻게 인간을 자연의 일부로 재위치하며 커먼즈를 구성하는지 보여줍니다.

지역에 뿌리내린 특이성을 구성하기

화폐가치가 다양한 질적 가치를 경제적 합리성이라는 추상적이고 양적인 잣대로 계산하며 일반화된 상품의 세계를 만든다면, 커먼즈의 가치 전환은 무수히 다른 방향으로 벌어지며 다채로운 질적 세계를 창조합니다. 각 지역에서 커먼즈(살림살이의 양식)는 삶이 자리 잡은 지리적·역사적·문화적·생태적 조건 속에서 비교 불가능한 독특하고 온전한 '특이성(singularity)'으로 표현되죠.

스페인 남부 안달루시아의 작은 도시 마리날레다를 아세요? 별다른 관광자원 없이 올리브와 농작물을 기르는 평범한 농촌에서 사람들은 농산물을 재배하고 가공하는 농장과 공장을 협동조합으로 만들었습니다. 주민들은 하루 여섯 시간 반을 일하고 스페인 최저 임금의 두 배에 달하는 금액을 받죠. 자재를 지원받아 살 곳을 직접 짓고 한 달에 15유로 정도만 지불하면 된다니 거의 무상 주거에 가까운 시스템이 구축되어 있고요. 모든 중요한 사안은 주민 총회에서 결정됩니다.

개방적이고 자유로운 마을살이, 다른 곳에 비해 다섯 배나 많은 여가 시설, 노동과 축제가 적절한 균형을 이룬 삶의 만족도, 이러한 자립/자치의 살림살이가 구성된 배경에는 스페인에서 가장 가난한 지역인 안달루시아의 독특한 역사가 있습니다. 땅과 농사일에 대한 애착이 강한 농민들은 자립과 분권을 열망하며 귀족의 지배에 저항해왔습니다. '마을'과 '마을 사람'을 동시에 호명하는 '푸에블로(pueblo)'라는 단어에는 이러한 아나키즘적 태도가 새겨져 있죠. "우리에게서 훔쳐간 존엄을 되찾자"라는 구호 아래 귀족의 땅을 점거한 뒤 공동주택을 짓고 협동조합을 만들어 자립의 기반을 일군 가난한 농민들의 힘을 온전히 이해하기 위해서는 그곳의 역사성을 보아야만 합니다.

1980년대 이후 신자유주의 정책에 저항해온 볼리비아 원주민 운동에서 커먼즈는 '아이유(ayllu)'의 재구축을 중심으로 구상되고 실천됩니다. 아이유는 잉카제국 지배 이전부터 이어진 안데스 지역의 공동체들과 공동체의 체계입니다. 안데스에서는 비슷한 신을 섬기고, "자연을 존재하는 모든 것의 총체로서 살아있는 생명으로 대하고 자연이 주는 선물을 받기 위해 제례를 통해 자연과 대화하는 무차별적인 기술적-종교적 태도를" 공유하는 다양한 부족이 "정치적으로 자결권을 갖는 사회적 재생산의 자율적 형태"를 이루며 살았습니다. 아이유는 작은 친족 공동체부터 가장 큰 자연 공동체까지 확장되는 생명의 공동체로 서로 중첩되고 연결됩니다.[9]

볼리비아 원주민 운동은 이 오래된 공동체, 서로 다른 스케일로 중첩되는 복수의 공동체적 세계를 지금 여기서 새로운 형태로 회복하고자 합니다. 물이나 토지와 같은 생산수단을 공동소유하고 관리하는 한편, 구성원들이 각자의 능력과 필요에 따라 노동하고 노동생산물을 사적으로 전유하는 새로운 소유의 방식을 구성했죠. 정치적으로는 대의민주주의와 달리 주권을 직접 행사하는 의사 결정 과정의 집단성을 회복하는 체계를 만들었고요. 주목할 것은 각각의 자율적 정치경제 체제(공동체)들을 커다란 공동체적 체계로 연결하고자 하는 시도가 2008년 에콰도르와 2009년 볼리비아의 새로운 헌법에도 명시되었다는 점입니다. 이 헌법은 국가를 독립적인 정치·법률·문화적 조직을 갖춘 복수의 국민(공동체들)으로 구성되는 실체로 규정합니다. 근대적 국가관으로부터 급격히 탈주하는 이 새로운 국가 짓기의 상상, 국가의 커머닝에는 원주민 세계관과 복수의 공동체들로 구성한 공통적 세계의 경험이 자리하고 있습니다.

스페인 마리날레다와 볼리비아의 사례는 커먼즈의 역사성과 구체적인 맥락성을 보여줍니다. 사람들은 자신이 놓인 역사적·지리적·사회문화적·경제적 맥락에서 일종의 공통감각을 형성합니다. 민속, 무리의 이야기(folklore)라는 표현이 이러한 집단적 고유성을 표현하죠. 그리고 다시 외부와 접촉하며 새로운 공통성을 구성합니다. 커먼즈는 다양한 무리(folks)가 오랜 세월 구성해온 공통의 감수성과 태도, 문화적 지층 위에서 현실과 새롭게 상호작용하며 구성되는 것입니다. 이러한 특이성으로서의 커먼즈들은 서로를 참조하고 공통의 궤적을 그리면서 끊임없이 움직이는 공통의 별자리, 커먼즈의 은하계를 만들죠. 커먼즈 이론가/활동가는 구체적 커먼즈를 발굴하고 서로를 연결하며 공통의 이야기를 채록합니다. 우리 스스로의 연루를 통해 계속 풍성해지고 확장되는 이 은하계를 더 잘 탐색하고 제작하기 위한 지도와 가이드를 만들면서요.

삶을 순환시키며 '우리'를 새롭게 발명하기

베네수엘라의 쎄코세솔라(Cecosesola)는 협동조합 연합입니다. 60개 협동조합과 풀뿌리 조직으로 구성된 네트워크로 2만 명의 조합원이 참가하고 1,300명이 스태프로 일합니다. 국가 지원은 일절 받지 않으면서 농산물과 생필품을 만들어 지역에 순환하고, 병자를 돌보고 장례를 관장합니다. 스태프는 임금을 받는 대신 (쎄코세솔라의 분기별 생산을 예측해서 계산한) 선금을 받습니다. 가족 구성원의 수에 비례해 모두에게 동등하게 주어지는 선금 외에도 교육과 여행의 기회를 충분히 지원하고 의료를 보조합니다. 잉여는 거의 없고, 남는 것은 대부분 조합에 쓰입니다. 1967년 시작된 쎄코세솔라는 커먼즈 운동이 지도 없는 길 찾기에서 공통의 언어와 감각을 만드는 과정임을 보여주는 중요한 사례입니다.

1967년, 인구 약 100만 명의 도시 바르키시메토에서 한 협동조합 운동가가 사망했는데 장례식 비용조차 없을 만큼 가난했다고 해요. 이에 열 개의 협동조합이 모여 장례를 치르고 장례협동조합 쎄코세솔라를 만들었습니다. 1970년 지역 버스 요금 인상 반대 투쟁에 참여하면서 쎄코세솔라는 정치적인 힘을 갖습니다. 1974년에는 노동자들이 직접 운영하는 운송 협동조합까지 설립할 정도로 성장하죠. 하지만 이 과정에서 권력투쟁에 얽히고 인플레이션과 정치적 탄압을 겪으며 엄청난 실패를 경험합니다. 보유하고 있던 자본금의 30배에 달하는 부채를 짊어졌고, 재기는 불가능하다고 여겨졌습니다.

모두가 끝났다고 생각한 상황에서 몇몇 사람이 남아 있는 버스로 농산물 주말 시장을 운영하면서 부채를 갚았고, 실험은 계속되었습니다. 흥미로운 것은 쓰라린 실패의 경험이 쎄코세솔라 활동가들이 조직을 완전히 새로운 방식으로 운영하게 한 계기라는 점입니다. 이들은 우선 상하관계를 품고 있던 일반적인 조직 구조를 완전히 바꿉니다. 1982년 장례협동조합의 총지배인이 그만두었을 때 그 자리를 비워두는 것으로 시작해, 다른 자리들도 기존의 매니저가 떠나면 공석으로 남겨둡니다. 남아 있는 사람들은 분업이나 위계를 없애고 모두가 모든 일에 (돌아가면서) 참가하기 시작했고요. "비서들이 트럭 운전을 배우고, 운전사들은 행정 업무를" 맡았습니다. 각자가 자신의 영역을 주장하는 대신 모두가 전체를 볼 수 있도록 스스로를 훈련하기 시작한 것입니다.

저는 보건센터에서 일하며 마사지와 물리치료를 합니다. 회계와 스케줄 관리도 하구요. 가끔 웹사이트를 업데이트하거나 주말에는 시장에서 일하기도 하죠. 미리 정해져 있지는 않고, 자유롭게 순환근무합니다. 하루는 사무실에서 일하고, 다음 날은 복도를 청소하고, 그 다음 날은 요리를 할 수도 있죠. 누가 무엇을 얼마나 오래 하는지는 개개인의 선호도, 기술, 특정한 시기의 필요에 따라 달라져요.

— 쎄코세솔라 조합원[10]

순서를 정하는 대신 각자 알아서 자유롭게 일하는 분위기를 만드는 쎄코세솔라에서 사람들은 무언가를 정하기 위해 투표를 하지 않습니다. 이들의 표현에 따르면 "시간을 들여서 이야기하고, 함께 고민하고, 그렇게 공통적인 기준을 개발"하죠. 필요한 것은 순간순간 그 자리에 있던 사람들이 결정하지만, 그 결정이 어떤 기준으로 나왔는지 이야기하고 소통하는 과정이 일상적으로 일어납니다. 매니저도 의장도 부의장도 없는 쎄코세솔라에서 "유일하게 공통적인 것은 무수한 회합들"이며 쎄코세솔라는 "기본적으로 하나의 커다란 대화"라고 조합원들은 말합니다.

이런 공통감각이 만들어지는 데 지난한 시간이 필요했음은 말할 것도 없습니다. 한 인터뷰에서, 이러한 방식이 굉장히 많은 시간과 노력을 필요로 하지 않았냐는 질문에 쎄코세솔라의 한 조합원은 이렇게 답합니다.

쉽지는 않지만, 그것이 우리가 원하는 것이니까요. 결국 쎄코세솔라는 단지 '일'이 아닙니다. 그것은 우리 인생의 프로젝트예요. 우리는 '우리의 것'을 만드는 것보다 '우리'를 만드는 것에 관심이 있습니다. 우리 자신을 이해하고 변화시키고 싶어요. 그것이 일종의 집단적인 에너지를 만듭니다. 물론 그런 에너지를 못 느낄 때도 있죠. 그렇지만 이 에너지를 계속 생산해야 합니다. 집단적으로요.

— 쎄코세솔라 조합원[11]

이들은 자신이 "끊임없이 스스로를 교육하고 삶을 배치하는 공통의 과정에 있다"라고 말합니다. 그 과정에서 가부장적인 구조나 소유권 같은 지배적인 힘에 계속해서 영향을 받지만 "사적 소유를 (…) 멈춤으로써" 그 힘의 방향을 전환시키려고 노력한다고요. 그렇게 만들어진 쎄코세솔라는 누구의 것도 아닙니다. 모두가 쎄코세솔라라는 공통의 관계를 만들고 이에 속해 있죠. 조합원들은 쎄코세솔라가 자신의 삶에 주는 의미를 '안도감'이라고 말합니다. "국가가 망해도, 경제가 망해도" 사회(혹은 거대한 공동체)는 언제나 거기 있을 것이라는 느낌입니다.

급진주의와 수정주의라는 이분법을 넘어서기

지금 여기서 다른 삶을 살기 시작함으로써 자본과 근대적 국가의 외부를 확장하고자 하는 커먼즈 운동의 방법론은 사회를 바꾸기 위해 국가권력을 장악하고자 한 소위 혁명운동과도, 제도와 법을 개선함으로써 현재의 시스템을 보완하고자 하는 수정주의와도 다릅니다. 커먼즈 운동은 수정이냐 변혁이냐는 이분법을 뒤섞는다고 말할 수 있습니다. 새로운 삶 양식의 실천은 그것을 가로막는 제도적·법적 장애를 해결하기 위한 노력들과 병행될 수밖에 없기 때문입니다. 바우웬스와 코스타키스 등은 커먼즈 활동가란 "대안을 구축하고자 하는 사람들과 기존의 정치적 경로를 해킹함으로써 변화를 가능하게 하려고 노력하는 사람들"이라고 설명하는데요.[12] 현실에서 이 둘은 언제나 서로를 참조하고 피드백하며 새로운 가능성을 만듭니다.

커먼즈의 원칙을 더 큰 규모로 발전시키기 위한 법적·재정적·조직적 형태를 상상하는 것은 중요합니다. 하지만 공적 제도의 형태들은 커먼즈의 사회적 실천과는 다르다는 것을 기억해야 합니다. 커먼즈 활동가들이 강조하듯이, 법적/행정적 구조가 아무리 잘 설계되었다고 해도 그것은 커머닝의 관행과 다르며 커먼즈를 대체할 수 없습니다.[13] 커먼즈에 우호적인 법과 행정을 만드는 노력은 중요하지만, 언제나 커머너처럼 생각하는 것을 놓쳐서는 안 됩니다. 문제가 있을 때 주변에 있는 것을 활용해 땜질하고 시행착오를 거치며 더 나은 해결책을 고안하는 해킹과 브리콜라주(bricolage)의 실천, 우발성을 즐기고 상황과 맥락에 맞게 원칙을 조절하는 유연함, 그 속에서 집단적으로 더 나은 제도, 언어와 사고를 만들어나가는 집단적 상상과 실험이죠. 커머닝의 과정은 커머너가 커먼즈에 필수적인 역량(무엇보다 다른 사람들과 함께 일하는 것)을 배우고 개발하는 과정이며 이러한 문화를 전염시키고 확산하는 과정입니다. 수영이나 자전거 타기 혹은 춤추기가 직접 몸으로 하면서 배울 수 있듯이, 커머닝 기술은 커머닝의 집단적 실천을 통해서만 습득됩니다.

커머너는 과거-현재-미래로 이어지는 근대적 시간, 그리고 지역-국가-글로벌이라는 식으로 규모가 확장되는 (국민국가를 기본으로 위계화된) 근대적인 공간과 다른 시공간을 살고자 합니다. 여기 이미 씨앗의 형태로 존재하는 아주 오래되고 가장 새로운 것으로서의 커먼즈를 구체적 삶의 자리에서 발견하고 활성화하는 동시에, 현재 질서의 틈새에서 명멸하는 무수히 다른 빛깔의 커먼즈들을 국경을 가로질러 더 넓고 환하게 연결하는 거대한 그물망의 매듭이 됨으로써 말입니다. 즉 운동으로서 커먼즈는 하나의 동질적 세계를 (그 내부에서 위계를 만들며) 확장한 자본주의/제국적 운동은 물론이고 국가권력의 장악을 통해 사회를 바꾸고자 한 혁명운동과도 다른 방식을 취합니다. 자본주의와 다른 가치를 추구하는 삶을 각각의 지역-공간에서 만들고 그것을 연결하고자 하는 커먼즈 운동은 다양한 토착 커먼즈-세계들이 서로 접속하고 오염되고 변이하며 퍼져나가는 뿌리줄기와 같습니다.

이데올로기와 정체성으로부터 탈주하기

사회학자 존 홀러웨이(John Holloway)는 정의로운 사회 건설을 꿈꾼 과거 혁명들의 실패를 이렇게 설명합니다. 국가권력을 장악함으로써 사회 전체를 변화시키고자 한 과거 운동들은 하나의 논리를 내세우고 그에 맞지 않는 것을 배제하는 총체성의 논리에 기반하고 있었다고요. 그러한 운동 속에서 주체는 '노동자'라는, 혹은 '여성'이라는 추상적 이름을 부여받습니다.

커먼즈 운동은 하나의 정치적 이데올로기나 이상적 사회의 모델을 전제하거나 일반화된 정체성을 호출하지 않습니다. 커먼즈를 운동의 키워드로 구성하는 것은 (그것이 아무리 훌륭한 것이라 할지라도) 신념과 가치, 규칙을 공유하는 사람들의 공동체를 꾸리는 것과 다릅니다. 새로운 사회는 커머닝의 과정에서 커머너들의 집단적 상상력과 활력 속에서만 출현하기에 가치(커먼즈)는 계속해서 논쟁되고 재정의됩니다. 각각의 맥락에 뿌리내린 구체적인 것으로요. 운동의 주체는 이러한 구체적인 가치를 함께 생산하고 나누는 커머닝의 과정에서만 등장합니다. 즉, 커머너는 어떤 정체성에 부여되는 이름이 아닙니다. 커머너는 커머닝을 수행하는 자들, 지금 여기서 공통의 삶을 꾸리고 상품교환이나 위계와 다른 관계를 실천하는 아주 평범한 사람들의 이름입니다.

커먼즈 운동의 가장 중요한 과제는 더 많은 사람을 커먼즈 운동에 초대하고 연루시킴으로써 함께 커머너가 되는 것, 다양한 가치를 만들어내는 활력을 더 크고 넓게 조직하는 것입니다. 이는 개인을 버리고 공동체의 가치를 추구해야 한다는 의미가 아닙니다. 개인들의 자율성이 넓은 공통성으로 연결될 수 있는 새로운 방식과 관계를 창안하는 것이죠.

앙리 르페브르(Henri Lefebvre)가 "행성적 도시화"라고 부른 과정은 이미 시골과 도시의 차이를 지우고 섞으며 전 세계 사람들을 마주침의 과정으로 밀어 넣고 있습니다. 문제는 타자와의 만남이 종종 갈등과 폭력의 유발로 귀결된다는 것입니다. 사람들은 자신의 삶을 보호하기 위해 비슷한 사람들끼리 교류하고 낯선 것을 타자화하죠. 다양한 수준의 빗장 커뮤니티(gated community), 이방인을 혐오하는 정서의 확산은 마주침을 차단하고 자기(self)와 자신의 삶을 외부로부터 인클로저함으로써 안전을 확보하고자 하는 경향을 분명히 보여줍니다.

이런 상황에서 서로 다른 것들 간의 생산적인 만남을 잘 조직하고 소통시키는 일은 커먼즈 운동의 핵심 과제가 됩니다. 다른 누구와도 비교 불가능한 나라는 존재의 고유성, 혹은 특이성을 긍정하면서 삶의 근본적 상호의존성을 감각하며 무수한 타인과 함께 살아가는 것, 개인과 공동체 간의 새로운 거리와 새로운 존재 양식을 발명하는 것은 어떻게 가능할까요? 홀러웨이의 말을 빌리자면 커먼즈 운동의 목적은 "성자들의 공동체를 만드는 것이 아니라 사람들 사이의 상이한 관계 형식을 만들어내는 것"입니다.[14] 위에서 살펴본 쎄코세솔라의 활동가는 이렇게 말합니다.

우리는 세상이나 사회가 어떠해야 하는지에 대한 꿈을 꾸지 않습니다. 이런 세상이 되어야 한다는 생각은 종종 사람들의 목구멍을 짓누르는 생각으로 귀결됩니다. 우리는 우리 자신과 우리의 문화에서 시작하며, 문화적 변화에는 시간이 걸린다는 것을 잘 알고 있습니다.
— 쎄코세솔라 조합원[15]

이어지는 7장부터는 이러한 새로운 관계의 방식을 창안하고자 한 한국의 커먼즈 운동을 살펴보고자 합니다.

7
가난한 여성들의 즐거운 커머닝, 난곡희망의료협동조합

첫 번째 사례는 '난곡희망의료협동조합'입니다. 압축적 근대화가 진행되던 1970년대 서울에서 가장 가난하고 억압받는 위치에 있었던 도시빈민 여성들이 주체가 된 커먼즈 운동이죠. 먼저 투기적 도시화에 대해서 잠깐 설명하겠습니다.

투기적 도시화

우리나라 사유지 중 단 1%의 사람들이 소유한 땅이 나머지 99%가 소유한 땅의 면적보다 크다는 사실을 아세요? 이와 같은 극단적인 토지의 사유화는 한국 근대화 과정의 특수성을 보여줍니다. 서구 사회에서 부동산과 도시 공간이 본격적으로 상품이 되는 것은 산업화 이후였습니다. 산업화 시기 부동산 개발은 주로 국가의 공공주택 공급을 중심으로 이루어졌죠. 그러다 1970년대 경제성장이 한계에 부딪히면서 도시 공간을 상품으로 개발하는 소위 '투기적 도시화' 과정이 본격화됩니다.[16] 하지만 한국에서 도시의 상품화와 금융화 과정은 1960년대 시작된 급격한 산업화와 동시에 진행되었습니다. 자본과 권위주의 정부가 연합해 유례없이 빠르게 강도 높은 수준으로요. 1964년 이후 50년간 한국의 부동산 평균 지가는 2,976배 뛰었습니다.

사람들의 삶의 기반이자 마을 공동체의 토대였던 땅이 본격적으로 사유재산이 된 시기는 일제강점기입니다. 1910년부터 8년간 조선총독부는 토지조사사업을 시행합니다. 그로부터 불과 백년 남짓한 시간이 지난 현재 30% 정도의 국공유지를 제외한 한국의 모든 땅은 사유지/상품이 되었고, 사람들에게 땅과 집은 가장 확실한 재산 증식 수단이 되었습니다.[17] 박경리의 소설《토지》가 생생하게 묘사하듯이 삶의 터전이며 공동체의 기반이었던 땅이 소유물이 되는 순간 땅의 의미는 물론 땅을 둘러싼 사람들의 관계가 바뀌기 시작합니다. 그런 의미에서 커먼즈가 해체된다는 것은 커머너 또한 사라진다는 뜻입니다. 커머너는 결국 커먼즈의 일부이니까요. 예를 들어 동학농민운동을 비롯한 수많은 민란, 일제강점기 3·1운동 같은 권력에 대한 거대한 불복종 싸움은 농민들이 스스로의 삶을 꾸리기 위한 토대(커먼즈)를 지키기 위한 것이었습니다. 이들이 이토록 격렬히 저항할 수 있었던 이유는 이들에게 커머너로서의 삶, 스스로 삶을 다스리며 살았던 경험이 있었기 때문입니다.

투기적 도시화는 한국의 도시 공간을 투기 상품으로 개발하는 과정이자 그에 조응하는 투기적 심성을 개발하는 과정이었습니다. '조물주 위에 건물주'라는 유행어는 한국에서 땅과 집이 삶의 터전이라기보다 재산, 투기의 대상, 심지어는 사람들의 삶의 목표임을 보여줍니다. 이러한 상황에서 커먼즈 운동은 사람들의 커머너-되기와 물적 커먼즈의 재조직을 동시에 요구합니다. 한국의 도시 공간은 물질적 조건과 관계를 둘러싼 가장 격렬한 가치 투쟁의 장, 커먼즈 운동의 핵심 장소로 등장합니다.

판자촌에서 공동체 만들기, 도시빈민 주민운동

1950년대까지 인구의 80%가 농업에 종사하던 한국은 1960~1970년대에 급속한 산업화를 이룹니다. '한강의 기적'이라고도 불린 눈부신 경제성장은 시골에서 이주한 (거의 무한한) 값싼 노동력을 바탕으로 가능했죠. 1953~1970년에 매년 평균 40만 명의 사람들이 시골에서 도시로 이주합니다. 농사로는 먹고살 수가 없으니 무작정 올라온 사람들이었습니다. 뚝방과 야산, 공터마다 판자촌이 생겼습니다. 이곳에 정착한 이농민들은 '도시빈민'이라는 새로운 집단을 형성합니다. 주거환경의 열악함은 물론 제대로 된 일자리도 없는 상황에서 도시빈민의 삶은 극단적으로 불안정했습니다. 행상, 날품팔이, 노가다, 지게꾼, 구두닦이, 신문팔이, 구걸까지. 아이부터 노인까지 움직일 수 있는 온 가족이 돈벌이해야만 겨우 입에 풀칠이나

할 수 있는 상황이었죠.

1960년대 서울에서는 대규모 건설 사업이 이어졌습니다. 판자촌은 사회악으로 규정되었죠. 아무런 대책도 없는 강제 철거가 연일 이어졌습니다. 최초로 대책이 마련된 것은 1967년인데요, 핵심 내용은 경기도 광주(현 성남시)에 대규모 이주 단지를 조성해 도심의 철거민을 이전시키는 것이었습니다. 35만 명에 이르는 사람들을 군용 트럭과 쓰레기차에 실어다 아무것도 없는 황무지에 내다 버리는 이주 정책의 결과는 참혹했습니다. 최소한의 생계 벌이조차 불가능한 고립무원에서 극심한 기아와 전염병으로 하루에도 몇 구씩 시체가 나오는 지옥이 펼쳐집니다. 이러한 배경에서 일어난 1971년 광주대단지사건(8·10 성남민권운동)은 도시화 과정에서 폐기물 처리된 사람들이 국가를 향한 분노와 삶의 의지를 표출한 한국 최초의 도시형 반란이었습니다.

전통적인 커먼즈에서 쫓겨나고 임노동 계급에도 진입하지 못한 도시빈민에게 생존을 위한 최소한의 토대(=커먼즈)를 구성하는 것은 너무나 절실했습니다. 도시빈민의 비참한 상황에 가장 먼저 주목한 것은 종교계입니다. 1971년 미국 장로회의 지원을 받아 발족한 도시선교위원회가 '빈민선교자'를 선발해 교육했고, 이 프로그램의 훈련생들은 빈민 지역에 들어가 주민운동을 조직합니다. 주민의 한 사람으로서 함께 살며 주민들이 자신의 문제를 스스로 해결하도록 하는 것이 운동의 목표였습니다. 신용협동조합과 생산협동조합 등의 실험이 시작되었죠.

주민운동은 당시 도시빈민의 독립적이고 자율적인 삶의 기반을 구성하기 위한 커먼즈 운동이었습니다. 주목할 것은 당시 주민운동이 '공동체'라는 키워드를 중심으로 구성되었다는 점입니다. 헌신적으로 주민운동에 참여했던 활동가들은 이렇게 말합니다.

우리가 주목한 것은 공동체였죠. 판자촌은 시골 마을 같으니까, 서로 돕는 분위기도 있고, 뭐 알코올중독이나 문제들도 있지만 동네 사람들이 함께하는 분위기가 있어요. 동네에 노는 애들이 누구네 집 애인지 다들 알고 있고. 그런 감각이 남아 있는 것이 가장 큰 강점이라고 할까, 그걸 어떻게 활성화할 것인지가 과제였던 거죠.

— 신동우(당시 주민운동가) 인터뷰[18]

'복음자리마을'은 당시 주민운동이 도시빈민의 삶의 기반을 구성하는 커먼즈 운동이었음을 잘 보여주는 사례입니다. 1977년 서울의 한 판자촌 주민들이 시흥으로 집단 이주하게 되었습니다. 주민운동가들이 마을 주민들을 설득하고 독일 천주교 후원 재단에 돈을 빌려서 복음자리마을을 건설했습니다. 복음자리마을에 관한 기록은 마을 잔치와 여흥, 사람들이 함께 먹고 마시고 노래하고 춤추는 시간들이 어떻게 이곳의 빈민들을 하나로 묶고 공동체를 만들었는지 강조합니다.

영어 단어 'community'를 번역한 단어 '공동체'는 어떻게 당시 주민운동의 핵심적인 가치가 되었을까요? 이는 주민운동을 이끈 종교계가 대공황 시절 미국에서 지역사회 운동을 조직한 솔 알린스키(Saul David Alinsky)의 공동체 조직 이론을 이론적 자원으로 삼았다는 점과 무관하지 않습니다. 동시에 현실의 주민운동에서 '공동체'라는 단어가 환기한 것은 (위의 인터뷰가 보여주듯이) 도시빈민/이농민에게 친숙했던 '시골 마을'의 삶과 정서였습니다. '공동체'라는 단어는 미국의 슬럼에서 만들어진 커먼즈 운동과의 사상적 교류를 드러내는 동시에 운동의 주체인 도시빈민들에게 익숙한 삶의 형태인 전통적인 마을을 환기하는 개념이었던 셈입니다.

문제는 당시 주민운동이 만들고자 했던 공동체가 또 다른 의미에서 전통적 공동체를 답습하고 있었다는 점입니다. 젠더적 위계를 품고 있다는 점에서 말이죠. 당시의 주민운동을 '공동체 운동'으로 의미화하는 《마을공동체 운동의 원형을 찾아서: 1970~1990년대 민중의 마을 만들기》는 복음자리마을에 대해 이렇게 기록합니다.

이러한 모든 일을 작은 공동체 식구와 수녀들, 일당을 받고 참여한 주민들이 해냈지만, 그중에서도 가장 강도 높게 오랜 시간 일한 사람은 공동체의 여성들이었다. 이들은 생산 활동을 하는 틈틈이 공동체원들의 식사를 준비했고, 아이들을 챙기는 가사 노동의 짐도 지고 있었다. (⋯)

아침에 방문을 열고 나와 보면 마루방 여기저기에서 자고 있는 사람들이 눈에 띄었고, 어떤 날은 담뱃재가 수북한 재떨이와 빈 술병만 나뒹굴었다. 찾아오는 이들에게 밥과 술안주를 차려내는 일은 여성 공동체 식구들의 몫이었다.[19]

기록은 대부분 남성 리더가 이끌던 공동체 운동이 어떻게 여성에게 재생산 노동을 전가하며 가부장적 위계를 재생산하고 있었는지 보여줍니다. 빈민 스스로 자립적 삶의 기반을 만들고자 했다는 점에서 주민운동은 급진적인 자생적 커먼즈 운동이었지만, 내부의 위계와 공동체(=집)의 형식에 대한 고민은 부족했던 것이죠.

닫힌 공동체와 위계적 노동을 넘어서다

한국 최초의 의료협동조합 난곡희망의료협동조합(이하 난협)은 이런 배경 속에서 등장합니다. 하루 벌어 하루 먹고사는 빈민의 삶에서 가장 절박했던 의료 문제를 주민 스스로 해결하고자 한 난협의 주체는 도시빈민 주부들이었죠. 도시선교위원회 최초의 여성 훈련생으로 난곡에 살기 시작한 주민운동가 김혜경은 도시빈민 주부들과 친구 같은 관계를 맺었습니다. 김혜경이 난곡에서도 가장 가난한 꼭대기 동네 엄마 15명과 한 달에 한 번 "국수라도 먹으면서 사는 얘기나 하자"고 만든 국수클럽(국수계)이 바로 난협의 출발점입니다. 난곡의 국수클럽은 (보통 남성 리더가 이끌던) 다른 공동체 주민

운동과는 전혀 다른 정동을 만들었습니다.

두 가지 사건이 난협의 창립으로 이어집니다. 첫째는 동네의 한 여자가 원인 모를 병을 앓기 시작한 사건입니다. 같은 공장에 다니는 사람들도 비슷한 증상을 보였죠. 국수클럽 계원들은 이에 노동청을 찾아갑니다.

뭐, 아무 소용도 없지. 산업재해 같은 말은 들어본 적도 없는 때니까. 아프면 그냥 죽는 거지. 아무튼 국수클럽 엄마들은 뭔가 하고 싶어 했어. 노동청이 무시한다면 방송국에 가자, 그러고는 다 같이 동아 방송국에 갔는데 방송이 된 거야. 그러니까 갑자기 회사가 신경을 쓰기 시작하더라고. 노동청도 그렇고. 증상이 있는 사람들이 큰 병원에 가서 화학약품 땜에 그런 거가 밝혀지고 치료를 받았지. 그걸 우리가, 국수클럽이 한 거야! 다들 흥분했지. 아, 아픈 엄마는 애가 셋이었는데, 남편이 도배공이었거든. 지방에 돌아다니고 그럴 때가 많으니까 국수클럽 엄마들이 6개월 동안 돌아가면서 애들 빨래도 해주고 도시락도 싸주고 했어.

— 김혜경(난곡 주민운동가) 인터뷰

이 사건은 국수클럽 계원들이 "우리도 뭔가 할 수 있다"라는 것을 느낀 굉장히 뿌듯한 경험이었습니다. 두 번째 사건은 얼마 지나지 않아 벌어집니다. 한 여성이 유산의 위험에 처하는데 이를 알게 된 국수클럽 계원들이 동네에서 모금을 하고 가톨릭 교회의 도움을 받아서 병원비를 마련하고 살려냈죠. 당시 국수클럽 계원들은 병원 문턱이 얼마나 높은지 실감했다고 합니다. "이렇게 병원비가 비싼데, 우리는 아프면 그냥 죽을 수밖에 없구나"라고요. 마침 가톨릭병원이 지역 봉사를 기획한 사실을 알게 된 김혜경은 이를 국수클럽 계원들에게 전합니다. 국수클럽 계원들은 이를 봉사 활동이 아닌, 자신들이 조합비를 내고 운영하는 의료협동조합으로 만들기로 합니다. 난협은 1976년 만들어져 2,200세대의 도시빈민이 참여한 거대한 협동조합으로 성장했습니다. 1989년에 전 국민 의료보험이 실시되기 전까지 효과적으로 운영되었습니다.

난협은 도시빈민 내부에서도 한층 억압당했던 여성들이 삶의 공통기반을 조직한 커먼즈 운동 사례입니다. 앞에서 말했듯이 도시빈민은 한국사회에서 가장 극심한 불안정성에 처한 계층이었습니다. 게다가 그 내부에는 전통적 성역할에 기반한 또 하나의 위계가 있었죠. 특히 결혼과 동시에 일을 그만두는 것이 보통인 사회적 분위기에서 도시빈민 주부들은 노동 위계의 최하층을 구성하고 있었습니다. 부업, 행상, 가정부, 공사장의 잡일 등 온갖 종류의 비공식 노동에 낮은 임금으로 종사하는 한편, 집안일과 양육을 전부 떠안아야 했죠. 이러한 상황에서 난협 여성들은 의료를 가장 절박한 자원으로 정의하고 커먼즈로 조직하기 위해 노력했을 뿐만 아니라, 이를 전통적인 공동체와 다른 수평적인 네트워크의 형식으로 만들었습니다. 협동조합을 만들기로 결정한 후 국수클럽 계원들은 "한 집이라도 빠질까 봐", "가난한 사람들 모두가 참여할 수 있도록" 밤마다 집집을 방문하며 지역 주민을 설득해 118명을 모았습니다. 조합이 성립된 이후에는 토요일마다 자원봉사에 참여했고요.

난협은 커머닝의 실천에서 '일'과 '집'은 자본주의의 지배적 형식으로부터 벗어난다는 것을 생생하게 보여줍니다. 첫째, 난협을 만든 도시빈민 주부들은 모두 살기 위해 장시간의 저임금 노동은 물론이고 가사일까지 전담하는 상황에 처해 있었습니다. 그토록 고단한 삶의 한가운데에서도 그녀들은 난협의 조직과 운영에 자신의 시간과 활동을 기꺼이 나누었습니다. 즉, 난협의 사례는 커먼즈에서 일이란 임금으로 환산되는 활동이 아니라 능력에 따라 생산하고 필요에 의해 나눔으로써 모두를 위한 사용가치를 만드는 활동이라는 것을 드러냅니다.

둘째, 난협은 커먼즈를 구성하는 '일'의 핵심은 가치를 타자와 나누는 활동으로서의 돌봄이자 이를 통한 삶과 관계의 재생산이라는 것을 보여줍니다. 자본주의 사회에서 재생산과 돌봄 노동은 핵가족 내부에 갇힌 채 여성에게 부과되는 억압적인 것이 되었지만 해방의 가능성 또한 거기에 있습니다. 도시빈민 주부들은 불안정한 비공식 임금 노동과 가사 노동을 병행하며 가족의 생계를 꾸렸는데요, 이들은 자신의 일을 (생산적인) 임금 노동과 (비생산적인) 가사 활동으로 구분하기보다 먹고살기 위한 것으로 뭉뚱그려 인식하는 경향이 있었습니다. 특히 많은 도시빈민 여성은 자신들이 먹고사느라 얼마나 고생했는지 말할 때조차 자신의 노동을 통해 "자식 새끼들을 멕이고 가르쳤다"라는 사실에 자부심을 표시합니다. 이러한 태도는 미국 흑인 노예 여성들이 가사 노동을 자신이 해야 하는 무수한 노동 중 "유일하게 의미 있는 활동"으로 인식했다는 앤절라 데이비스(Angela Yvonne Davis)의 논의와 상통합니다.[20] 즉, 도시빈민 여성들은 삶을 지속하기 위한 활동으로의 재생산과 돌봄이야말로 살림살이를 둘러싼 모든 경제 및 정치 체제의 기초임을 직관적으로 알았다고 할 수 있습니다.

이웃 여자가 산업재해로 입원했을 때에도 국수클럽 계원들은 돌아가며 그 집 아이를 돌보았습니다. 병자를 병원에 보내는 것만으로 문제가 해결되지 않음을 그녀들은 경험적으로 알고 있었죠. 난협을 만든 도시빈민 여성들은 돌봄의 실천을 가족이라는 작은 단위를 넘어 타자와 나누었습니다. 자본주의가 여성의 재생산 노동을 핵가족이라는 근대적 제도 안에 가두고 울타리 쳤다면, 난협의 여성들은 강요된 노동이 아닌 자발적 활동으로서의 돌봄을 가족이라는 문턱을 넘어 개방(역-인클로저)하고, 사회 그 자체를 넓은 돌봄의 네트워크로 재조직함으로써 서로를 돌보고 함께 사는 능력을 확장하고자 했습니다.

마지막으로, 난협의 사례는 커먼즈 운동이 만들어내는 것이 무엇보다 커머너 자신이라는 사실을 보여줍니다. 난협의 주체였던 도시빈민 여성들은 당시의 활동을 자긍심과 즐거움, 가장 행복했던 시절의 기억으로 꺼냅니다. 이는 복음자리마을 활동가 아내의 "그냥 살아냈다", "지금 살라고 하면 그렇게 살 수 있을지 자신이 없다"라는 회고와는 뚜렷이 다른 정동을 보여주죠.[21] 난협을 만든 여성들은 쓸데없이 돌아다닌다고 남편에게 두드려 맞고 도망치다 바지가 찢어져도 추리닝을 빌려 입고 총회에 참석한 기억을 이야기합니다. 난곡 주민운동가 김혜경의 말에 따르면, 그녀들에게 난협은 "매 맞고 하라는 대로 하고 살던 엄마가 아저씨(남편)에게 제대로 얘기"하기 시작하는 공간, 그럼으로써 "아빠들도 결국, 밤 열 시가 되어도, 통금 시간이 지나도 우리가 모이는 거에는 암소리 안 하게 되는" 변화의 공간이었습니다.

난협의 전성기였던 1980년대, 독일의 한 비정부기구(NGO)로부터 의료센터 설립을 위한 재정 지원 제안이 있었지만 난협의 여성들은 오랜 논의 끝에 이를 거절합니다. "센터가 있으면 좋겠지만, 우리에게 아직 역량이 없다. 자율적으로 센터를 운영하지 못하면 결국 주체가 아닌 봉사의 대상이 될 것이라고" 생각했기 때문입니다. 김혜경은 이 토론에서 느낀 감동을 다음과 같이 회고합니다.

> 그때, 정말 놀랐어. 주민들이 굉장히 중요한 결정을 내린거지. 이미 우리에겐 집단적으로 그런 판단을 하고 너무 유혹적인 제안을 거부할 능력이 있었던 거야. 이 사실은 역사적으로 중요한 의미가 있다고 생각해.
> — 김혜경(난곡 주민운동가) 인터뷰

연구자들에 따르면 경제적으로 힘든 계층일수록 살아남기 위해 핵가족이라는 작은 단위를 유지하는 경향이 있습니다. 도시빈민 내부에서도 가장 불안정한 노동을 수행하던 도시빈민 여성들이 전통적인 공동체와도, 자본주의가 강요하는 것과도 다른 방식으로 돌봄의 공동체를 만들었다는 사실은 중요한 시사점을 던져줍니다. 도시빈민 여성들에게 함께 관리하거나 나눌 수 있는 자원은 애당초 없었습니다. 그녀들이 만든 핵심적인 커먼즈는 결국 가족, 그리고 타인과 관계 맺는 방식의 변화입니다. 커먼즈는 작은 단위의 공동체를 넘어 타인을 돌보는 새로운 방식이며 그러한 관계에 적극적으로 연루되는 커머너로서의 자기 자신이었던 셈입니다.

투기의 욕망과 공생공락의 즐거움 사이에서

난협의 실험이 도시빈민 주부들의 계 모임에서 시작되었다는 점은 주목할 만합니다. 도시빈민 여성들이 고달픈 생활에도 불구하고 도시에서의 삶을 선호했음을 보여줍니다. 그 이유의 중심에 계가 있었습니다. 그녀들에게 계는 여성들끼리 모여 세상 이야기, 사는 이야기를 하는 공간, 즉 평등한 교류의 즐거움을 느끼는 공간이었습니다. 도시빈민 남성들은 농촌 사회에서 유지하던 가부장적 권위가 경제적인 어려움에 의해 침식되는 상황에 심리적으로 저항하며 가장의 역할을 강조한 반면, 여성들은 강한 혈족 관계와 전통적 위계 관계에서 상대적으로 벗어난 도시의 자유로운 분위기에 빠르게 적응했습니다.

물론 도시는 또 다른 의미에서 자유로운 주체를 만들었습니다. 바로 자유롭게 돈을 벌고 투기하는 주체죠. 도시빈민 여성들은 돈을 벌 수 있다는 이유에서도 도시를 선호했습니다. 아무리 적은 액수일지언정 자신의 노동이 현금과 교환되고 그것을 '불릴' 기회가 주어진다는 뜻이었죠. 판자촌에 관한 다양한 기록들은 도시빈민 여성들이 얼마나 돈에 밝았는지를 보여줍니다. 정기적인 수입이 없었던 그들이 이웃에게 돈을 빌리거나 외상을 하는 것은 매우 일상적인 일이었는데요. 아주 조금이라도 여윳돈이 생기면 일수놀이를 하거나 계를 통해 돈을 불리고자 했습니다. 온 가족이 방 하나에서 자면서도 조금이라도 공간이 있으면 쪼개어 월세를 받고 빌려주는 것은 당연한 일이었죠. 많은 도시빈민 가장이 사우디아라비아로 돈을 벌러 나가는 1980년대, "누구네 엄마가 돈을 어떻게 관리해서 아랫동네에 집을 샀는지"는 난곡의 가장 중요한 가십거리였다고 합니다. 즉, 도시빈민 여성들은 이미 일해서 돈을 버는 것과 '돈놀이' 투기의 차이를 인식하고 있었고, 집을 투기의 수단으로 활용하는 것은 판자촌에서 전혀 특별한 일이 아니었습니다.

이러한 맥락에서 난협은 여성들이 도시에서 경험한 자유롭고 평등한 교류의 즐거움을 자본주의적 경제(=자유로운 이익 추구)와 다른 방향, 즉 커먼즈의 수평적 네트워크로 엮어간 사례입니다. '계'라는 한국 고유의 금융 관행을 이윤이 아닌 관계를 목적으로 커머닝한 사례이기도 하고요. 무엇보다 우리 삶의 능력이 얼마나 풍부하게 펼쳐질 수 있는지 보여주는 사례죠.

1980년대를 거쳐 1990년대까지 이어진 한국 커먼즈 운동 역사는 앞서 소개한 책,《마을공동체 운동의 원형을 찾아서: 1970~1990년대 민중의 마을 만들기》에 빼곡히 담겨 있습니다. 가난한 동네에서 벌어진 탁아 운동, 공부방 운동은 삶의 재생산을 공통의 것으로 새롭게 구성하고자 한 급진적 실험입니다. 김미례 감독의 영화 〈열 개의 우물〉도 추천합니다. 한국의 1980년대는 주로 노동운동과 민주화운동을 통해 기억되지만, 그 운동이 가족과 공동체, 돌봄을 커머닝하고자 한 여성의 서사와 어떻게 교차하고 있는지 생생히 볼 수 있습니다.

1980년대로 접어들면서 도시빈민 운동의 커먼즈적 성격은 더욱 극심한 위협에 직면하게 됩니다. 1983년 정부는 무허가 주거지의 재개발을 더 용이하게 하기 위해 토지 소유자가 재개발조합을 구성해서 재개발을 추진하는 '합동재개발'을 도입합니다. 동시에 판자촌이 자리한 국공유지를 민간에 매각함으로써 국가가 아닌 민간사업자를 재개발의 주체(즉, 철거민들이 싸워야 하는 대상)로 만듭니다. 그 결과 1980년대 서울은 철거 용역을 앞세운 폭력적인 강제 철거, 이에 맞서는 격렬한 철거 반대 투쟁으로 점철됩니다. 1983~1985년 단 2년간 100여 차례의 철거 반대 투쟁이 있었을 정도입니다.

이런 상황에서 도시빈민 운동은 조직적인 철거민 운동을 중심으로 펼쳐집니다. 이는 1987년 서울철거민협의회(서철협)의 창립이라는 성과로 이어집니다. 1990년에는 서철협의 '강경'한 노선과 다른 '온건'한 제도적 해결을 꾀하는 주거문제해결을위한전국연합(주거연합)이 결성됩니다. 서철협이 철거민을 혁명의 주체인 노동자로 보았다면, 주거연합은 철거민을 (대책이 마련되면 생업으로 돌아가야 할) 사회적 약자로 파악했습니다. 공권력과 직접 대결을 시도하건, 정책 형성 과정에 참여하며 제도 개선을 꾀하건 간에 철거민 운동은 1980년대 한국 사회운동의 주요한 형식이었던 조직 운동으로 수렴하는 경향을 띱니다.

물론 이러한 운동에서도 공간을 점거하고 매일의 삶을 꾸리는 와중에 커먼즈의 예시적(豫示的) 실천들은 계속해서 나타납니다. 적극적으로 자율적인 삶의 방식을 조직하고자 한 주민운동도 다른 철거촌과 연대하며 철거민 투쟁의 일부가 되곤 했고요. 그러나 주거권 쟁취가 목숨을 건 문제가 되어버리고 고통과 분노, 원한이 점철되는 상황에서 자율적인 삶의 주체(=커머너)가 만들어지는 것은 대단히 어려웠습니다. 무엇보다 투쟁 과정에서 어렵게 구성된 공동체성은 싸움이 끝나는 순간 (그 장소의 파괴와 함께) 흩어지고 맙니다. 빈민 운동가 최인기의 말대로 "온 힘을 다해 싸우던 철거민들이 보상을 받는 순간 뒤도 돌아보지 않고 현장을 떠나는" 악순환이 반복됩니다.

아무리 재개발과 정책들, 주거권, 권리에 대한 정보를 알고 있어도, 그것이 운동의 공동체성을 만드는 것은 아니죠. 중요한 것은 운동 속에서 자신의 존재가 변했느냐 아니냐입니다. 돈이나 다른 목적 때문이 아니라, 이 활동이 하고 싶다는 욕망이 생기느냐는 것이죠.

— 최인기(빈민 운동가) 인터뷰

도시빈민 여성들은 단일한 정체성 아래 미래의 혁명을 위해 투쟁하거나, 제도 개혁을 통해 권리를 확보하고자 하는 것이 아니라 여기서 자신이 원하는 삶과 관계의 모양을 구체적으로 조직하고 만들어내고자 했습니다. 도시빈민 여성들의 즐거운 커머닝과 유사한 정동의 커먼즈 운동은 시간을 훌쩍 넘어 2000년대 서울에서 다시 발견됩니다. 자유롭게 살고 싶어 자발적 가난뱅이-되기를 선택한 젊은이들의 실험에서요.

8
함께 살림하기를 통한
집/가족의 커머닝, 빈집

'빈집'은 가난한 젊은이들이 가급적 노동시간을 줄이고 즐겁게 살기 위해 시작한 실험입니다. 서울 용산구 해방촌에 있는 자신들의 주거 공간을 '공유지'라고 선포하고 원하는 누구나 와서 함께 살자고 초대합니다. 2008년 2월, 첫 빈집이 시작된 이래 스무 채가 넘는 빈집이 만들어지고 사라졌습니다. 두 개의 협동조합 카페가 운영되었고 대안적 공간을 늘리기 위한 금융 커먼즈 실험인 '공동체은행 빈고'가 만들어졌습니다. 빈집은 자본주의적 도시 한 가운데에서 집의 새로운 용법을 창안하고 개인이 가족, 공동체와 관계 맺는 새로운 방식을 모색한 시도였습니다.

지금 여기서 다르게 살고 싶지만 닫힌 공동체는 싫어

빈집을 시작한 가난뱅이 청년들의 목표는 원래 주거 운동이 아니었습니다. '일하는 시간을 줄이고 원하는 방식대로 사는 것'이었죠. 가난뱅이 청년들이라고 하지만 앞서 살펴본 도시빈민과는 다릅니다. 부모에게 물려받은 건 없었지만 교육을 받았습니다. 대학 졸업 당시 IMF 외환위기가 터지는 악재를 겪었지만 노력하면 그럭저럭 평범한 직장에 취직할 수 있는 상황이었죠. 이들은 우리 사회의 평범한 삶, 즉 졸업하면 취직하고 결혼하고 대출받아서 집을 사고 그것을 평생 갚기 위해 하루 종일 회사에서 일하는 삶을 적극적으로 거부한 자발적 가난뱅이들입니다.

빈집의 설계자 중 한 명인 지음은 원래 대학 졸업 후 사회운동단체에서 일했습니다. 사회운동을 하고는 있는데 정작 삶의 모양은 다른 사람들과 그다지 다르지 않다는 사실에 위화감을 느꼈다고 합니다. 빈집은 지금 여기서 '생각하는 대로 살기 시작'하기 위한 시도였죠. 하지만 지음과 친구들은 노동시간을 줄이기 위해 생활비가 싼 시골로 가거나 성향이나 신념, 생각이 비슷한 사람들이 모인 공동체를 꾸리고 싶지는 않았습니다. 그들이 원한 것은 다양한 사람들이 모이고 누구든 원하는 대로 오갈 수 있는 활짝 열린 공동체의 구성이었습니다.

공동체는 관심 있는데, 공동체라고 불리는 것들이 갖는 딜레마나 문제점들이 마음에 들진 않아요. 이상하게 동일한 것으로 묶이면 그 순간 동일하지 않은 것이 생기고, 공동체 외부라는 게 생기고 그렇게 되면 공동체로 들어가기 위한 절차라든가 그런 게 생기잖아요. 또 다양한 많은 사람을 묶어내고 동일한 가치 아래서 움직이게 하기 위해 종교라는 매개가 거의 필수가 되어 결과적으로 다들 유사하게 되는데, 전 그런 게 공동체가 가진 본질적인 문제라는 생각이 들더라고요. 그래서 제가 생각한 공동체는 극단적으로 열린, 열려 있지 않으면 안 되는, 열려 있기 때문에 지속되는 그런 공동체예요. 그래서 누구나 와도 되고, 누구나 왔을 때 그 자체가 공동체 자원이 되고 힘이 되는 그런 형태가 있으면 되게 좋겠다, 그런 생각은 했어요.

— 지음(빈집 투숙객) 인터뷰[22]

빈집은 사회가 정상이라고 규정하는 삶의 형태를 벗어나 원하는 대로 살기 위한 일종의 라이프스타일 운동이지만, 정치적 신념에 기대거나 가치가 비슷한 사람들의 공동체를 추구하지 않았다는 점에서 기존의 사회운동으로부터 분기합니다. 사실 한국 사회운동에서 공동체는 꽤 중요한 역할을 해왔죠. 위에서 살펴본 주민운동, 민주화 이후 활발히 벌어진 귀농이나 대안교육 운동 등의 라이프스타일 운동은 물론, 정치적 이데올로기 아래 사회를 변화시키고자 했던 운동들도 공동체라는 가치에 기반해 있었음을 부인하기 어렵습니다.

한국 사회가 처음으로 개인의 욕망을 전면에 내세우는 세대를 만난 때는 1990년대입니다. 이른바 신세대 혹은 X세대라고 불린 이들은 당시 새로운 소비문화의 대표 주자로 여겨졌습니다. 디지털 문화의 영향을 받은 첫 세대로서 소수적 감수성에 민감한 평등주의적 성향으로 새로운 저항적 주체의 가능성을 드러냈습니다. 이들은 각자가 관심 있는 문제에 수평적 네트워크로 연결되고자 했고 다양한 직접행동을 통해 자율 공간을 꾸리는 등 기존 사회운동의 조직 방식과 다른 방식으로 사회운동을 구성합니다.[23]

빈집은 이러한 흐름 안에 있었습니다. 빈집의 아이디어는 '진보 블로그'에서 제안되고 홍보되었는데요, 진보 블로그는 사람들이 각자의 관심사를 발신하고 연결하며 수평적 네트워크로서의 운동을 조직하는 온라인 공간이었습니다. 많은 블로거가 아이디어를 보태며 빈집의 구상에 합류했고요. (인터넷 공간에서 그렇듯이) 서로를 별명으로 부르고 평어를 사용해 한국 사회의 언어에 뿌리 깊게 새겨진 위계로부터 탈주하고자 했습니다. 즉, 빈집이 추구했던 급진적 개방성과 평등주의적 태도는 당시 한국 사회의 문화적 감성의 집단적 변화 속에서 구성된 새로운 사회운동의 감수성이라고 할 수 있습니다.

부동산 계급 사회에서 빈집 만들기

하지만 도시 한가운데에서 돈 한 푼 없이 (게다가 돈을 벌 마음도 없이) 어떻게 살림살이를 꾸릴 수 있을까요? 이 자발적 가난뱅이들이 원하는 대로 살기 위한 첫걸음이 자신의 주거 공간을 개방한 것이었다는 사실은, 노동시간을 줄이는 것이 주거비를 줄이지 않고서는 불가능했던 현실을 반영합니다. 도시빈민이 판자촌에서 (열악한 주거 환경에도 불구하고) 비교적 튼튼한 지역 공동체성과 사회적 관계를 만들 수 있었던 것과 달리, 투기적 도시화가 진행되고 IMF 외환위기 이후 노동 불안정성이 확장된 서울에서 전세 보증금도, 안정된 직장도 없는 청년들의 주거 공간은 훨씬 고립되고 파편화된 것이었습니다. '지·옥·고(지하방·옥탑방·고시원)'라는 신조어가 보여주듯이 말이죠.

인류학자 송제숙은 "한국에서 임대주택은 소유주택 거래 못지않게 화폐자본을 가진 이와 아닌 이들을 첨예하게 드러내는 금융계급화의 산물"이라고 지적합니다.[24] 전 세계를 통틀어 한국에만 존재하는 '전세'라는 제도가 이를 보여주죠. 전세는 집주인에게 집값의 70~80%에 해당하는 보증금을 맡기는 대신 계약 기간 동안 집세를 내지 않고 그 집을 사용하는 주택임대제도입니다. 기원은 명확하지 않습니다. 1910년 조선통감부가 작성한 〈관습조사 보고서〉에도 전세가 기록되어 있다고 하지만 1960~1970년대 시골에서 도시로, 지방에서 수도권으로 엄청난 인구가 몰려들던 상황에서 발달한 민간 제도라고 볼 수 있습니다. 산업화/도시화 시기, 집은 부족하고 집값은 치솟는데 주택담보대출 등의 제도는 없었던 상황에서 발달한 토착적 금융 실천인 것이죠.

주택 가격이 계속 오르는 상황에서 전세금은 집주인에게 높은 수

익률을 보장하는 투자자금으로 활용되었습니다. 세입자 역시 다달이 월세를 내지 않아도 되는 (그러므로 저축이 가능한) 전세 제도를 선호했습니다. 소위 사글셋방(월세방)에 살면서 알뜰살뜰 돈을 모아서 전세금을 마련하고 전세살이 기간에 돈을 모아 내 집 마련을 한다, 이 궤적이 산업화 시기 한국 서민의 코리안 드림이었죠. 하지만 전세 제도가 세입자에게도 유리하다는 생각은 사실 착각에 불과합니다. 전세 제도는 부동산 투기를 조장했고 저축은 치솟는 집값을 결코 쫓아갈 수 없었으니까요.

게다가 전세 제도는 중산층뿐 아니라 서민이나 도시빈민마저 집을 자산 증식의 수단으로 인식하게 만들었습니다. 이자에 대한 감각을 굉장히 발달시켰죠. 예를 들어서 친구랑 살 경우, 보증금을 덜 낸 사람이 월세를 더 내는 것은 당연하다고 여깁니다. 이는 우리가 보증금을 돈을 낳는 돈, 즉 이자를 만드는 자본으로 인식하고 있을 뿐 아니라 그러한 논리를 적극적으로 내면화하고 있음을 보여줍니다. 주택의 금융화가 전 세계적 문제로 부상하기 시작한 시기는 신자유주의 이후입니다만 한국에서는 그보다 훨씬 일찍부터 토착적인 금융화가 진행되어온 것입니다. IMF 외환위기 이후 글로벌 금융이 유입되며 한국 사회의 금융화는 더 격렬하고 급속하게 진행되었죠. 《주식투자 무작정 따라하기》, 《나는 부동산과 맞벌이한다》, 《집은 없어도 땅은 사라》, 《나는 갭투자로 300채 집주인이 되었다》 같은 책들이 줄줄이 베스트셀러가 되고 재테크는 필수적인 능력이 됩니다.

　빈집은 바로 이러한 배경에서 등장했습니다. 가난뱅이 청년들은 각자의 보증금을 모으고 가능한 대출을 받아 최대한 괜찮은 전셋집을 빌렸죠. 그리고 보증금이 있건 없건 누구나 함께 즐겁게 살자는 초대의 메시지를 불특정 다수를 향해 발신했습니다. 서울의 (가급적 일하지 않기로 결심한) 가난한 청년들에게 집은 타자와 나눌 수 있는 유일한 공간이었습니다.

빈집은 무엇인가

2008년 2월, 60명이 넘는 사람들이 모인 사흘간의 집들이에서 빈집의 이름이 결정됩니다. '가난한 자들의 집', '비어 있는 집(비어 있기에 언제나 원하는 누구나 올 수 있는 집)', '(주인이 없는) 손님들의 집(즉, 누구나 평등한 집)'이라는 세 가지 뜻을 가진 '게스츠하우스(Guests' house) 빈집'으로요. 초창기 빈집은 즐거운 에너지로 가득했습니다. 아침부터 밤까지 다양한 활동이 벌어지고 '빈말이 현실이 되는' 빈집, 맥주 빚기부터 '넝마주의'까지 다양한 DIY 워크숍과 리사이클링, 가난뱅이의 기술들이 공유되는 이곳의 생활비는 놀랄 만큼 낮았고, 빈집에서의 잉여로운 나날을 만끽하고 싶어 직장을 그만두는 사람들도 속출했습니다.

　빈집은 누구에게나 활짝 열린 공간을 표방했지만 초창기 빈집 투숙객들은 어느 정도 사상적·문화적 공감대를 형성하고 있었다고 보아야 합니다. 진보 블로그를 주된 채널로 빈집에 왔고, (돈을 받고 타인을 위해 일하는) 임노동으로부터 벗어나 최대한 자유 시간을 확보하고 싶어 했죠. 앙드레 고르(Andre Gorz)가 '자율노동'과 '자활노동'이라고 부른 집합적 활동을 활성화하기 위해 노력했습니다.[25] 즉, 초창기 빈집에서는 함께 살기 위해서는 타인의 노동을 착취해서는 안 된다는 감각 위에서 모두가 살림에 참여하고 살림에 공을 들이는 문화와, 무엇이든 '재밌는 만큼만, 하고 싶은 만큼만' 한다는 자율적인 분위기가 꽤 괜찮은 균형을 만들고 있었습니다. (이 시기 빈집의 에너지는 제가 직장을 그만두고 동아시아 가난뱅이들의 자율적 실험을 주제로 늦깎이 공부를 하기 시작한 주요한 이유이기도 합니다.)

빈집들이 늘어나 '빈마을'이 되고 또 빈집이 주류 언론을 포함한 여러 매체를 통해 알려지면서부터 문제가 생깁니다. 정말로 다양한 사람들이 빈집에 들어오기 시작한 반면, "한집에 같이 살면서 자연스럽게 생기던" 공감대가 빈마을에서는 좀처럼 만들어지지 않았습니다. 대안적 삶보다 저렴한 주거비에 끌려 빈집에 온 사람들이 늘어났습니다. 살림의 능력이 극단적으로 부족할 뿐 아니라 무관심한 사람들도 있었죠. 이런 상황에서 빈집을 유지하기 위한 재생산 활동, 즉 살림은 몇몇 사람에게 집중됩니다. 즐겁게 할 수 있었던 자발적 활동들은 부담스러운 노동으로 인식되기 시작했죠. 공동의 회의나 살림에 시간을 내지 않는 사람들에게 모두가 손님이라는 (그러니 누구도 다른 이들에게 무언가를 강요할 수 없다는) 빈집의 암묵적 원칙은 걸림돌이 되기 일쑤였습니다. 초창기 빈집이 대항적 문화/감각을 공유한 이들의 공동체로서 새로운 삶의 방식을 실험했다면, 이 시기 빈집은 훨씬 지난한 의미의 커머닝에 말려들기 시작했다고 할 수 있습니다.

빈집이 정체되고 '싸구려 하숙집'처럼 기능할 때마다 빈집을 다시 촉발하고 활성화한 것은 빈집의 이름에 새겨진 두 가지 원칙입니다. 빈집 참여자들은 빈집에 공식적인 규칙은 없고 그때그때 논의해 결정한다고 말하지만, 사실 빈집은 그 이름에 두 가지 중요한 원칙을 새기고 있습니다. 이 두 원칙은 빈집이 멈추거나 갈등에 처할 때 사람들에게 '빈집'이란 무엇인지 되묻게 만들었죠. 빈집 소개문이 이 두 가지 원칙을 설명합니다.

게스츠하우스(Guests' house)는 '손님들의 집'입니다. 보통의 게스트하우스(Guesthouse)와 마찬가지로 사람들이 들러서 먹고, 마시고, 놀고, 쉬고, 자는 공간입니다. 다른 점이라고 한다면, 게스츠하우스에는 서비스를 해주는 주인이 따로 없다는 것입니다. 아니, 게스츠하우스에는 주인이 아주 많습니다. 과거에 왔던 사람들, 현재 같이 있는 사람들, 그리고 미래에 올 사람들 역시 모두 게스츠하우스의 주인들입니다. 당신 역시 이 게스츠하우스의 주인들 중 하나입니다. 마음껏 이 공간을 활용하십시오.

당신은 게스츠하우스의 주인으로서 모든 것을 스스로 해야 합니다.

물론 당신은 당신 전에 왔던 사람들이 당신을 위해 가꾸고 준비해온 것들을, 함께 있는 사람들이 당신을 위해 베푸는 호의를 맘껏 누릴 수 있을 것입니다. 그리고 당신 역시 그들에게, 그리고 다음에 올 사람들을 위해서 무언가를 가꾸고 준비할 수 있을 것입니다.

게스트하우스는 계속 새로 만들어지는 공간입니다. 어떤 사람들이 들어와서 어떻게 변해가고, 그들이 어떻게 이 공간을 활용하고 만들어가는가에 따라 게스트하우스는 변해갈 것입니다. 게스트하우스는 비어 있는 집, 빈집입니다. 비어 있기 때문에 넉넉하게 누구든 맞아들일 수 있고, 또 무엇이든 채울 수 있습니다. 빈집은 이름마저도 비어 있습니다. 당신이 그 이름을 지어주십시오. 정말 잘 오셨습니다.

— 빈집 소개문[26]

일상에서 확대하는 여행자의 공산주의

빈집의 첫 번째 원칙은 능력에 따라 일하고 필요에 따라 나누는 '공산주의의 확대'입니다. 빈집을 시작한 사람들은 자신의 전 재산을 털어 4,000만 원의 보증금을 모으고 8,000만 원을 금융기관에서 빌려 전셋집을 얻습니다. 그리고는 빈집을 "손님들의 집, 게스트하우스"이며 "비어 있기 때문에 넉넉하게 누구든 맞아들일 수" 있는 공간이라고 선언하죠. 물론 한 채의 집을 무한대의 사람과 공유하는 것은 불가능합니다. 현실에서 빈집을 만드는 유일한 방법은 빈집을 늘리는 것입니다. 이후 1년간 빈집은 네 곳으로 늘어납니다.

할 수 있는 사람들이 보증금을 모으고, 보증금이 없는 사람들도 함께 살자고 초대하는 방식으로요. 매달 필요한 대출 이자와 공과금, 기본적인 식재료와 생필품 구입비를 대충 인원수대로 나눈 금액인 '분담금'을 모두가 냈는데, 이 분담금조차 하루에 '2,000원 이상', 혹은 한 달에 '6만 원 이상'이라는 애매한 방식으로 정해졌습니다. 언제나 특별한 식재료를 사다 넣거나 선물하는 사람들이 있었고요. 즉, 빈집의 투숙객들은 누가 얼마를 내는지 일일이 계산하지 않으려 했습니다. 보통의 가족 구성원들이 맺는 공산주의적 관계를 모르는 사람들에게로 확대함으로써 타인과 가족-되기를 시도하는 실천이었던 셈입니다.

두 번째 원칙은 바로 빈집이 주인 없는 집, 손님들의 집이라는 점입니다. 주인 없는 집에서 규칙을 강요할 수 있는 사람은 없습니다. 순간순간 암묵적이거나 잠정적인 규칙이 만들어지지만 구성원들의 변화 속에서 다시 질문되죠. 참여자들은 어떤 위계나 권위도 인정하지 않은 채 소통하는 법을 익혀야만 합니다. 이를 '여행자의 의사소통'이라고 명명하고 싶습니다. 길 위에서 만난 여행자들 사이에는 위계가 형성되기 쉽지 않습니다. 데이비드 그레이버가 설명했듯이 위계는 관습에 의해 통제되기 때문이죠. 우연히 만난 여행자들은 원하는 만큼 동행할 수 있지만, 불편함이나 강요가 끼어드는 순간 관계를 끝내면 그만입니다. 한편, 여행자는 일상에서보다 쉽게 공산주의적 관계를 형성합니다. 정보나 필요 없는 물건, 음식과 대화를 기꺼이 나누죠. 물론 자본주의 세계에서 여행은 상품이 되어버렸습니다. 그런데도 우리는 여행지에서 타인과 나눈 공산주의적 경험을 종종 특별한 추억으로 이야기하고, 지나치게 상업화된 여행지에 대해 불평을 늘어놓습니다. 이는 여행이라는 행위가 공산주의적인 기대와 감각을 활성화한다는 것을 보여줍니다.

길에서 만난 여행자들은 더 쉽게 위계 없는 공산주의적 관계를 형성하고, 바로 그 때문에 여행은 우리에게 행복한 기억을 선사합니다. 빈집은 이러한 관계를 일상에서 구축하자고 제안합니다. 일상에서 여행자의 공산주의를 확대하는 것이 빈집의 기획입니다. '게스츠하우스'로서 빈집은 여행자의 의사소통을 일상에 끌어옵니다. 투숙객들이 서로의 나이나 이름을 묻지 않은 채 별명으로 소통하고, 어제 빈집에 살기 시작한 사람이 오늘 새로 온 사람에게 빈집을 안내하는 상황에 처하기도 합니다. 이런 일이 빈번히 발생하며 빈집의 독특한 의사소통 방식을 강화합니다. 손님은 아무도 자신을 '접대'해주지 않는다는 사실을 빨리 파악하고, 적당히 알아서 움직여야 합니다. 어느 밤, 비를 피해 들어온 주인 없는 산장에서 마주친 등산객들처럼 말입니다. 빈집을 처음 방문한 사람이 요리나 설거지를 했다면 그는 이미 빈집에 적응하기 시작한 것입니다.

문제는 빈집이 여행자들의 게스트하우스가 아니라 자본주의적 도시 한복판에 자리 잡은 삶의 공간이라는 데 있습니다. 빈집이 누구나 올 수 있는 '게스츠하우스'로 기능하기 위해서는 공간이 유지되고 확장되어야만 합니다. 새 빈집을 열고 누군가 (모르는 사람이) 와서 살 수 있도록 준비하는 일은 당연히 엄청난 시간과 노력, 자원을 요구하죠. 무수한 논의와 갈등을 포함해서요. 게다가 기존의 빈집 투숙객들이 아무리 많은 노력을 기울여도 새 손님이 공산주의적 관계에 적극적으로 참여하리라는 보장은 없습니다. 여행자의 의사소통이라는 원칙은 빈집에 위계가 생기지 않도록 하는 안전장치이지만 투숙객이 빈집을 '싸구려 하숙집'처럼 여길 때 제재를 가하기 어렵게 만들기도 합니다.

우리가 정한 최소한의 분담금이 '2,000원 이상'이었고, 이 '이상'이 더 중요한 거였거든요. 실제 모두 2,000원만 내서는 빈집의 바퀴가 굴러갈 수 없어요. 일하는 것도 자기가 먹은 것만 치울 수 있는데, 늘 잉여분이 있고 그러면 누군가는 자발적으로 치우지 않으면 안 되는 거거든요. 그래서 분담금도 더 내는 사람이 있고 일도 더 하는 사람이 있고요. 그런데 분담금이나 일에 무관심하기도 하고, 우리는 자본주의적으로 계산하지 않고 가는 방식인데, 그걸 철저히 자본주의적 방식으로 이해하고 그렇게 하더라고요. 그렇다고 그걸 막지도 않았고, 막을 수 있는 기제도 없었고요.

— 지음(빈집 투숙객) 인터뷰[27]

결과적으로 빈집은 대단히 역설적인 공간이 됩니다. 빈집을 빈집으로 만들고 지속시키는 것은 서로 계산하지 않고 나누는 관계, 자신의 자원과 시간, 활동, 마음을 (계산 없이) 선뜻 내는 사람들의 자발적 활동입니다. 하지만 누군가 등가교환의 논리를 끌고 와도 빈집에는 그들을 제재할 권력이나 위계가 없습니다. 그 결과 빈집에서 공간, 활동, 돈, 아이디어, 정동을 나누거나 교환하는 방법을 둘러싸고 서로 다른 감각과 몸들이 계속 충돌합니다.

빈집을 편의적으로 이용하는 사람들이 늘어나고 기존 투숙객들이 피로와 좌절감 속에서 활동을 멈추거나 떠나면, 빈집은 빈집이기를 멈추고 '싸구려 숙소'로 전락하고 맙니다. 문제를 해결하기 위해 사람을 걸러서 받거나 분명한 규칙을 만들어야 한다는 목소리가 높아질 때 빈집은 '폐쇄적 공동체'가 되고요. 그러나 일상에서 만들어진 단단한 규칙과 높아진 문턱에 대해 누군가가 문제 제기하는 순간 투숙객들은 '빈집에서 산다는 것'의 의미를 다시 묻지 않을 수 없습니다. 무엇보다 투숙하고 싶다는 문의 전화에 "지금은 자리가 없다"라고 말하는 날들이 지속되면 다들 어정쩡하게 불편한 기분이 될 수밖에 없습니다. 빈집 투숙객이었던 노랑이 말하듯이 많은 투숙객이 "가방 하나 달랑 들고 빈집에 들어와 살기 시작"했고, "정말로 갈 데가 없을 때 내가 누군지 아무것도 묻지 않고" 받아들여지는 환대를 경험했기 때문입니다. 빈집 투숙객에게 이 경험은 자신 또한 그와 같은 환대를 준비함으로써 타인에게 공산주의적 관계를 확장하는 실천의 일부가 되라는 윤리적 요청으로 작동합니다.

빈집의 역사에서 '빈집'이라는 아이디어/실천은 빈집이 단지 돈을 내고 투숙하는 숙박시설로 기능하거나 폐쇄적이고 위계적인 공동체가 되는 것을 억제했습니다. 결코 완전히 실현될 수는 없지만 일종의 규제적인 이념이자 윤리적 기반으로 기능해온 것입니다. 사람들이 빈집이 무엇인지 되묻는 순간, 투숙객들의 표현에 따르면 "사는 곳이 아니라 하는 것"으로서의 빈집, 혹은 '장투하기(빈집 장기 투숙은 장기 투쟁이 된다는 뜻)'로서의 빈집이라는 실천이 시작됩니다. 이는 투숙자들의 '유령-되기'를 촉발합니다.

살림과 돌봄을 통해 함께 유령-되기

빈집 활동에 무심한 투숙객들과 어떻게 소통할지 고민하던 어느 날의 빈집 회의록에는 빈집을 고스트하우스(ghosthouse)로 만들자는 기록이 남겨져 있습니다. 빈집에 온 손님(guest)이 소극적인 손님의 위치에 머무르거나 서비스를 받는 소비자처럼 행동하면 빈집은 유지되지 않습니다. 빈집은 "전에 왔던 사람들이 당신을 위해 가꾸고 준비해온" 것이기에 그들 또한 옆에 있는 사람들과 "다음에 올 사람들을 위해 무언가 가꾸고 준비"해야 합니다. 다시 말해 손님은 주인(host)이 되어야 합니다. 이때 주인은 빈집을 만들고 빈집이라는 관계를 적극적으로 돌보고 살리는 행위자로, '소유자'가 아니라는 점에 주의해주세요. 주인 되기를 위해 투숙객들은 자신이 보지 못했던 것, 보이지 않는 유령들의 활동을 볼 수 있어야 합니다.

철학자 자크 랑시에르(Jacques Rancière)가 말했듯이 이전에 볼 수 없던 것을 보게 된다는 것은 존재의 변화를 의미합니다.[28] 즉, 빈집의 일부가 된다는 것은 존재를 변화시키는 과정이죠. 게다가 존재의 변화로서의 '되기'는 빈집이 많은 사람의 돌봄을 통해 만들어졌음을 볼 수 있게 되는 것에서 멈추지 않습니다. 빈집의 주인은 다시, 새로 온 사람들과 같은 자리에서 빈집에 참여하고 소통하는 손님 되기를 요청받기 때문입니다. 즉, 회의에서 나온 고스트-되기라는 말은 모두가 (고정된 역할 없는) 'guest'이자 'host'로서 곳곳에 숨어 보이지 않는 활동을 자발적으로 구성하는 "일종의 유령(ghost) 같은 존재"가 되자는 제안입니다.

'빈집 하기'란 끝없는 '유령 되기'의 과정이라는 일종의 철학적 깨달음에서 비롯된 이 제안은 회의에 참석한 사람들에게 꽤 깊은 인상을 남겼습니다. 유령 되기를 모티프로 몇 편의 글이 더 생산되었을 정도였죠. 빈집 하기에 적극적으로 참여한 투숙객들은 빈집이 다양한 자발적 활동(지음의 표현에 따르면 '잉여분')인 살림과 돌봄으로 이루어져 있다는 것을 너무나 잘 알고 있었습니다. 모두가 소유자나 고객처럼 행동하고 아무도 빈집이라는 관계를 돌보고 되살리지 않을 때 빈집은 빈집이기를 멈춥니다.

빈집이 느려지고 멈출 때마다 빈집을 활성화하고자 하는 투숙객들은 뜬금없이 잔치를 열고 무언가를 만들고 나누어 먹음으로써 함께하는 것의 즐거움을 되살리고자 했습니다. 빈집에서 부엌은 커머닝의 가장 중심적인 장소이자 함께 생산하고 나누는 즐거움의 감각을 일깨우는 장소였습니다. 또한 빈집을 구성하는 무수한 살림과 돌봄의 노동이 더 잘 보이도록 하기 위한 다양한 시도가 있었습니다. 메모지나 게시판을 활용한 살림 활동의 가시화, 공동체 내에서 자신의 기분을 잘 말하고 소통하도록 돕기 위한 장치의 개발, 독서 모임, 글과 담론의 생산을 포함해서요. 무엇보다 빈집에 구체적인 삶의 공간을 공유하고 같이 사는 사람들, 함께 살림하고 돌보며 이러한 관계에 참여하도록 북돋는 사람들이 있었습니다.

빈집 사례는 살림과 돌봄이라는 서로 분리되지 않는 활동이야말로 공간과 관계를 끊임없이 (재)활성화하고, 함께 사는 사람들을 의미 있는 공동체의 단위로 만든다는 것을 뚜렷이 보여줍니다. 마이클 하트의 표현을 빌리자면 돌봄이야말로 "그 자체로, 그리고 직접적으로 공동체와 집단적 주체성을 구성"하고 활성화하는(살리는) 활동이죠.[29] 지웅의 에피소드는 이를 보여주는 하나의 사례입니다.

제가 지웅을 처음 만났을 때 그는 빈집살이 1년 차 젊은 남성이었습니다. 수줍은 편이었지만 사람들과 잘 지내고 빈집의 여러 활동에도 적극적으로 참여했습니다. 그가 빈집에 처음 왔을 때 사람들과 제대로 의사소통도 하지 못할 정도였다는 이야기를 듣고 깜짝 놀랐죠. "빨래를 널라고 하니까 마루에 늘어 놓"았다던 그는 한국 최고의 '명문대'를 졸업한 청년이었습니다. 지웅은 한국 사회 통념에서는 어느 정도 성공을 거둔 사람이었지만 살림과 돌봄이라는 측면에서는 "완벽하게 무능"했습니다.

지웅은 마치 "스파르타 입시 학원" 같은 집에서 언제나 심한 압박과 불안감을 느꼈다고 말합니다.

> 아버지는 전형적인 한국 아버지예요. 가난에서 자수성가한 분이라, 제가 가만히 있는 걸 용납할 수 없는 거죠. 집에 있으면 늘 배가 아팠는데, 고3 때 성적이 떨어지고 건강도 안 좋아져서 당연히 아버지랑 사이도 안 좋아지고. 엄마는 엄마대로 안절부절하고. 아무튼 제가 많이 아팠어요. 몸도 안 좋고 정신적으로도 그렇고. 그래도 겨우 서울대는 갔지만요.
> — 지웅(빈집 투숙객) 인터뷰

사실 지웅과 같은 사례는 드물지 않습니다. 한국 사회에서 교육은 계층 이동의 중요한 수단이었고 장남의 교육은 맹목적일 만큼 중요하게 여겨졌죠. 지웅의 부모님 또한 마찬가지입니다. 지웅을 좋은 대학교에 보내는 것이 그들의 목표였으며, 전형적으로 가부장제적인 역할 분담 아래 각자의 역할에 충실했다고 말할 수 있습니다. 이 속에서 지웅은 모든 육체적·정신적 힘을 공부에 쏟았고 그 결과 타인은 물론, 자신도 돌볼 수 없게 됩니다. 그는 자신이 "유난히 예민해서" 실패했다고 말합니다. 실패하지 않았다면 그는 한국 사회에서 성공한 남성이 되었겠죠. 역사학자 박노자가 말하는 "씩씩한 남자", 서열에 민감하고 타인을 돌볼 능력도 수평적 의사소통의 능력도 없는 남성 가장 말입니다. 한국 사회에서 집은 지배적 삶의 양식에 부합하는 특정한 신체를 생산하는 공간입니다.

빈집에 적응하기 위해 필요한 것은 씩씩한 남자와는 전혀 다른 신체입니다. 빈집에 온 지웅은 살림집이라는 이름의 빈집에서 "잔소리꾼 네 명"과 9개월간 살았는데, 빈집 사람들은 그동안 지웅이 "완전히 새로운 인간"이 되었다고 표현합니다. 변한 건 지웅만이 아니었습니다. 처음에는 지웅이 무섭기까지 했다는 동거인들은 모두 그에 대한 깊은 애정을 드러내고 있었고, 함께 사는 과정에서 생긴 무수한 에피소드를 즐겁게 전달했습니다. 새로운 투숙객을 살림에 참여시키려는 빈집의 노력은 근본적으로 정동적인 활동이며, 그러한 노동에 참여한 모두의 관계를 변화시키는 과정이었죠. 지웅은 빈집살이를 통한 자신의 변화를 이렇게 말합니다.

글쎄요, 사실 학교에서도 사람들이랑 친하지 않았던 것은 아닌데. (…) 모르겠어요. 친한 게 어떤 느낌인지 잘 몰라서 걔들이랑 친하다고 생각했는지도 몰라요. 하지만 빈집에서 집 식구들이랑은 친하다고 느껴요. 뭐가 다른지는 모르겠는데. (…) 음, 학교에서는 대충 잘 지내는 거 같아도, 경쟁심도 있고 싫을 때도 있죠. 그래도 대충 잘 지내는 것처럼 지내는데, 빈집에서는 그런 기분은 없어요.

— 지웅(빈집 투숙객) 인터뷰

가족의 새로운 구성, 혹은 타자와 함께 변화하기

살림과 돌봄은 인간의 삶을 지속시킬 뿐 아니라 인간과 인간의 관계 그 자체를 생산하는 활동입니다. 타자를 향한다는 점에서 근본적으로 정동적인 이 활동들은 커먼즈 살림살이의 근간을 형성했습니다. 그러나 이 활동들은 우리 사회에서 '재생산'이라는 이름으로 비가치화될 뿐 아니라 폐쇄적인 가족 내에서 여성이 담당해야 할 노동이 됩니다. 사랑, 돌봄, 모성 등은 이러한 분업을 자연화하고 정당화하는 데 활용되며 자신을 희생하는 복종적인 행위로 변질되죠. 타인을 통제하고 지배하고자 하는 공격적인 욕망이 사랑이나 돌봄이라는 이름으로 정당화되며 억압적인 체제를 재생산하기도 합니다. 지웅의 사례는 이러한 구조(=부패한 커먼즈로서의 가부장제 가족) 안에서 억압받고 망가지는 이는 여성(=재생산 노동자)만이 아니라 우리 모두라는 사실, 우리 모두가 자신과 타인을 돌보고 살리는 삶의 능력을 상실하고 있다는 것을 보여줍니다.

억압적이고 위계적인 사랑의 의무에서 벗어나 일상과 관계를 (재)활성화하는 정동적 노동(=살림과 돌봄)의 능력을 회복하려면 어떻게 해야 할까요? 빈집 투숙객들은 가장 친밀한 공동체의 공간인 집을 낯선 사람들에게 개방하고 타자와 함께 사는 공동─살림의 공간을 만들었습니다. "가족이기 때문에 집을 공유하고 나누는 것이 아니라, 집을 공유하고 나누는 행위가 우리를 가족으로 만든다"라고 선언함으로써, 혈연과 결혼에 기반한 가족 실천을 넘어서 살림과 돌봄의 단위를 구성했죠. 그리고 이 직접행동 속에서 자신들이, 혹은 자신들의 신체가 무엇을 할 수 있는지 실험합니다.[30]

세 번째 빈집인 '옆집'의 투숙객이었던 디온은 어느 날 갑자기 옆집의 장기 투숙객이 된 생후 4개월 아기 뚜리와 함께 산 경험이 어떻게 자신의 신체와 감각을 바꾸었는지 묘사합니다. "민주적인 의사소통 같은 것은 불가능한" 이 타인과 동거하는 동안 그녀의 귀는 아기의 리듬에 "마술처럼" 적응했고, 아기에게 "약을 먹이거나 좌약을 넣는" 등의 여러 일에 점점 더 능숙해집니다. 이러한 경험을 바탕으로 그녀는 빈집에서 함께 산다는 것은 "타인과 나의 경계, 가족의 새로운 구성 등에 대한 질문을 계속해서 만들어내는" 것이며, "새로운 가족 구성이 아니라 가족의 새로운 구성"이라고 말합니다. 빈집 내에 혈연이나 결혼으로 맺어진 가족들이 있을지라도, 그들의 가족관계는 기존의 가족관계와 다르다고요.[31]

또 다른 투숙객 재이는 빈집의 식구들이 무엇보다 느슨함과 개개인의 간격이 있다는 측면에서 혈연으로 맺어진 가족과는 다르다고 설명합니다.

가족을 생각하면 서로 간에 뭐랄까, 밑도 끝도 없이 뭔가를 바라거나 요구하잖아. '부모니까', '딸이니까'라는 식으로. 하지만 빈집은 그렇지 않지. 여전히 서로 의지할 수도 있고, 대화를 하려고 노력하기도 하고. 그렇지만 그게 끝끝내 잘 안 되면 깨지면 되는 거지. 아무도 그걸 탓하지 않

아. 그러니까 마음이 편하다? 오히려 더 잘 노력할 수 있는 거 같아. 게다가 도저히 안 되겠으면 빈마을 안에서 집을 옮기면 되고.

— 재이(빈집 투숙객) 인터뷰

빈집 투숙객들은 지금 여기서 원하는 대로 살고자 했습니다. 작은 공동체에 갇힌 돌봄, 국가가 승인하고 부여하는 복지, 모두가 경쟁해야 하는 시장과 다른 삶을 상상했죠. 그리고 이를 위한 토대(=커먼즈)를 함께 구성하고자 했습니다. 집을 사유재산으로 여기고 꽁꽁 걸어 잠그는 삶이 우리를 피폐하게 만들고 가족 관계마저 파괴한다면 차라리 집의 문을 활짝 열고 모두와 가족이 되는 것이 어떠냐고 제안하면서요.

"어제 만난 사람과도 가족"이 되는 이 집-짓기의 실천에서 집은 사유재산이나 투기 수단이 아니라 타자와 함께 엮어가는 커먼즈로 상상되고 실천됩니다. 난곡희망의료협동조합이 그러했듯이 빈집에서 만들어진 커먼즈 또한 참여자가 타자와 관계 맺는 방식이며 이러한 관계에 적극적으로 연루되어 스스로 커머너가 된 사람들입니다. 빈집 투숙객들은 자신들이 서로, 그리고 빈집과 적극적으로 관계 맺으며 변하는 과정을 종종 '오염', '발효', '숙성' 등 화학적 용어로 표현합니다.

우유 한 통에 약간의 요구르트를 붓고 따뜻한 곳에 두면 우유 한 통이다. 요구르트가 된다. 공동체 문화에 감각이 있는 사람이 요구르트 균이다. (…) 하지만 우유가 요구르트가 되려면 필요한 조건들이 있다. 요구르트의 적절한 비율과 적정 온도이다. 요구르트가 일정 비율보다 적거나 적당한 온도에 보관하지 않으면 우유는 요구르트가 되지 못하고 그냥 상해버린다.[32]

빈집이라는 장소에서 빈고라는 금융의 관계망으로

이 글에서는 빈집 투숙객들이 빈집이라는 관계를 활성화하기 위해 어떤 노력을 기울였는지에 초점을 맞추었지만, 이러한 노력은 물질적 자원을 생산하고 나누는 방식을 창안하려는 노력과 병행되었습니다. 아무리 DIY 문화를 활성화하고 옥상에 텃밭을 가꾸며 소비를 줄이더라도 자본주의 도시 한가운데 있는 이상 빈집 투숙객들은 여전히 집세를 내야 하고 식재료를 구매해야 하니까요. 최대한 임노동으로부터 탈주하고자 한 빈집 투숙객들이 자원을 생산하고 나누기 위한 실험은 두 가지 방향으로 이루어졌습니다.

첫째, 빈집 투숙객들은 가급적 자율적인 분위기에서 좋아하는 활동을 통해 돈을 버는 대안적 가치화의 공간을 만들고자 했습니다. 그 첫 시도였던 '해방촌 일놀이터 빈가게'(2010~2012년)의 이름은 이런 구상을 분명히 드러내죠. 빈가게에서는 다양한 활동이 벌어졌지만, 빈집 사람들의 아지트처럼 활용되며 월세 이상의 수익을 내지 못했고 결국 문을 닫습니다. 두 번째 시도인 협동조합 '카페 해방촌'(2012~2016년)은 더욱 적극적으로 빈집을 넘어 해방촌 주민들과 관계를 맺고자 노력했죠. 지속가능한 빈마을의 삶을 만들기 위해 지역경제를 활성화하고자 했고, 이는 지역 상인회와 함께하는 축제, 공동체화폐 발행 등의 실험으로 이어집니다. 하지만 해방촌에 휘몰아친 젠트리피케이션의 물결 속에서 임대료가 계속 오르면서 카페 해방촌은 결국 문을 닫습니다. 2019년엔 빈집 전체가 해방촌을 떠나지 않을 수 없게 되었죠.

한편 빈집에서 자원을 생산하고 나누는 방식은 대안적 금융에 대한 고민으로 전개됩니다. 뒤에서 살펴볼 '공동체 은행 빈고'가 이러한 금융 실험의 가장 명확한 사례이지만, 금융에 관한 실험은 빈고 외에도 광범위하게 벌어지며 빈마을의 독특한 문화를 만들었습니다. 예를 들어 빈가게나 카페 해방촌에서 참여자들은 대안적 분배 방식 고안에 열중했습니다. 빈가게의 수익은 얼마 되지 않았지만 매월 말 '분배파티'를 열었습니다. (자발적으로) 시간을 내어 참여한 사람 모두가 각자 필요한 (혹은 원하는) 금액을 말하면, 가능한 한 각자의 희망에 맞추어 월세를 내고 남은 돈을 분배하곤 했습니다. '능력에 따라 일하고 필요에 따라 나누는' 공산주의적인 원칙에 따라 노동을 포함한 자원을 모으고 나누는 방식과 그러한 제도의 개발은 빈집에서 계속되었습니다. 어쩌면 빈집 자체가 이러한 방식을 구현하기 위한 커머닝의 제도였다고 할 수 있습니다.

빈집에서 벌어진 금융 실험의 의미는 샐러리맨의 삶을 거부하고

임노동으로부터 탈주하고자 한 도쿄 젊은이들의 실험 '다메렌(だめ連, 쓸모없는놈들연합)'이나 '아마추어의반란(素人の乱)'과 비교할 때 더 명확해집니다. 여기서 자세히 논하기는 어렵지만 도쿄의 실험은 주로 일과 일을 둘러싼 대안적 담론, 그리고 자율적 일터를 구성하는 것을 중심으로 구성되고 전개됩니다. 이들의 활동은 죽어가던 상점가에 활기를 불러일으켰지만, 일본에는 세입자를 보호하는 법이 존재했고 임대료가 올라가는 일은 없었습니다. 물론 어느 운동에서도 그렇듯이 도쿄의 실험에도 활동가들 특유의 느슨함과 선물경제, 혹은 공산주의적 나눔이라고 말할 수 있는 분위기는 분명 존재했습니다. 하지만 이런 분위기가 금융에 대한 적극적 고민과 실험으로 이어지지는 않았죠.

이런 맥락에서 볼 때 한국의 극심한 투기적 도시화는 임노동으로부터 탈주하기 위해 시작된 빈집의 실험이 (의도치 않게) 일보다는 집을 중심으로, 대안적 금융 시스템을 고안하는 방향으로 전개된 이유라고도 할 수 있습니다. 빈집이 고안한 자생적 커먼즈 제도가 어떻게 전개되며, 커먼즈 학계에서 진행되는 금융 커먼즈 논의의 가장 급진적인 상상을 구현하는지는 다시 살펴볼 것입니다. 우선, 극심한 투기적 도시화 속에서 2000년대 이후 전개된 도시의 금융화와 젠트리피케이션 과정이 한국의 커먼즈 운동에 어떤 분기점을 만드는지, 이 속에서 커먼즈 운동이 어떻게 전개되는지 살펴보겠습니다.

9

도시를 둘러싼 이중의 가치 투쟁, 경의선공유지

경의선공유지는 한국 최초로 '커먼즈'를 전면에 내걸고 벌어진 커먼즈 운동입니다. 2016년, 서울 공덕역 1번 출구 부근의 공터(국공유지)를 시민의 공유지, 모두의 커먼즈로 선언했죠. 이곳에 투기적 도시화 과정에서 쫓겨난 철거민을 비롯해 활동가, 예술가, 연구자를 포함한 다양한 사람들이 모입니다. 이들은 한국의 맥락에서 커먼즈라는 개념을 재발명하는 동시에 사유화된 도시를 커먼즈로 되돌리기 위한 4년간의 강렬한 시공간을 만들었습니다.

도시의 가치는 누가 만드는가

앞서 해방촌의 젠트리피케이션을 이야기했습니다. 젠트리피케이션은 도시의 낙후된 지역이 여러 이유로 활기를 찾을 때 벌어집니다. 상업자본이 유입되고 지대가 상승하면서 원래의 주민들이 임대료와 집값을 감당하지 못하고 떠나는 현상이죠. 지역의 가치를 만든 사람들이 지역 가치를 반영한 지대 상승으로 쫓겨나는 상황을 어떻게 이해해야 할까요?

영국 도시계획학자 에버니저 하워드(Ebenezer Howard)는 1898년에 이미 도시에서 무엇이 부동산 가치를 만드는지 물었습니다. 무엇이 서울의 낙후된 공장 지대 문래동에, 퇴락한 재래시장과 낡은 연립주택들이 모인 해방촌에 활기를 불어넣었을까요? 답은 분명합니다. 상대적으로 저렴한 공간을 찾아 모여든 청년, 가난한 예술가, 이주민, 낡은 공장들을 개조해 특색 있는 공방과 가게를 만든 소상공인, 그리고 이들이 만들어내는 독특한 분위기에 끌려온 사람들이었죠. 즉, 도시에서 가치를 만드는 것은 다양한 사람들의 마주침과 활동이 만들어내는 풍부한 사용가치, 그것이 불러오는 즐거움과 활력입니다. 하지만 이 활동들이 만들어낸 도시의 가치는 부동산 가격으로 표현되고 가치 생산자는 쫓겨납니다. 한국에서 젠트리피케이션이라는 말을 유행시킨 곳은 '홍대 앞'입니다. 홍대 앞 동네를 활성화시켰던 인디밴드들과 젊은 예술가들이 작업실로 쓰던 공간의 임대료가 5년 동안 다섯 배나 올랐다고 해요. 하워드는 이처럼 다양한 사람들의 활동이 생산했지만 어쩌다 보니 건물주의 재산으로 귀속되는 잉여를 '불로소득'이라고 불렀습니다.

한국에서 젠트리피케이션이라는 단어가 유행한 시기는 2000년 이후입니다. 물론 그전에도 도시화 과정은 가난한 사람들의 삶의 기반을 파괴하고, 그들을 도시 외곽으로, 내몰았습니다. 그 과정에서 어떤 폭력이 벌어지건, 얼마나 많은 사람이 쫓겨나건 모두 부동산 가치를 높인다는 이유로 정당화되었죠. 패턴은 동일합니다. 개발업자와 새로운 투자처를 찾아 흘러들어온 상업자본, 그리고 부동산을 가진 사람들에게 화폐로 표현되는 가치가 귀속됩니다. 한편, 쫓겨나는 이들은 소유권으로 상징되는 법률적 권리가 없는 자들입니다. 해방촌에서도 마찬가지였습니다. 서울 남산 아래 경리단길에서부터 시작된 젠트리피케이션이 점점 확대되는 와중에 해방촌이 서울형 도시재생사업의 시범 지역으로 선정됩니다. 그때까지 지역화폐나 축제 등으로 일종의 공동체를 형성하던 지역사회는 하루아침에 지가 상승을 바라는 집주인(건물주)과 굴러들어온 '어중이떠중이'로 나뉘어버렸죠. 빈집의 한 투숙객의 말을 빌리자면 "어제까지만 해도 친하게 지내던 마을 분들이 갑자기 우리는 주민 회의에 들어올 자격이 없다는 식으로 행동"하기 시작합니다. 이때 '자격'은 분명히 땅과 집에 대한 '소유권'을 의미합니다.

두리반이라는 해방구

2000년대 이전 재개발은 주로 판자촌이나 달동네로 상징되던 도시 빈민의 주거지를 불도저로 밀어버리고 중산층을 위한 아파트를 짓는 과정이었습니다. 2000년대 이후의 젠트리피케이션은 상대적으로 낙후된 지역을 투자하기 좋은 환경으로 바꿔 재산 가치를 높이는 소위 '도시재생'으로 바뀝니다. 2000년부터 민간 개발업자가 참여해 특정 지역을 재생하는 소위 '지구단위계획'이 추진됩니다. 이 프로젝트가 주거지역뿐 아니라 상업지역과 도심을 대상으로 진행되면서 상가 세입자들이 새로운 희생양으로 떠오르기 시작했죠. 지난한 철거민 운동이 주거권이라는 개념을 통해 세입자들의 권리를 어느 정도 확보했지만, 상가 세입자에게는 어떤 제도적 보호도 없었습니다.

아무 대책도 없이 생계 수단을 잃는 상황에서 상가 세입자들은 격렬히 저항했습니다. 2009년 벌어진 '용산 참사'는 바로 이러한 상황이 빚어낸 참극입니다. 용산은 2001년에 지구단위계획 대상 지역이 되었습니다. 재개발을 위한 철거 과정에서 경찰은 저항하는 세입자들을 강경하게 진압합니다. 이 과정에서 6명이 사망하고 23명이 부상당했습니다.

상가 세입자 투쟁의 상징이 된 '두리반' 농성이 시작된 것은 용산 참사가 일어난 지 불과 11개월 후입니다. 홍대입구역 근처의 한 건물이 지구단위계획에 따라 강제 철거되었죠. 두리반은 그 건물에서 운영되던 작은 칼국수집입니다. 두리반 사장 부부는 전기도 끊긴 폐쇄된 건물에 숨어들어가 537일간의 긴 농성에 돌입합니다. 주목할 것은 이 농성 동안 두리반이 일종의 해방구가 되었다는 점입니다. 홍대씬의 뮤지션들과 예술가들이 두리반에 연대하기 위해 모여들었거든요. 두리반은 엄청난 문화적 에너지를 뿜어내는 축제의 장이 되었죠.

두리반이 보여주는 것은 불안정성이 도시적 삶 전체로 확대된 상황입니다. 불안정성은 커먼즈를 해체하며 시작되는 자본주의 사회의 근본적 특징입니다. IMF 외환위기 전까지 많은 사람은 대량 고용과 국가의 복지를 통해 불안정성을 해결하고 '중산층'적인 삶의 방식을 누리는 것이 가능하리라 믿었습니다. 하지만 IMF 외환위기 이후 진행된 노동 유연화 속에서 이러한 믿음은 근본적으로 흔들립니다. 불안정성은 공간적으로도 확대되었습니다. 1990년대까지 철거는 판자촌, 즉 중산층의 일상과는 무관한 공간에서 벌어지는 사건이었습니다. 하지만 이제 강제 철거는 용산이나 홍대입구역 같은 도시 한가운데에서 벌어집니다. 어느 정도 자산을 가진 (적어도 가게를 차리고 운영할 수 있는) 사람조차 어느 날 갑자기 생계를 잃을 위험에 놓인 것이죠.

도시의 시민들이 어느 날 갑자기 해고되거나 생계 수단을 잃을지도 모른다는 불안감에 노출되었다면, 청년 세대에게 불안정성은 이미 실존의 문제였습니다. 두리반에 연대한 청년들이 자신을 강제 철거의 당사자로 인식했다는 점은 의미심장합니다. 1990년대 이전에도 청년들은 다양한 이유로 도시빈민 운동과 철거 투쟁에 연대했지만 자신을 투쟁의 당사자라고 여기지는 않았습니다. 반면, 두리반에 연대한 사람들은 자신을 '잉여'라고 여기는 청년, 가난한 뮤지션, 비정규직 노동자 즉 소위 '불안정계급'이었습니다. 빈집을 시작한 사람들이 적극적으로 삶의 방식을 선택한 주체라면 두리반의 청년들은 (한 참가자의 말을 빌리자면) 이미 "망했다"라는 인식을 공유한 주체, 적어도 남들보다 일찍 이 사실을 깨달은 주체들이었죠. 특히 홍대 젠트리피케이션 과정에 내몰려온 가난한 인디 뮤지션들에게 어느 날 갑자기 쫓겨날 위기에 처한 상가 세입자들은 '자본주의적 도시에서 쫓겨난' 동일한 처지로 의미화되었습니다. 그들은 당사자로서 두리반에 참여하고 그 공간을 자신의 해방구로 만듭니다.

투기적 도시에서 공통의 비전 만들기

긴 농성 끝에 두리반은 인근에서 영업을 재개하기 위한 금액을 건설사가 지원하는 내용으로 합의를 받아냅니다. 물론 두리반의 요구의 핵심은 배상금이 아니라 생계 터전의 복구였습니다. 홍대 주변에서 가게를 다시 낼 수 있는 큰 금액을 배상받은 전례없는 사례라는 점에서 이 합의 내용은 상가 세입자 투쟁이 이끈 큰 승리로 여겨졌죠. 하지만 이 성공이 제도적 변화를 이끈 것은 아니었습니다. 이후에도 전 재산을 털어 가게를 열었다가 철거의 위협에 처한 영세한 상가 세입자들은 어떻게든 더 나은 보상을 받기 위해 끈질기게 버티는 수밖에 없었죠.[33] 2000년대 초반부터 수많은 철거 반대 투쟁에 참가한 멍구는 두리반을 비롯한 상가 세입자들의 철거 반대 투쟁에 대해 이렇게 말합니다.

철거 반대 투쟁의 성공 여부를 결정하는 것은 여러 가지가 있다고 생각해. 물론 당사자가 고립되지 않게 하는 것이 가장 중요한데, 그게 충분조건은 아니지. 예를 들어서 ○○○○의 경우 당사자와 연대자 간에 내부 갈등이 심해졌고 결국 해결이 안 났거든. 최악의 경우에 당사자가 연대자를 착취하거나 연대자가 당사자를 고발하는 경우도 생기고. 그런 의미에서 두리반은 운이 좋았지. 위치도 좋고, 많은 뮤지션과 팬들이 오고, 무엇보다 두리반 사장 부부가 훌륭한 사람이었고. 이것저것 갈등도 있었지만 소통이 가능했고. 내부적인 문제나 싸움은 사실 계속 있었지만 그 안에서 사람들이 조금씩 변하는 게 가능했다고 생각해. 그래서 사람들은 두리반에서 일종의 공동체를 만들었다고 느낀 거고, 투쟁이 끝났을 때 상실감을 호소하는 사람들도 있었으니까.

— 명구(두리반 철거 반대 투쟁 운동 참여자) 인터뷰

명구의 관찰은 2000년대 상가 세입자들의 싸움이 직면한 어려움이 결국은 다양한 주체들 사이의 공통감각(=공동체) 구성에 있다는 점을 드러냅니다. 예를 들어 과거 도시빈민의 철거 투쟁은 생존권을 건 싸움이었습니다. 그러나 상가 세입자 투쟁은 개인 자산의 보호라는 사적 소유의 논리를 강화하는 경향으로 나타나죠. 당사자가 보상을 최우선시할 때 연대자는 개인의 재산권을 위한 싸움에 동원되는 기분을 느낍니다. 지난한 투쟁으로 일종의 공동체가 구성된 경우조차 싸움이 끝나는 순간 공동체의 장소는 사라진다는 딜레마가 남습니다.

경의선공유지는 바로 이러한 맥락에서 등장한 운동입니다. 활동가 상철의 말을 빌리자면, 경의선공유지는 도시에서 벌어지는 철거에 반대하는 투쟁이 각자도생의 보상금 싸움이 되는 상황에서 투기적 도시화에 대항하는 '공통의 비전'을 구성하고자 한 시도였습니다. 또 다른 활동가 선영도 비슷한 이야기를 합니다.

> 테이크아웃 드로잉, 궁중족발, 아현포차 등 철거를 둘러싼 싸움이 벌어지면 이를 돕기 위해 많은 사람들이 모이고, 또 재밌는 프로젝트가 생기잖아요. 하지만 각각의 투쟁이 개별적으로 일어나고 그렇게 끝나는 거죠. 우리는 이런 개별적인 철거 투쟁들을 공간적으로 연결할 수 있는 어떤 전망 같은 걸 찾고 싶었어요.
> — 선영(시민행동 활동가) 인터뷰

평생을 살던 삶의 터전에서 내몰린 도시빈민, 자신을 잉여로 규정하는 청년, 갑자기 일터를 잃을 위험에 처한 중산층 상가 세입자, 그리고 잠정적으로 이들과 연대할 수도 혹은 배척할 수도 있는 동네 주민까지 너무나 다른 조건에 있는 이들을 묶어줄 공통의 비전은 무엇일까요? 경의선공유지 활동가들이 찾은 공통의 전망은 바로 커먼즈였습니다.

공익은 무엇인가 질문하다

경의선공유지가 있던 곳은 공덕역 근처 3,280㎡ 크기의 공터입니다. 2014년 12월 경의선 철도의 6.3km에 해당하는 구간을 지하로 옮기면서 지상에 남겨진 넓은 공터의 일부죠. 이 땅은 법적으로 한국철도시설공단(현 국가철도공단, 이하 시설공단) 소유이며, 공공의 목적을 위한 국유지로 분류됩니다. 시설공단은 서울시와 협약을 통해 일부를 경의선숲길공원으로 조성합니다. 한편, 공덕역에 가깝고 고층 상업 건물과 고급 아파트 단지로 둘러싸인 경의선공유지 부지를 상업적으로 개발할 계획이었습니다. 이를 위해 2012년 ㈜이랜드월드 기업과 함께 특수목적법인을 설립하고 계획을 수립했죠. 하지만 인허가 절차에서 사업이 연기되며 공터가 방치됩니다. 시설공단은 개발이 착수되기 전까지 해당 부지를 지역 주민이 사용할 수 있도록 했습니다. 마포구는 2013년 8월부터 2015년 말까지 시민협동조합 단체 '늘장'에 해당 부지 사용을 허가합니다. 늘장은 청년, 예술가, 소상공인이 모이는 벼룩시장과 다양한 문화적 프로그램을 운영하고, 버려졌던 공간은 활기를 찾습니다.

2016년 2월, 이 공간은 '경의선공유지'로 변모합니다. 활동가들이 늘장의 지속을 원한 사람들과 함께 경의선공유지시민행동(이하 시민행동)이라는 모임을 만들고 그곳을 "시민의 공간(=경의선공유지)"이라고 선언하죠. 활동가들은 정부가 공익이라는 미명하에 가진 자들의 사적 이익에 복무하고 있다고 주장합니다. 예를 들어 시민행동의 공동대표 기황은 국유지인 철도 부지를 사적으로 개발해 온 역사를 추적합니다. 서울역, 동인천역, 영등포역 등을 민자 역사로 개발한 행태에 대한 문제 제기가 계속되었는데도 정부는 경제적 수익을 이유로 개발을 지속해왔다고 비판하죠. 수익은 대기업에게 돌아가는 한편, 개발 과정에서 망가지는 골목 상권과 쫓겨나는 사람들, 뒤이어 벌어지는 젠트리피케이션 문제는 아무도 책임지지 않습니다.[34]

마포구가 허락한 기간이 공식적으로 만료된 상황에서 경의선공유지를 계속 사용하는 건 사실상 '불법 점거'에 해당합니다. 그러나 법적 정당성을 따지는 사람들에게 시민행동은 질문을 바꿀 것을 요구합니다. 시민행동의 주장은 명료합니다. 그 땅은 공공의 목적을 위한 국유지이므로 마땅히 공익을 위해 사용되어야 합니다. 정부가 국유지의 소유권이 있다는 것은 공익의 주체인 시민이 정부에게 관리를 위임했다는 의미에서만 그러합니다. 중앙정부와 시정부는 이 땅의 사용권을 멋대로 대기업에게 넘겨주었습니다. 이러한 맥락에서 시민행동은 정부의 행위가 정당한 것인지, 무엇이 공익이며 누가 공익의 내용을 결정해야 하는지 다시 물어야만 한다고 주장합니다.

커먼즈는 어떻게 만들어지고 유지되는가

경의선공유지는 계속되는 개발 과정에서 내몰린 사람들이 여기저기서 외롭게 진행하던 싸움을 공통의 비전으로 연결하고자 했습니다. 국공유지마저 경제적 가치를 중심으로 개발되는 상황에 문제를 제기하고 사유화된 국공유지를 시민 모두의 공간, 누구나 원하는 것을 할 수 있는 커먼즈로 되돌림으로써요.

점거라는 직접행동을 통해 국공유지의 커머닝을 시도한 시민행동은 경의선공유지에서 늘장과 함께 벼룩시장과 지역 주민을 위한 문화 프로그램을 지속합니다. 한편, 재개발/도시재생 과정에서 삶의 터전을 잃은 사람들을 초대했죠. 성동구에서 재개발로 하루아침에 집을 잃고 쫓겨난 청년 주거 난민 희성 씨, 평생 포장마차로 생계를 유지했지만 아현동 포장마차 철거로 쫓겨난 강타이모와 작은거인이모, 청계천 개발로 쫓겨난 이들이 만든 '청계천두꺼비', 유명 가수가 소유한 건물에서 쫓겨난 곱창집 주인 등 다양한 사연을 가진 철거민들이 경의선공유지에서 생계와 투쟁을 이어갈 수 있도록 말입니다.

직접행동을 통해 시작된 경의선공유지를 커먼즈로서 유지하는 노력은 두 차원에서 이루어졌습니다. 첫째는 바로 법률적으로 '불법 점거'라는 상태, 즉, 언제 쫓겨날지 모르는 상태인 경의선공유지를 공유지에 대한 시민들의 직접 통치 사례로 제도화하고 이후 다른 운동들이 '참고할 수 있는 사례'로 만들기 위한 분투였습니다.

시민행동은 한국에서 국공유지가 어떻게 만들어지고 법제화되었는지, 법의 테두리 안에서 국가가 어떻게 국공유지를 사유화하고 있는지, 외국 사례는 어떤지 조사하고 공부합니다. 커먼즈는 바로 이 연구 과정에서 발견된 키워드였습니다. 하지만 한 활동가가 말하듯이 "다른 나라의 경우 임차인을 보호하는 법도 한국보다 훨씬 잘 만들어져 있었고, 사유재산권 또한 훨씬 유연"했습니다. 결국 "한국에서 커먼즈는 완전히 새롭게 발명될 수"밖에 없다는 것이 시민행동이 내린 결론이었죠. 이들은 연구자들과 다른 사회운동 현장의 활동가들을 초대해 커먼즈란 무엇이며 한국 사회에서 어떻게 실현할 수 있을지 토론합니다. 경의선공유지에서 커먼즈는 스스로 실천을 설명하고 이후의 방향을 모색하기 위한 개념적 도구였습니다. 경의선공유지를 지속하고, 공유지와 외부의 운동을 잇기 위한 공통 언어로 발굴된 셈이죠.

또한 이들은 커먼즈의 언어에 기반한 대안적 도시재생의 기획을 행정에 제안합니다. 국공유지 활용 방식을 재검토하고 시민 참여를 가능하게 하자는 것이었죠. 당시 서울시는 시민운동 경험이 있는 박원순 시장이 상대적으로 진보적인 정책을 펼치고 있었습니다. 과거 도시빈민 주민운동이나 주거권 운동에 경험이 있는 운동가들이 시민사회와 협치를 중재하는 공무원 역할을 맡고 있었고요. 시민행동 활동가들은 이런 상황을 '최대한 활용'하기로 합니다. 상철의 표현을 빌리자면, 커먼즈의 제도화를 위해서 "어느 정도는 기존 제도와 협상하는 방식이 되더라도, 가능한 유토피아로 가는 길을 탐색"하고자 한 것입니다.

다른 차원의 노력은, 모두를 위한 공간으로 선언한 경의선공유지를 실제로 모두를 위한 공간으로 구성하는 노력이었습니다. '공간 지킴이'라는 이름으로 경의선공유지에 자리를 잡고 장사하거나 생활하는 철거민, 작은 공방이나 카페를 운영하는 늘장 조합원은 물론이고 주변 아파트 주민과 (활동가 선영의 말을 빌리자면) "심지어 태극기 할아버지라도" 공유지에 와서 원하는 것을 할 수 있습니다. "공유지는 정치적 성향과 무관하게 시민 모두의 공간"이기 때문이죠. 한마디로 시민행동 활동가들은 커먼즈를 단일한 이데올로기적 가치로 만들지 않기 위해 노력했습니다.

한국의 많은 정치조직이 동창회처럼 되잖아요. 사적인 관계를 중심으로. 사회운동을 서로 다른 생각을 가진 사람들이 함께 큰 그림을 만들어가는, 일종의 패치워크를 짜나가는 것 같은 '운동'으로 보는 게 아니라, 그냥 자기랑 같은 생각을 가진 사람들이랑 하고 싶은 거 같고. 이런 경향이 한국에서 운동을 사조직처럼 만드는 거죠.

— 상철(시민행동 활동가) 인터뷰

물론 개방성을 유지하기 위한 시민행동 활동가들의 노력은 소유에 의거한 이기적 감수성이나 "태극기 할아버지"로 상징되는 극도로 보수적이고 위계적인 문화까지 모든 차이를 수용하겠다는 뜻이 아닙니다. 오히려 선영이 말하듯이 공간을 열어두되 내부에서 '가치 투쟁'을 해나가겠다는 분명한 의지를 갖고 있었죠.

함께 있으면서 내부 투쟁을 해야 하는 거죠. 사람들은 계속해서 공유지가 무엇인지, 공유지의 가치가 무엇인지 생각해야만 합니다. 그게 바로 공유지의 매력인 거죠.

— 선영(시민행동 활동가) 인터뷰

위계질서와 동질성으로 묶이는 공동체를 거부하되 대안적 가치 혹은 삶의 모습을 함께 만들어나가겠다는 활동가들의 태도는 빈집의 초기 투숙객들과 상당히 비슷합니다. 실제로 경의선공유지는 빈집과 비슷한 동학을 만들며 대단히 논쟁적인 공간으로 펼쳐집니다.

두 가지 가치 투쟁

경의선공유지의 커머닝은 두 가지 핵심적인 가치 투쟁을 중심으로 일어났습니다. 첫 번째 가치 투쟁은 국가가 지원하는 부동산 자본주의의 논리와 이를 내면화한 사회에 대항해 벌어집니다. 시민행동 활동가들은 한국이 토지의 사적 소유에 기반해 극심하게 양극화된 사회이며, 그 과정을 추동한 도시의 재개발은 언제나 소유권이 없는 자들을 "빈손으로" 쫓아냄으로써 가진 자들의 불로소득을 만들어왔다고 주장합니다.[35]

시민행동 활동가들은 이러한 과정에 정부가 적극적으로 개입하고 행정적·법적 지원을 했다고 강조합니다. 철거민들은 단지 사회적·경제적 약자가 아니라 국가에 의해 쫓겨난 '난민'이라는 것이죠. 이런 판단에서 활동가들은 경의선공유지를 '서울의 26번째 자치구'로 선언하고 여러 철거민/도시 난민을 초대합니다. 도시 난민을 만든 것은 정부만이 아닙니다. 땅값과 집값의 논리를 내면화한 시민사회도 여기 가담했죠. 특히 아현초등학교 주변에서 40년 가까이 장사해온 아현포차가 강제 철거된 사건은 자치구 선언에 큰 영향을 끼쳤습니다. 이 사건이 고급 아파트촌으로 변모한 주민들의 민원에 의해 벌어진 일이었기 때문입니다.

아현포차 상인들을 비롯해 경의선공유지에 모인 도시 난민들의 존재는 자본주의적 도시와 결탁한 국가와 시민사회의 폭력을 효과적으로 가시화했습니다. 공유지는 쫓겨난 자들이 집단적으로 투쟁할 수 있는 전략적이고 상징적인 공간이 되었죠. 시민행동 활동가들은 자본주의 도시 한복판에서 토지의 사적 소유권을 절대시하는 개발 논리와 정부의 공모를 드러내고 문제 제기하는 급진적 담론을 만듭니다. 동시에 운동들을 연결할 공간적 거점을 구성하고자 했습니다.

주목할 것은 경의선공유지 운동의 주체가 '시민'으로 호명된다는 점입니다. 즉, 공유지/커먼즈의 쓸모를 결정하고 관리하고 운영할 주체가 누구인지는 '그가 쫓겨난 난민인가', '재개발된 아파트의 주민인가'라는 식의 정체성으로 결정되는 것이 아닙니다. 철거민이라고 해도 보상금을 많이 받는 것 외에 아무런 관심이 없다면 그는 운동의 주체인 시민(커머너)이 아닙니다. 국공유지가 어떻게 이용되건 자기 집값이 올라가는 것에만 관심을 가질 때, 혹은 공유지를 사용하지만 이를 운영하고 관리하는 데 참여하지 않을 때 그 자리에 있는 것은 시민(커머너)이 아닙니다. 단지 이익을 추구하는 개인이거나 소비자, 혹은 예속된 자일 뿐이죠. 시민(커머너)은 그가 공유지란 무엇인지 묻는 순간, 도시라는 자원을 함께 만들고 관리하는 과정에 자신을 적극적으로 연루시킬 때 나타납니다. 경제적 기반도, 감수성도, 세대도, 젠더도 다른 사람들, 어쩌면 어떤 공통의 이해도, 공통감각도 갖지 않은 사람들이 서로를 함께 살아가야 할 동료-시민으로 발견해야 합니다. 바로 이것이 경의선공유지의 두 번째 가치 투쟁을 구성합니다.

공유지의 두 번째 가치 투쟁은 계속해서 변화하는 경의선공유지 참여자들의 서로 다른 감각과 몸 사이에서 벌어졌습니다. 공유지 관리(예를 들어 화장실 청소)를 둘러싼 모호한 책임감, 공간을 사적으로 전유하려는 욕망, 누군가 새로 올 때 공간을 다시 나누는 문제, 개별 공간지킴이가 공유지 전체 문제에 무관심할 때 일어나는 갈등 등 여러 문제가 계속해서 발생했죠. 이런 문제들의 효율적인 해결을 위해 공유지의 규칙을 정하고 싶어 하는 활동가들이 있었지만 지속적인 논의로 열어두고자 하는 활동가들도 있었습니다.[36] 이러한 입장과 감각의 차이 속에서 (활동가들이 말하듯이) "끝없는 싸움"

이야말로 공유지를 구성하는 일상의 정치, 혹은 커머닝의 '과정'이
됩니다.

　　평생을 자본주의적인 사회 속에서 살아왔는데, 거기서 만들어진 감수
　성이나 욕망이 제도를 바꾼다고 하루아침에 바뀔 리가 없죠. 사람도 그
　렇고 사회도 울퉁불퉁하게 바뀝니다. 우리가 하는 실험도 마찬가지라고
　생각해요. 어떤 사람들, 어떤 건 빠르게 변하고, 다른 것들, 다른 사람들
　은 더 시간이 걸리고요. 그 사이에서 싸움이 일어나는 게 당연하죠. 싸움
　이야말로 공유지를 만드는 과정이고 전제가 아닐까요.
　　── 상철(시민행동 활동가) 인터뷰

　상철의 말을 빌리자면 경의선공유지는 우리가 타인과 함께 어디
까지 "자본주의적인 공간 사용법과 다른 공간 사용법을 개발할 수
있는지"를 둘러싼 실험실입니다. 예를 들어 2018년 어느날 경의선
공유지에 방치되어 있던 낡은 구조물에 '도깨비집'이라는 종이 간
판이 걸립니다. 한 홈리스 남성이 그곳에 살기 시작한 거죠. 그는 자
신이 점유한 공간 앞에 (누군가의 눈에는 잡동사니로 보일) 물건을 판매
합니다. 활동가들은 이를 흥미롭게 지켜보았지만, 공간지킴이 중에
는 그의 등장을 달가워하지 않는 사람이 많았습니다.
　재미있는 것은 공간지킴이들이 불만을 표시한 방식입니다. 이들
은 "내가 개인적으로 어떻다는 것이 아니라 공간이 무슨 슬럼처럼

되면 혹시 공유지 이미지에 안 좋을까봐 그러는 거지", "저 아저씨가 쓰는 공간을 원래 내가 창고로 쓰려고 했지만 공유지니까 어쩔 수 없지"라는 식으로 말했습니다. 당시 저는 경의선공유지 운동을 참여관찰 중이었습니다. 카페로 운영되는 트레일러 하나를 숙소 삼아 경의선공유지에서 지내고 있었는데요. 어떤 분께서는 제게 "나도 여기를 그냥 쓰고 있는 처지니 뭐라고 할 말은 없지만, 한 선생은 밤에 공유지에서 잘 때 조심해"라는 말씀을 하기도 했죠.

이러한 말들은 경의선공유지의 참여자들이 '공유지'를 나름의 방식으로 의미화하고 자신을 그러한 실천의 일부로 받아들이고 있다는 점을 암시합니다. 공간지킴이 중에는 서로 사이가 안 좋은 사람들도 있었지만, 그럼에도 그들은 공유지에서 공존하기 위해 암묵적 경계와 리듬을 만듭니다. 하지만 새로운 참가자가 등장하거나 새로운 상황이 발생하는 순간 균형은 바로 무너집니다. 집합적으로 만들어온 공유지의 이념과 열려 있는 공유지에 필연적으로 파고드는 외부성 사이에서 참가자들은 계속해서 공유지를 갱신하고 공통의 리듬을 다시 만드는 법(=타인과 협력하는 법)을 배워야만 합니다.

무슨 물질적 목적이 있는 것도 아니고, 확실한 가치관을 공유한 것도 아닌데, 이걸 같이 하고 있잖아. 이렇게 서로 다른 사람들이 모여서 이걸 같이 하고 있다는 게 놀랍지 않아? 중요한 것은 함께할 수 있는 능력이라고 생각해. 커먼즈는 무슨 구름 위에 있는 이데아가 아니라, 여기서 같이

할 수 있는 능력이고 그게 우리가 발견해야 하는 거 아닐까.

— 기황(시민행동 공동대표), 경의선공유지시민행동 회의록 중

한정된 공간을 낯선 사람과 공유하는 경의선공유지에서 공간을
둘러싼 서로 다른 감각과 공유지를 둘러싼 서로 다른 생각이 부딪
치고, 결과적으로 이는 참여자들의 '몸의 변화'를 촉진합니다. 활동
가 성은이 관찰하듯이요.

담비가 공유지에 새로운 활동가로 결합했을 때 지킴이들 사이에 문제
가 일어나면 여러 제안을 했어요. 빨리 해결하고 싶으니까요. 그런데 그
럴 때마다 제가 "좀 성급한 거 같다"라고 말하고 있다는 걸 어느 날 깨달
았죠. 담비가 제안하는 것 중에 제가 전에 해본 것도 꽤 있거든요. 그런데
어떤 제안은 전혀 효과가 없었고, 어떤 것은 더디기는 하지만 조금씩 변
화가 생기고 있더라고요, 계속 싸우고 그러면서요. 그러니까 사람들이
다양한 방식으로 공유지의 방식을 받아들이고 있다고 해야 하나. 몸이
변하는 거죠. 습관처럼요. 누가 뭐라고 안 해도. 그 공유지의 방식이 뭐
냐고 해도 분명히 말하기 어렵긴 한데, 사람들이, 예를 들어 이모님들이
"공유지에서는 이렇게 하는거야" 그런 말을 하고. 아니면 누군가가 화장
실이나 텃밭처럼 자기 공간이 아닌 공간을 청소하고 있고, 공유지에 어
떤 리듬이 생기고. 아무튼 누가 뭐라고 해서가 아닌데 자발성이 생기는
순간들을 본 것 같아요.

실천과 이론, 운동과 제도를 횡단하고 연결하기

서울 한복판에서 커먼즈의 신체, 감각, 담론, 제도를 상상하고 실험한 경의선공유지는 소유권을 둘러싼 한국 사회의 감수성을 실천적으로, 그리고 담론적으로 한 단계 변화시킨 사건이었습니다. 또한이후 한국의 커먼즈 운동을 위한 실천적이고 개념적인 지도를 만든 시공간이었습니다. 공적인 것(정부)과 사적인 것(시장)이 서로를 보완하고 강화하며 투기적 도시화를 추진하는 현실에서, 경의선공유지는 커먼즈를 도시의 새로운 용법으로 제안하고 커먼즈의 주체를 구성하고자 했습니다. 모두에게 열리고 모두가 함께 사용 방식을 결정하는 커먼즈를 만들기 위한 공유지의 실험은 일상적이고 예시적인 정치로 펼쳐집니다. 다른 한편으로는 커먼즈의 담론화와 제도화를 위한 다양한 활동가, 연구자, 공무원과의 협력이 시도되었죠. 경의선공유지 사례는 커먼즈가 실천과 이론, 운동과 제도 사이를 엮고 횡단하며 구성되는 것임을 생생하게 보여줍니다.

경의선공유지의 실험은 2019년, 법과 행정에 의해 강제 중단되었습니다.[37] 어쩌면 현재 한국의 법과 제도 아래 커먼즈는 불가능하고, 현재의 법체계를 바꾸지 않으면 안 된다는 사실의 방증일지도 모릅니다. (경의선공유지 이후 한국에서 커먼즈와 법을 둘러싼 논의가 활발하게 일어난 것은 이와 무관하지 않습니다.) 이후 몇 년이나 방치된 경의선공유지-터는 행정의 무능력, 그리고 땅을 상품으로 취급하지 않으면, 국가의 허가가 없으면, 아무것도 못 하게 된 우리의 무능력을 여실히 드러냅니다. 결국 펜스로 둘러싸인 (한때 엄청나게 많은 활동이 벌어졌던) 이 땅은 무능한 제도와 법을 바꾸기 위해서는 무엇보다 우리가 변해야 한다는 것, 더 광범위하고 두꺼운 시민-되기가 일어나야 한다는 사실을 보여줍니다.

10
자본, 국가, 공동체를 넘어 잉여를 나누는 금융 실험, 빈고

마지막으로 커먼즈의 제도화, 그리고 우리 자신의 커머닝을 둘러싼 또 하나의 실험을 소개하고 싶습니다. 금융 커머닝을 통해 커먼즈를 확장하고자 한 '빈고'의 실험입니다. 조합원이 공동체 은행, 혹은 커먼즈 은행이라고도 부르는 빈고는 "능력에 따라 모으고, 필요에 따라 이용한다"라는 슬로건 아래 운영되는 대안 금융 기관입니다. 2023년 빈고에서 출간한 〈조합원 핸드북〉에 따르면 2022년 기준 빈고의 조합원은 484명으로 총 5억3,000만 빈의 공유자원을 보유하고 있습니다.[38] (빈은 빈고의 화폐단위인데 원과 동일하게 환산하면 됩니다.)

공동체들의 공동체, 빈고

빈고는 2009년, 빈집의 마을 금고로 시작되었습니다. 이미 이야기했듯이 빈집을 시작할 때 사람들의 목적은 주거 운동이 아니라 가능한 한 노동 시간을 줄이는 것이었습니다. 대안 금융의 필요성에 관한 인식은 전혀 없었습니다. 그러나 빈집살이 과정에서 사람들은 자본주의 사회에서 집의 의미를 묻기 시작하고, 그 과정에서 "빈집은 공유재"라는 자생적 커먼즈 담론을 구성합니다. 빈집이라는 실험을 가난한 도시 청년들이 직접 주거 문제를 해결하는 일종의 주거-커먼즈 운동으로 발전시킨 것이죠. 빈고는 이 과정에서 빈집의 공동자원을 모으기 위한 제도로 구상됩니다.

빈고는 도시빈민이 살아가는 데에 필요한 자금을 스스로의 힘으로 조달하고자 만들었던 자활공제협동조합의 전통과 연결됩니다. 하지만 빈고 활동가들은 상호공제조합이나 신용협동조합과 빈고의 차이를 강조합니다. 이는 특히 공동체와 이자라는 두 가지 잠재적 위험에 대한 인식에서 비롯됩니다. 빈고 활동가들은 1960년대 한국에서 빈민층을 위한 상호부조 시스템으로 시작된 신용협동조합이 현재 자율성을 완전히 잃었을 뿐 아니라 수익을 목표로 다른 은행들과 경쟁하며 평범한 은행이 되었다고 지적합니다. "공동체 내부의 상호부조"와 이자를 둘러싼 문제의식이 부재했기 때문이라고 빈고는 판단하죠.

유산은 사실 가족 구성원에게 주어지는 선물인데, 아주 자본주의적이잖아. 사실 우리가 경제에서의 대안을 생각할 때 가족주의나 공동체주의야말로 가장 큰 문제로 등장하는 것 같아. '어떻게 나를, 내 가족을, 우리 공동체를 보호할 것인가'라는 거. 이렇게 생각할 때 할 수 있는 건 사적 소유의 형식으로 자산을 모으는 것밖에 없는 거지. (…) 어떤 대안 경제 모델도 자본, 즉 이자를 낳는 돈이라는 기본적인 아이디어를 받아들이는 이상 결국은 자본의 일부가 될 수밖에 없는 것 같아.

— 지음(빈고 책임활동가) 인터뷰

빈집 공동금고였던 빈고는 2014년, 빈집의 경계를 넘은 공유지를 위한 '공동체 은행 빈고'로 전환됩니다. 저는 이들이 함께 사는 과정에서 인식한 '공동체'와 '잉여'의 문제, 그리고 이를 해결하기 위해 구상한 '공동체의 공동체'로서의 커먼즈라는 해법이 금융-커먼즈 빈고의 핵심 사유를 구성한다고 생각합니다.

잉여를 만인과 나누는 방법을 발명하기

집은 곧 돈이다. 집을 사러 돈을 벌고, 돈을 벌기 위해 집을 산다. 재산, 소득, 지출, 저축, 대출, 투자, 상속 등 돈과 관련된 생활의 중심에는 집이 있다. 보증금이 전혀 없는 사람들이 사는 쪽방과 고시원에서 시작해서, 어떻게든 보증금을 마련한 월세방에서 저축을 통해 보증금을 늘려가다가, 전셋집을 구해서 결국 월세에서 해방되고, 저축과 투자를 늘리고 대출을 더해 마침내 내 집 마련, 여기서 더 나아가 부동산 투자를 더 가속화해서 늘어난 자본을 자녀에게 상속하는 것, 이 과정을 차례차례 밟아 나가는 것이 우리 삶의 표준 경로이고, 발전 단계이며 어느 단계까지 왔는가가 그 사람이 속한 현실 계급이다. 우리의 삶은 돈을 벌고 집을 사는 것으로 점철되어 있다.

— 빈마을금고 취지문 중[39]

인용문은 공동체 은행 빈고 선언문의 일부입니다. 이 글은 "시간은 돈"이라는 벤저민 프랭클린의 격언이 한국에서 어떻게 '공간은 돈'으로 전환되는지 명징하게 보여줍니다. 한국 사회에서 부동산 투기에 참여하지 않는 것은 단지 돈을 벌 기회를 잃는 것이 아니라 점점 가난해지는 것입니다. 집값은 계속 오르기 때문이죠. 시간이 그렇듯이 공간 또한 자본이 되는 이곳에서 사람들은 종잣돈을 모아 투기에 참여하길 강렬히 소망합니다. 자본이 전혀 없는 사람들조차 투기 과정에 말려들어버리죠.

한국은 전 세계적 주택 금융화가 전개되기 훨씬 전부터 전세를 둘러싼 주택의 토착적 금융화가 전개되었습니다. 이는 별다른 자산이나 집이 없는 서민들마저 투기의 문법을 익히도록 만들었고요. IMF 외환위기 이후 글로벌 자본 유입과 함께 도시 공간의 금융화가 전면화되면서 사람들의 일상적 투기 관행 또한 한층 강력해집니다. 2021년 국민이 보유한 주식거래 활동 계좌는 5,000만 개에 이릅니다. 2020년 신규투자자 절반 이상은 20·30대였습니다. 연일

치솟는 부동산 가격과 불안정한 일자리 앞에서 사회를 잠식하는 불안감은 청년들이 '영(혼까지)끌(어모은)' 투기의 대열에 합류하게 부추깁니다.

빈고는 이런 답답한 현실이 사람들이 집을 가장 중요한 소유물로 인식하고 결코 타인과 나누지 않기 때문이라고 주장합니다. 그렇다면 대체 어떻게 해야 할까요? 빈집을 시작한 사람들은 그저 전셋집을 빌린 후 그곳을 주인 없는 집, 모두 함께 살 수 있는 공유지로 선언한 후 그렇게 살기 시작했습니다. 마치 주택에 법적인 소유권이나 집을 둘러싼 제도적 제약 같은 것은 없다는 듯이요. 즉, 빈집의 실천은 집을 개인(과 그의 가족)의 소유물이나 투자의 대상이 아닌 '타인과 함께 사는 공간'으로 바꾸는 직접행동이었습니다.

한편, 금융이라는 측면에서 빈집의 초기 실천은 보증금이 현실에서 만들어내는 이자를 타인과 나누는 것이었다고 말할 수 있습니다. 현실에서 이자 낳는 돈, 즉 자본으로 기능하는 보증금을 타인과 나눔으로써 커머닝하고자 한 것이죠. 보증금의 커머닝을 둘러싼 실천은 빈집이 공동 거주 실험에서 마주치는 여러 문제를 해결하는 과정에서 조금씩 수정되고 진화합니다.

빈집은 첫 1년 동안 네 곳으로 늘어났습니다. 보증금을 출자할 수 있는 사람들이 원하는 만큼 출자합니다. 출자 여부와 무관하게 모두가 빈집 유지에 필요한 생활비(분담금)를 대충 인원수대로 나누어 내고 자율적으로 더 내는 방식이었습니다. 잉여금이 생기면 '이후의 빈집'을 위해 적립했습니다. 1년 후 네 곳의 빈집이 모두 포화 상태가 됩니다. 이 상황에서 투숙객들이 새로운 빈집 구성에 적극적으로 참가하지 않으면서 어려움이 생깁니다. 빈집의 보증금 출자자 한 명이 농사를 짓기 위해 서울 외곽에 빈집을 열고 싶다는 희망을 비추면서 문제는 더 복잡해졌고요. 전세 보증금의 커머닝을 통해 빈집을 만들어왔지만, 이러한 실천이 소수의 출자자에게 의존하고 있다는 문제가 드러났죠. 빈집 내부 구성원들 사이에서 부채감의 문제도 제기되었고요.

2010년 시작된 빈고는 이런 문제를 해결하기 위한 집단적 노력에서 고안된 제도입니다. 그뿐만 아니라 빈고를 만들기 위한 1년간의 토론 속에서 투숙객들은 빈집을 '공유재', '급진적 주거 운동', 심지어 '반자본 운동'으로 새롭게 의미화합니다.

2014년, 빈고는 빈마을금고에서 공동체 은행으로 다시 한번 변화합니다. 이 전환 또한 갈등을 해결하는 과정에서 일어납니다. 발단은 2012년 빈고가 또 다른 대안 공동체인 '만행'에 공동 기금을 빌려준 일입니다. 이에 일부 투숙객들이 빈집에서 적립된 잉여금은 빈집-공동체를 위해서만 사용되어야 한다며 문제를 제기하죠. 그러나 다른 투숙객들은 빈집은 '빈집이라는 공동체를 지시한다기보다 대안적인 삶의 확장'을 의미하며 빈고는 그러한 공유지의 확대를 위해 만들어진 것이라고 주장합니다. 결국 빈마을은 빈집의 실천 속에서 만들어진 '잉여분'인 빈고의 자원을 어떻게 사용할 것인가를 둘러싸고 심각한 갈등에 빠집니다.

길고 힘겨운 논쟁 끝에 결정된 것은 빈집과 빈고의 분리였습니다. 빈집을 구체적인 공동체로 정의하는 사람들이 빈마을 구성원을 위한 '빈집상호부조기금'을 만듭니다. 한편, 빈고는 '공동체 은행 빈고'로 전환되었죠. 빈집 거주 여부를 떠나 취지에 공감하는 개인이 조합원으로서 빈고에 출자하고, 이렇게 모인 공유자원을 공유지의 확장에 이용합니다.

당시의 논쟁은 빈집 안에 존재하는 서로 다른 계산 방식, 교환을 둘러싼 감각의 차이를 명확하게 드러냅니다. 예를 들어 2012년 6월 빈집에서는 '사람들로 꽉 찬 계단집에서 네 시간의 격렬한 토론'이 벌어졌습니다. 그 자리에는 빈집에 대한 분명한 의견을 가진 사람들이 있었지만 그렇지 않은 사람들도 많았습니다. 특히 빈집에 들어온 지 오래되지 않은 사람들은 상당한 혼란을 표시했죠. 동시에 이 논쟁은 빈집을 단지 머무는 곳으로 생각했던 많은 사람에게 빈집/빈고를 새로 발견하도록 하는 계기가 되었습니다.

나는 빈고에 관심이 있었던 것은 아니고, 빈집도 여기 살고는 있지만 잘 몰랐으니까 엄청 혼란스러웠어. 빈집 사람들이 그렇게까지 다른 입장을 갖고 있다는 거에 깜짝 놀랐고. 근데 빈집의 실체를 목격하고 있다는 생각이 들고 그러면서 오히려 빈집에 관심이 생기고 빈고도 하게 되었지.
— 하루(빈집 투숙객) 인터뷰

그날 이후 빈고 모임에 참석하기 시작했어. 그때까지 빈집에서 쓰는 '환대'나 '나눔' 그런 단어는 그냥 멋진 간판 같은 거였는데, 그 말들의 아주 구체적인 의미? 가치? 그런 것을 알게 된 거고. 그런 가치가 빈집을 만들어왔다는 걸 알게 되고. 아무튼 처음부터 다시 배우고 있다는 생각이 들어.

— 좌인(빈집 투숙객) 인터뷰

빈고라는 제도를 진화시킨 갈등의 중심에 있었던 것은 (랑시에르의 표현을 빌리자면) 공동체의 "몫을 계산하는 방식"의 차이입니다.[40] 어떤 이들에게 빈집 구성원이란 실제로 빈마을에 살고 있는 사람들을 의미합니다. 이들에게 빈집에서 생긴 잉여는 빈집의 구성원이 서로에게 주는 선물이고 상호부조의 결과이며, 그러므로 빈집 구성원을 위해 사용되어야 합니다. 반면 어떤 이들은 '과거에 왔던 사람'은 물론, '미래에 올 사람'도 빈집의 구성원으로 셈하고자 합니다. 이들에게 빈집은 경계가 뚜렷한 공동체라기보다 공산주의적 관계를 확장하는 삶의 실험입니다. 빈집에서 만들어온 잉여는 그러한 관계를 만들어온 토대이자 (한 투숙객의 표현을 빌리자면) 더 많은 공유지-빈집을 만들 "목재"입니다. 이처럼 서로 다른 감각들이 충돌하는 순간 사람들은 빈집/빈고란 무엇인지, "자신은 어떻게 살고 싶은지" 생각하지 않을 수 없습니다.

주체화의 핵심 장소, 금융

빈집은 공산주의적 관계를 가족/공동체를 넘어 확장하고자 한 실험입니다. 투숙객들은 빈집의 시도가 구체적인 어려움에 부딪힐 때마다 다양한 방식으로 일상적인 공통감각을 만들기 위해 노력하는 동시에 더 나은 커머닝-제도를 설계하려 했습니다. 빈고는 그런 노력 속에서 만들어졌죠.

이 과정에서 빈고 활동가들은 커먼즈의 교환 원리를 (잠정적으로) 이론화합니다. 이들이 지속적으로 참조하고 발전시킨 것은 가라타니 고진(柄谷行人)의 이론입니다. 가라타니 고진은 인류사에 세 가지 중심적인 교환양식이 (언제나 혼재된 채 하나의 원리가 강화된 형식으로) 나타난다고 말합니다. 첫째는 공동체를 구성하는 선물경제(교환양식 A)입니다. 둘째는 국가의 교환 원리인 수탈(세금)과 재분배(복지)(교환양식 B)고요, 마지막은 시장에서의 상품교환(교환양식 C)이죠.[41] 공동체가 폐쇄적이라는 한계를 갖는다면, 국가의 통치는 지배와 권력에 의한 것이고 시장의 교환은 개인들의 경쟁과 이익 추구로 이어진다는 점에서 각각 문제를 품고 있습니다. 가라타니 고진은 우리가 현실에서 공동체, 국가, 자본의 문제를 벗어나기 위한 일종의 규제적 이념으로써 '어소시에이션(association)'(교환양식 D)을 제시합니다. 이것이야말로 마르크스가 제시하고자 한 공산주의였다고 말하면서요. (이러한 이론화에 기반해 초창기 빈집 투숙객들은 빈집의 원리를 '자치, 공유, 환대'로 정리한 바 있습니다.)[42]

빈고는 가라타니의 이론을 받아들입니다. 동시에 가라타니의 이론이 공동체, 국가, 자본이 고유한 교환양식을 설명하는 반면, 어소시에이션에 관해서는 "교환양식 A를 고차원적으로 회복한 것"이라는 막연한 진술에 그친다고 비판합니다. 가라타니가 교환양식 D의 구체성을 포기하고 이를 단지 현실의 공동체, 시장, 국가를 부정하는 유토피아, 혹은 일종의 (현실화되지 않지만 추구해야만 하는) 이념으로 여기고 있다는 것이죠. 이러한 문제의식 속에서 빈고는 교환양식 D의 이론화를 시도합니다.

빈고에 따르면 교환과 관련해 두 가지 행동이 가능합니다. 하나는 '주는 것'이고 다른 하나는 '갖는 (혹은 빼앗는) 것'입니다. 여기서 우리는 두 행위자를 상상할 수 있습니다. 주거나 빼앗는 행위를 시작하는 자(갑), 그리고 이에 순응하거나 저항하는 자(을)입니다. ([표1]과 [표2]를 참고해주세요.) 자, 이 두 행위자 사이에서 서로 다른 네 가지 교환이 가능해집니다.

A. 갑이 주기를 제안했을 때 을이 순응하면 선물이 실행되고 (잠정적인) 답례의 의무가 발생합니다. (공동체적 관계의 성립)
B. 갑이 갖기를 제안했을 때 을이 순응하면 수탈이 실행되고 재분배가 필요해집니다. (국가권력에 의한 수탈과 재분배)
C. 갑이 갖기를 제안했을 때 을이 이에 저항한다면 서로 갖고자 하는 경쟁이 시작됩니다. (시장경제)

[표1] 가라타니 고진의 교환양식에 대한 빈고의 해석. 빈고는 A.B.C가 D로 향하기 위해서는 빈집의 중요한 실천으로 이야기되던 환대, 자치, 공유가 필요하다고 해석한다.

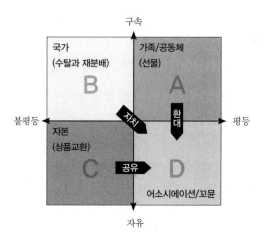

[표2] 빈고가 개발한 커먼즈의 교환양식

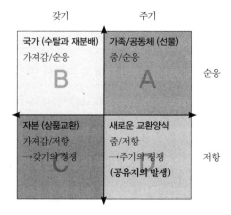

D. 갑이 주기를 제안했을 때 을이 이에 저항한다면 서로 주고자 하는 경쟁이 시작됩니다. (사양으로 인한 공동기탁=커먼즈의 발생)

　빈고에 따르면 D는 A처럼 '우애'에 기반하지만 폐쇄적인 공동체를 만드는 대신 외부인을 향한 '환대'를 통해 더 넓은 선물의 관계를 만듭니다. B처럼 구성원이 생산한 것을 모아서 나눔으로써 '평등'의 원리를 실현하고자 하지만 그 과정은 권력이 아닌 '자치', 즉 자발성에 기초합니다. C처럼 자유에 기반하지만 '공유'의 원리를 통해 약육강식과 독점의 논리를 제거합니다. 다시 말하면 빈고는 교환양식 D를 실현하기 위한 체계죠. 빈고는 현실에서 자본을 자본으로 만드는 '이자'를 모두가 사양한다면, 아무도 받지 않은 선물인 공유지(커먼즈)가 될 것이라고 주장합니다. 빈고는 사양과 기탁이라는 교환양식 D로 만들어지는 커먼즈를 공동으로 관리하는 '커먼즈 은행'입니다.

　빈고가 커먼즈를 구성하기 위한 핵심적 실천으로 주목한 것이 생산이 아닌 분배, 즉 '금융'이라는 점은 주목할 만합니다. 특히 현대 사회에서 가치가 전 사회적으로 생산되지만 금융과 지대를 통해 사유화된다는 학자들의 진단을 떠올리면 상당히 의미심장하죠.

　6장에서 말한, 바우웬스가 말하는 커먼즈 생산양식으로서의 P2P(peer to peer) 생산과 빈고의 구상은 대단히 비슷합니다. 그뿐만 아니라 빈고는 자원을 특정한 방식으로 나누고 분배하는 금융의 실천이 세계를 만드는 방식과 연결되어 있다고 인식합니다. 즉, 빈고에게 사람들이 무엇을 위해 어떻게 '금융'하는가는 사회 그 자체를 구성하는 문제입니다. 빈고는 이렇게 주장합니다.

자본주의 사회에서 사람들은 생계를 위해 '노동자'로서 일하고, 삶을 재생산하기 위해 '소비자'로서 구매한다. 급진적인 학자들은 자본주의를 극복하기 위해 이 노동자/소비자로서의 주체성에 초점을 맞추었다 (네그리의 "임노동하지 말라"라는 주장, 혹은 간디의 "소비하지 말라"라는 주장). 하지만 자율적인 생산 공간 없이 노동을 멈추는 것은 불가능하다.[43] 이에 가라타니 고진은 생산-협동조합 운동처럼 두 가지를 통합한 운동, 즉 노동자로서의 소비자라는 주체성을 강조한다. 그러나 문제는 그렇게 단순하지 않다. 노동과 소비의 공간이 분리된 현대사회에서 '노동자=소비자'라는 표현은 단지 표현에 그치기 쉽다.

우리는 여기서 금융에 주목한다. 현실에서 노동자로서 받은 임금(=수익)과 삶의 재생산을 위한 생활비(=지출)은 언제나 차이를 만든다. 그 차이를 메우는 실천이 바로 금융이다. 돈이 남는 갑과 돈이 부족한 을이 있다. 을의 생존을 위해서는 갑의 돈이 을에게 이동해야 한다. 이때 가능한 금융은 세 가지 방식으로 일어난다. 갑이 을에게 선물하거나(가족이나 친구); 병이 갑으로부터 빼앗아서 재분배하거나(국가); 갑이 (이자를 목적으로) 을에게 대출하는 것(자본주의). 이 세 가지 금융은 갑과 을 사이에 서로 다른 관계를 발생시킨다. 즉, 잉여/손실의 결과로 발생한 금융의 문제는 직접적으로 사회의 문제가 된다. **금융의 문제는 개인들이 어떤 사회적 관계를 맺고 있는가, 어떤 사회 속에 있는가를 보여주는 문제다.**[44]

빈고는 '노동자=소비자'라는 등식이 성립하는 것은 "가계부를 쓰고 재정 계획을 작성"하는 순간이며, 이런 의미에서 금융이야말로 '주체화'가 일어나는 공간이라고 주장합니다. 금융이라는 주체화의 공간에서 노동자=소비자는 서로 다른 여러 주체들로 현상한다고요. 노동자=소비자는 더 많은 수익을 위해 저축하고 종잣돈을 만들고 투자하는 자본가적 주체가 될 수도 있고, 더 풍부한 삶을 위해 나누고 공유하는 주체(빈고의 표현을 빌리자면 공유자)가 될 수도 있습니다.

능력에 따라 출자하고 필요에 따라 이용하라

물론 현실에서 빈고는 더 실용적으로, 그리고 조심스럽게 운영됩니다. 조합원 대부분은 서로에게 주고 싶어도 줄 게 없는 가난한 사람들이기도 하고요. 그럼에도 빈고의 조합원들이 사양하는 것, 빈고를 통해 만인에게 선물하기로 하는 것은 바로 자본을 자본으로 만드는 이자입니다.

현실에서 조합원들은 빈고를 일반 은행처럼 이용합니다. 여윳돈을 계좌에 넣어두는 것을 출자라고 하는데, 이체도 가능하고 필요할 땐 바로 꺼내 쓸 수 있죠. 출자한 금액에는 신협의 이자율과 비슷한 수준의 '출자지지금'이 적립됩니다. 한편 돈이 필요한 사람들은 빈고의 공유 자금을 이용하고 이에 따른 '이용분담금'을 냅니다. 언뜻 보기엔 은행과 별다르지 않습니다. 하지만 빈고에 출자하고 빈고를 이용하는 것은 은행과 전혀 다른 실천입니다. 빈고 활동가의 표현을 빌리자면 이는 "공유를 통해 이자, 즉 자본을 소멸시키는 반자본 직접행동"이죠. 빈고는 사회적 약자를 지원하는 무이자 은행이나 저금리 은행과도 다릅니다. 출자가 공유지를 확장하는 커머닝의 활동이듯이 이용 또한 자본 수익을 '탈환'하고 '공유'하는 커머닝입니다. 간단히 설명하면 다음과 같습니다.[45]

빈고의 모든 조합원은 출자자=이용자=연대자=운영자입니다. 여기서 각각의 이름은 그때그때 조합원이 수행하는 활동을 의미합니다.

• **출자자**로서 조합원은 빈고에 계정을 만들고 여유 자금을 원하는 만큼 출자합니다. 이렇게 모인 공유자원은 조합원이 대안 공동체를 만들 때 필요한 보증금으로 이용됩니다.

• **이용자**로서 조합원은 빈고에 모인 자원을 이용할 수 있습니다. 주로 대안 공동체나 주거 공간을 만들 때 필요한 보증금으로 이용하죠. 빈고를 이용함으로써 이용자들은 보증금이 없을 때 내야 할 월세나 은행에서 빌렸을 때 부담했을 이자를 절약하게 되는데요, 이들은 빈고 이용을 통해 생긴 이러한 수익을 이용분담금의 형식으로 빈고에 전달함으로써 만인과 공유합니다.

• **연대자**로서 조합원은 빈고에서 만들어진 잉여(수익)를 사회와 공유합니다. 조합원 누구나 각자 연대하고자 하는 공동체, 단체, 주체, 현장이 있다면 '지구분담금'을 신청하고 사용할 수 있습니다. 빈고는 "서로를 지지하고 함께 하는 행동"으로서의 '연대'야말로 "빈고가 탈환한 자본의 수익(금융자본이 만들어낸 이자)을 그것의 원래 주인인 만인에게 돌려주는 활동"이라고 정의합니다.

• **운영자**로서 조합원은 빈고를 운영하고 빈고를 이용하는 공동체를 네트워킹합니다. 매년 30명 이내의 운영활동가가 선출되어 일상적인 의사결정을 합니다. 한편 매년 정기총회에 모두가 모여 활동을 평가하고 계획을 세웁니다.

(출자자=이용자=연대자=운영자로서) 빈고 조합원은 이용자가 공유자금을 대안 공동체와 공유지 증식에 이용할 수 있도록 돕습니다. 또한 이용자가 전달한 (자본으로부터 탈환한) 수익을 '만인'과 공유함으로써 자본을 커머닝하죠. 이는 다음과 같은 네 가지 방식으로 이루어지죠. ① 빈고는 매년 잉여금의 일부를 출자지지금으로 출자자에게 지급합니다. ② 빈고는 당기잉여금의 10% 이상을 이용지지금으로 이용자의 계좌에 적립합니다. ③ 빈고는 당기잉여금의 10% 이상을 '삶의 터전을 위협받는 지구상의 모든 생명과 나누는' 지구분담금으로 배당합니다. ④ 빈고는 당기잉여금의 30%를 빈고 적립금으로 모읍니다. 이는 빈고의 안정적인 운영을 위한 것으로 출자금과 마찬가지로 빈고 내부에서 사용되다가 예상치 못한 손실이 있

을 때 활용됩니다.

자원을 모으고 나누는 방식을 새롭게 조직함으로써 빈고가 도모하는 것은 모두가 '이익'을 추구하는 현재의 금융/은행 실천을 뒤집는 것입니다. 보통의 은행을 구성하는 주체들은 높은 이자를 추구하는 예금자/투자자, 낮은 이자의 대출로 차익을 노리는 대출자, 자본 수익을 추구하는 운영자입니다. 모든 주체가 이익을 추구하는 이 경쟁적 금융 활동 속에서 화폐는 (교환의 수단이 아니라) 누군가의 몫을 빼앗으면서 불어나는 자본이 되죠.

빈고는 '정반대'를 구상합니다. 빈고를 통해 자원을 나누는 출자자, 이용자, 운영자는 모두 자본이 만들어낸 수익을 사유화하는 것을 거부합니다. 이러한 거부, 혹은 '사양'이 커먼즈를 만들죠. 빈고의 제안은 자본의 흐름 안에서 자본의 일부로 살아가는 것을 멈추고 커머너가 되는 것입니다. 하지만 이는 엄청난 희생을 감수하거나 큰 각오를 해야 하는 일이 아닙니다. 보통 은행을 이용하듯 남는 돈을 넣어두고, 돈이 필요할 때는 빈고를 이용하면 되죠. 다만 같은 돈을 내가 은행에 넣어 둘 때 그 돈은 금융자본의 일부가 되고 자본을 증식시키지만, 빈고에 넣어둔 돈은 커먼즈이며 커먼즈를 확장합니다.[46] 빈고 활동가들은 빈고 자체가 사양의 실천을 통해 만들어졌다고 말합니다. 가난뱅이들이 사는 빈집에서 만들어진 잉여금을 빈집의 재산으로 귀속시키지 않은 것이 빈고의 초석이 되었다고요.

어떤 삶에 투자할 것인가

빈고 활동가 하루처럼 빈고의 관점이 매력적이라고 생각하는 사람들에게 빈고는 "돈이 없어도 자유롭게 오갈 수 있는 공간을 늘리는 가장 아나키한 실천"입니다. 하지만 어떤 사람들에게 국가가 보증하는 신용기관이 아닌 빈고에 돈을 맡긴다는 것은 "매우 위험한 행동"으로 여겨집니다. 예를 들어 빈고 활동가 유라는 이렇게 말합니다.

> 내가 빈집이나 빈고 이야기하면 남자친구는 엄청 걱정을 하지. 대체 어떻게 그런 데 살고, 또 뭘 믿고 돈을 다 거기 넣어두는지 정말 이해가 안 된다고. 너무 위험하다고. 내가 너무 순진하다고. 사람을 너무 믿으면 안 된다고.
> — 유라(빈고 활동가) 인터뷰

동시에 유라는 "주변 사람들이 얼마나 많이 부동산에 투자하고 있는지" 알았을 때 깜짝 놀랐다고 말합니다.

> 남자친구가 직장 생활하면서 집을 샀다는 말을 들었을 때 좀 멋있게 들렸지. 근데 알고보니 빚이 엄청 들어가 있더라고. (…) 게다가 그런 사람이 한둘이 아닌 거야. 이러니 집값이 오르는 게 사람들한테 그렇게 중요한 문제가 되는구나. 그런 생각이 들더라.

— 유라(빈고 활동가) 인터뷰

유라는 남자친구가 빈고를, 사람을 믿지 말라고 말하면서 투자를 위해 큰 빚을 지는 위험을 감수하는 태도에 놀라움을 표시합니다. 일견 모순적으로 보이는 이 행위는 자본주의 가치 체계에서 일관성을 갖습니다. 돈을 버는 것이 가장 중요한 목표일 때 사람들은 자신의 시간, 돈, 일, 관계를 기꺼이 투자하며 최고의 결과, 즉 더 많은 이익을 기대합니다. 여기서 자신(과 가족)을 제외한 다른 모든 사람은 한정된 자원을 쫓는 경쟁자가 됩니다. 경쟁자를 믿을 수는 없죠. 삶은 '만인에 대한 만인의 전쟁'이 될 수밖에 없습니다.

빈고는 이런 게임에서 벗어나 우리 스스로 삶의 규칙을 다시 짜자고 제안합니다. 빈고에 따르면 현재의 게임을 그만두어야 하는 이유는 다음과 같습니다. 첫째, 국가가 보호하는 은행이 안전해 보이지만 국가가 보호하는 것은 은행과 자본이지 예금자나 대출자가 아닙니다. 은행과 자본이 무분별한 투자로 망할 때 국가가 우리의 세금을 동원해 은행을 보호하는 것이 현실이죠. 둘째, 우리는 미래에 대한 불안감 때문에 인생을 돈벌이와 재테크에 쏟아붓고 있지만, 이 각자도생의 전략은 비윤리적일 뿐만 아니라 위험합니다. 아무리 재테크에 열중해도 '성공할 확률'은 극히 낮으며, 무엇보다 무수한 낙오자를 양산하는 각자도생의 길은 외롭고, 지치고, 피곤하며 점점 더 불안해질 뿐이니까요.[47]

두 가지를 강조하고 싶어요. 첫째, 게임의 규칙을 바꾸자는 빈고의 제안은 개인들의 더 큰 자유를 위한 것입니다. 자본의 세계를 지배하는 것은 희소성과 경쟁의 규칙입니다. 모두가 자신의 자원을 확보하기 위해 경쟁해야 하고, 패배는 곧 죽음을 의미합니다. 눈앞에 놓인 트랙에서 결코 벗어나서는 안 되는 이 거대한 인생 게임에서는 실패한 삶의 모양새도, 성공한 삶의 모양새도 비슷비슷합니다. 개인의 자유를 강조하지만 사실 굉장히 한정된 선택지 안에서의 자유일 뿐이죠. 빈고의 활동가들이 지적하듯 한국에서 가장 중요한 사유재산인 집은 개인의 삶을 옭아매고 모두의 삶을 비슷비슷하게 만들었습니다. 집은 욕망의 대상일 뿐 아니라 지긋지긋한 구속의 공간이기도 합니다. 빈고는 우리가 이 세계를 커먼즈로 재구성할 수 있다면, 삶은 언제든 어디로든 떠날 수 있고 무엇이든 실험할 수 있는 무한한 가능성을 갖게 될 거라고 말합니다. 공동기탁은 "누구에게 줄 것인가, 답례를 받을 가능성이 있는가"를 따지는 대신 "더 큰 사회의 일원"이 됨으로써 "내일 떠나기 위한 유동성(자유)"을 위한 것이라고요.[48]

둘째, 빈고는 국가의 보호 없이도 우리는 "스스로를 그리고 서로를 지켜나갈 수 있다"라고 말합니다. 게임의 규칙을 '서로 뺏기(많이 갖기 위한 경쟁)'에서 '서로 주기(서로 사양하는 경쟁)'로 바꿀 때, 잉여는 경쟁하고 확보해야 할 희소한 자원이 아니라 모두의 삶의 기반이 될 것이며 그 속에서 삶은 훨씬 풍요로워질 것이라고요. 목표는 집합적 커머너-되기를 통해 우리의 삶을 조금씩 자본의 세계에서 (다양한 형태로 구현될) 커먼즈의 세계로 옮기는 일입니다. 혼자서 '돈 벌 궁리'를 하는 대신 함께 '즐겁게, 같이 살 궁리'를 하는 것, 즉 자본 대신 공유지에 투자하는 것이 훨씬 즐거우며 합리적인 전략이라고 빈고는 말합니다. 설령 실패하더라도 여전히 우리의 곁에는 의지할 친구들이 있을 것이며, 그 궁리의 과정에서 우리의 힘, 함께 사는 능력은 더 커져 있을 것이라고요.

그렇게 해서 가능한 만큼 조금씩 자본의 세계에서 커먼즈의 세계로 자신의 삶을 옮겨오는 것이다. 자산의 대부분을 옮겨오고 대출의 대부분을 옮겨온다. 노동을 통한 수입을 늘리고, 소비되는 지출을 줄임으로써 더 많은 비율의 화폐를 자본이 아닌 커먼즈를 위해 사용하게 된다. 그것이 성공한 만큼 우리는 자본을 통제하고, 더 풍요로운 공유지를 만들고 또 풍요를 즐길 수 있다. 먼 훗날 우리는 우리가 각자의 삶에서 얼마나 자본과의 싸움에서 승리했는가? 얼마나 자본을 공유지로 변화시켜왔는가? 얼마나 각자의 삶을 만들어왔는가? 돌이켜볼 수 있을 것이다. 물론 질 때도 있고 실패할 수도 있겠지만 싸움의 기억과 전진의 성과는 사라지지 않는다. 우리는 그렇게 평범하지만 위대한 공유인으로 기억될 것이다.[49]

난잡한 돌봄과 여행자의 공산주의

지금까지 살펴본 커먼즈 운동들은 각각의 특이성을 구성하지만 한 가지 중요한 공통성을 만들고 있습니다. 참가자의 관심이 정부나 제도, 혹은 커다란 의미의 사회보다 자신의 삶과 서로를 향해 있었다는 것, 지금 여기서 다르게 살기 시작함으로써 새로운 삶 형태와 욕망을 만들고자 했다는 것이죠. 어떤 정치적 이데올로기나 청사진 없이 자본주의적 삶에서 벗어나기로 한 이상 이 실험들은 각자의 방식으로 기존의 제도를 해킹하고 전유하며 가능한 대안을 궁리합니다.

이 실험들은 커먼즈가 '함께 관리하는 자원'이라는 정의를 훌쩍 넘어섬을 보여줍니다. 참여자들은 근대적 삶이 강요하는 방식과 다른 삶을 살고자 했습니다. 이를 위해 자신의 시간과 노동을 기꺼이 집어넣어 커먼즈의 네트워크를 직조했죠. 이러한 직접행동 속에서 커먼즈는 미리 설계·계획되는 것이 아니라, 연루되는 사람들의 관계 속에서 생성되는 과정으로 나타납니다. 무언가를 함께 만드는 커머닝의 현장에서 생산되는 커먼즈란 바로 그 관계에 얽힌 그들 자신, 공통의 관계와 신체, 공통감각입니다.

한편, 이들은 가치나 신념을 공유하거나 친밀함을 나누는 안전하고 편안한 관계, 즉 폐쇄적 공동체를 만들고자 하지 않았습니다. 오히려 능력에 따라 생산하고 필요에 따라 나누는 돌봄의 관계를 가능한 한 더 넓게 확장하고자 했죠. 공동체를 개방하고 타자를 삶에 적극적으로 받아들이는 과정은 다양한 어려움을 동반합니다. 빈집과 경의선공유지의 사례가 잘 보여주고 있듯이 말이죠. 하지만 이 실험의 참가자들은 미리 위험을 평가하고 강력한 규칙을 만들거나 울타리를 치는 대신 데 안젤리스의 말을 빌리자면 자율 지대를 꾸림으로써 "타인들과 함께 사회적으로 '위험'을 구성하는 배우"가 되기를 선택했습니다.[50] 어떤 도덕적 판단으로 한계를 설정하거나 안전한 공동체를 만들기 위해 차이를 억제하지 않기로 한 것이죠.

공동체를 개방하고 타인과 만남 속에서 자신의 몸이 무엇을 할 수 있는지 그 가능성과 한계를 직접 가늠하기로 한 이상, 참여자들은 갈등과 분쟁을 소통의 과정으로 받아들이고 타자와 공존하기 위한 기술을 발명해야만 합니다. 커머닝은 본질적으로 직접민주주의의 집단적 경험이자 공존의 역량을 키우는 과정입니다. 무엇보다 사람들은 가장 구체적인 의미에서 다른 사람과 함께 일하는 법을 배워야만 합니다. 이는 공통의 리듬, 공통의 감각을 만드는 과정이며 참가자가 필연적으로 상호의존의 관계에 얽혀 들어가는 과정이죠. 운동의 주체인 커머너는 이러한 변화의 과정, 혹은 집합적 '되기'의 과정을 통해서 등장합니다. 되기의 과정에 연루된 사람들은 더 많은 사람을 커먼즈의 실험에 초대하고, 의무가 아닌 기쁨과 자발성의 힘을 통해 집합적 되기를 활성화하기 위해 노력했습니다.

나와 가족을 보호하기 위한 안전한 공동체를 만드는 대신 서로 다른 감각과 몸을 세계 그 자체를 넓은 커먼즈의 네트워크로 재조직하고자 한 이들의 시도는 더 케어 컬렉티브가 《돌봄 선언(The Care Manifesto)》에서 "난잡한 돌봄(promiscuous care)"이라고 부른 것과 공명합니다.[51] 난잡한 돌봄의 윤리는 1980년대와 1990년대 에이즈 인권활동가들의 이론에 근거하는데요. 이들은 게이들의 무분별하고 난잡한 성교가 HIV 감염 원인이라는 주류 사회의 비난에 "난잡함이 우리를 구할 것"이라고 응수했죠. 이것은 게이들이야말로 가족 제도를 넘어 친밀감과 돌봄을 나누는 방법을 다양화하고 실험한다는 의미입니다. 난잡한 돌봄은 단지 돌봄의 범위를 넓히는 것이 아닙니다. 돌봄을 둘러싼 우리의 감각을 완전히 재조직하는 것입니다. 친밀감을 사유화하는 동시에 과잉된 형태로 (때로는 억압적이고 폭력적인 형태로) 돌봄을 제공하는 현재의 가족 형태와 완전히 다른 방식으로 위태로움과 돌봄을 나누기 위해서요.

예를 들어 그린란드의 이누이트는 먹을 것이 필요한 타자에게 당연히 자신이 가진 것을 나누어 주지만, 그 행위에 감사 인사를 받는 것을 모욕으로 여깁니다. 그들에게 서로 돕기는 친절이 아닌 무심하고 당연한 행위죠.[52] 이는 난잡한 돌봄의 한 형태라고 할 수 있지 않을까요? 또 하나의 사례는 에도와 메이지 시대 일본에서 혈혈단신으로 떠돌아 다닌 하층민 건설 노동자들의 문화에서 찾을 수 있습니다. 메이지 시대의 건설 노동자에게 어디서 공사가 있는지 서로 알려주는 것은 당연한 도덕적 의무였고, 일을 찾아 현장에 온 노동자에게 일자리가 없더라도 '하룻밤의 식사와 잠자리'를 제공했다고 합니다. 경험과 기술을 가진 노련한 노동자조차 감독직으로 회사에 소속되기를 거부하고 떠돌아다니는 삶을 유지하는 경향이 강했습니다. 1930년대 홋카이도의 건설 현장에서 일한 한 노동자에 따르면, 현장에서 감독 모집이 있을 때도 응모자는 거의 없었다고 해요. "함께 일하는 동료들에게 명령하는 위치에 가는 것은 괴로우니까, 당연하지 않냐"라고 그는 말합니다. 이 사례들은 제가 '여행자의 공산주의'라고 부른 빈집의 원리와 공명합니다. 폐쇄적인 공동체에서 벗어나 공산주의적 관계를 확대하는 한편, 위계를 만들지 않고 자유를 확보하기 위해 의식적인 노력을 기울이죠. 또한 자신이 타자에게 내준 것을 돌려받을 수 있을지 계산하지 않습니다. 대신 항상 거기에 존재할, 영원한 세계의 일부를 감각하고 그러한 세계의 일부가 되어 세계를 확장합니다. 공산주의적 세계를 확장합니다.

앞서 살펴본 커먼즈 운동에서 참여자들은 위계 없는 공산주의를 확대하고자 했습니다. 이는 '올바른 세계'를 만들기 위해서가 아니라 개개인의 더 큰 자유를 위해서였죠. 근대적 핵가족의 형식과도 전통적 마을 공동체와도 다른 방식으로 수평적 돌봄 네트워크를 만든 도시빈민 여성들이 즐거움의 힘으로 자신과 자신을 둘러싼 가부장적 관계를 바꾸고 커먼즈를 엮었듯이 말이죠. 커먼즈 운동에 연루된 사람들은 우리가 스스로를 둘러싼 관계를 바꾸고 우리 자신의 삶을 실험할 자유를 실천합니다. 여러 커머닝의 시도와 패턴이 서로 얽히고 교란되며 갈라지는 세계에서 삶은 시간표에 맞춰 정해진 궤도를 빙빙 도는 것이 아니라 그 자체로 무수한 가능성을 향해 "열린 길"을 따라가는 여정이 될 것이라고요.[53] 다양한 존재들과의 만남, 찬란하게 변화하는 풍경을 엮으며 이어지는 열린 길 위에서 우리의 삶은 매 순간 더욱 충만하고 풍요로운 사건이 될 것이라고 말이죠.

에필로그
목적 없는 세계에서
함께 춤을 추듯이

《세계 끝의 버섯》에서 애나 칭은 우리가 엉망으로 만든 이 세계의 가장자리에 계속해서 다른 세계가 피어나고 있음을 보여줍니다. 우발적인 복수의 세계 만들기에 무수한 행위자(인간과 비인간)가 참여하고, 살아남기 위한 이 우연한 협업 속에서 서로를 교란하고 오염하며 변화합니다. 칭은 (보이지 않는) "잠복해 있는 공유지", 어디에나 존재하고 언제나 존재하며 공동의 목적에 동원될 수 있는 얽힘들을 알아차리자고 말합니다.[1]

동시에 칭은 커먼즈가 어떤 단일한 가치나 유토피아적 기획, 혹은 제도가 되는 것을 경계합니다. 커먼즈가 다시 역사의 진보라는 어떤 선적인 방향성을 전제하는 근대적 사고와 실천으로 환원되는 것을 강하게 우려합니다. 저는 그럼에도 커먼즈를 '알아차리는 것'은 결국 알아챈 사람들을 다양한 방식으로 더 적극적인 커머닝 과정에 연루시킨다고 생각합니다. 앞서 전한 커먼즈 운동 사례들이 보여주듯이 커먼즈 운동을 만드는 것은 커먼즈를 먼저 알아차린 사람들입니다. 그들은 칭의 우려와 고민을 품은 채 자율성과 공통성 사이의 긴장감 위에서 커먼즈 공간과 운동을 구성하죠.

무엇보다 커먼즈는 지금 이곳의 중력과 이 중력이 만들어낸 사람들의 마음이 영원한 것도, 보편적인 것도, 자연적인 것도 아님을 지시합니다. 자본주의 체제의 외곽에서, 가장 불안정한 자리에 놓인 위태로운 존재들(버섯, 버섯을 따는 라오스와 캄보디아의 피난민, 퇴역 군인, 떠돌이 빈민)은 이미 서로를 엮으며 새로운 세계, 언제나 복수인 커먼즈를 창발하고 있습니다. 커먼즈가 이미 언제나 만들어지고 있다는 것, 사실은 자본주의조차 커먼즈에 기생하고 있다는 것을 알아차릴 수 있게 된다면, 우리는 우리의 삶을 사로잡은 불안정성을 새롭게 바라보고 다른 방식으로 배치할 수 있습니다. 이는 밑도 끝도 없는 불안감에 사로잡혀 자본주의의 언어로 예비된 미래를 준비하는 것도, 어떤 이데올로기적 인도에 따라 미래의 '멋진 신세계'를 기획하는 것도 아닙니다. 반대로 커먼즈는 세계의 예측 불가능성과 우발성을 받아들이는 것, 칭의 표현을 빌리자면 "발판 없이 사는 삶에 상상력을 동원해 도전"하는 일이죠. 만약 우리가 우리 자신을 여러 능력(상품)의 소유자인 독립된 개인이 아니라 타자와의 마주침과 접속, 오염과 전염을 통해 접히는 세계의 주름으로 이해한다면, 우리 삶을 무수한 타자와 함께 세계의 무늬를 만드는 오직 한 번의 충만한 경험으로 생각한다면 우리의 삶과 세계는 어떻게 달라질까요?

그레이버는 "세상의 궁극적이고 숨겨진 진실은 세상은 우리가 만드는 것이며, 얼마든지 다르게 만들 수 있다는 것"이라고 말합니다.[2] 저는 이를 우리 스스로를 세계에 특정한 방식으로 얽어 넣음으로써 타자와 함께 세계를 짓는 행위로서의 커머닝이라고 부릅니다. 사실 우리는 삶에서 언제나 커머닝을 경험하고 있습니다. 일단 무언가를 커머닝으로 인식하기 시작하면 더 많은 커먼즈가 보이기 시작하고 점점 더 잘 연루될 수 있습니다.

오래전 아르헨티나 탱고를 배운 적이 있습니다. 당시 춤을 가르쳐주신 (우리가 '사부'라고 부른) 분들은 아르헨티나에서 탱고를 배웠고, 한국에 전파하기 위해 인터넷 동호회를 만들었죠. 2000년이니까 '다음', '네이버' 같은 인터넷 포털 사이트가 생긴 지 1년이 채 되지 않았을 때 일입니다. 스무 명 남짓 모였고요, 공간을 빌리고 동호회를 운영하기 위한 약간의 회비를 냈습니다. 다시 말해 사부들은 자신의 재능과 활동을 상품으로 만들지 않았습니다. 춤은 돈을 내고 배우는 것이 아니라 공기처럼, 문화처럼 퍼져나가는 것이고, 더 많은 사람이 춤출 수 있어야 더 즐겁다는 이유였습니다. 그렇게 배운 사람들은 그다음 기수로 들어온 사람들에게 배운 걸 전달하는 '품앗이'로 활동했죠. 이처럼 한국에 라틴댄스가 커먼즈로서 시작되었다는 것은 굉장한 행운이라고 생각합니다.

한국에서 처음으로 탱고를 배운 스무 명에게 춤을 습득하는 것은 대단히 어려운 일이었습니다. 걷는 방법도, 무게중심을 움직이는 방식도 보통의 걸음걸이와는 완전히 다른데, 파트너에게 어느 정도 몸을 기대지만 파트너가 무게중심을 바꾸거나 몸을 떼어도 균형이 무너지지 않도록 중심축을 유지해야 합니다. 절묘한 의존과 자립의 밸런스 속에서 즉흥적인 움직임이 춤을 만들죠. 서로가 무엇을 하려는지 가늠하며 호흡을 맞추어야 하고, 변화하는 음악에 몸의 움직임을 맞추어야 하며, 같은 공간에서 춤추는 다른 사람과 부딪치지 않기 위해서 전체의 리듬과 어울려야만 합니다. 당연히 음악은 귀에 들리지도 않고, 서로의 발을 밟거나 옆 사람과 부딪치는 안타까운 광경이 펼쳐지죠. 하지만 대체 이게 되는 건가 싶은 시간이 지나면서 어느덧 춤을 추고 있는 자신을 발견합니다. 파트너의 호흡을 읽고, 변화하는 리듬에 나의 몸짓을 바꾸고, 음악과 주변 사람들이 만드는 크고 작은 스케일의 리듬을 넘나들면서, 때로는 눈을 감고 온전히 나-음악-상대와 하나가 되는 충만한 순간을 누리면서요. 재미있는 사실은 기수가 늘어나고 탱고를 출 수 있는 사람이 많아질수록 사람들이 춤을 어느 정도 몸에 익히는 데까지 걸리는 시간이 저희 때와는 비교도 안 될 만큼 빨라지기 시작했다는 것입니다. 춤은 공기처럼, 문화처럼 퍼져나간다는 사부들의 말처럼요.

커머닝의 감각도 비슷합니다. 커먼즈가 어려운 이유는 커먼즈를 감각하고 탐색할 때조차 우리가 여전히 주체와 객체를 나누고 커먼즈를 자원으로 여기는 근대적 언어와 습관에 갇혀 있기 때문이죠. 마르크스의 표현을 빌리자면, 소유의 형식으로밖에 세상을 보지 못하게 된 사회에서 커먼즈를 재구성한다는 것은 "보고 듣고 냄새 맡고 맛보고 느끼고 생각하고 사유하고 감각하고 의지하고 행동하고 사랑하는 일", 즉 "인간이 세계와 관계 맺는 모든 법"의 새로운 구성을 의미합니다.[3] 게다가 그 새로운 구성은 커머닝을 통해서만 가능합니다. 동료들과 함께 무수한 시행착오를 해나가는 가운데 커머닝의 경험은 우리의 집단적 존재를 확장시키고, 우리가 걷는 방식을, 시공간을 느끼는 방법을, 우리가 사고하고 감각하는 언어와 몸을 조금씩 흔들고 균열 낼 것입니다. 처음에는 더듬더듬 천천히, 그러나 더 많은 사람이 연루될수록 점점 더 활발하게, 지금 여기서 무수한 방향으로 활짝 열린 새로운 세계를 만들어내면서요.

프롤로그

1   커먼즈번역네트워크. (2018). "커먼즈, 가장 오래된 젊음의 씨앗". 〈청년×커먼즈 기획웹진〉 1화. 청년허브.

2   David Boller. (2014). *Think Like a Commoner*의 11장 뒤에 부록처럼 붙은 "The Commons, Short and Sweet"의 내용으로 커먼즈번역네트워크에서 재인용. http://commonstrans.net /?p=24

3   Michel Bauwens·Vasilis Kostakis·Stacco Troncoso·Ann Marie Utratel. (2017). *Commons Transition and P2P: a Primer.* 서울시공익활동지원센터 재인용. https://www.seoulpa.kr/bbs/board.php?bo_table=npo_aca&wr_id=3595

4   신승철. (2019). "[공동체의 철학] ①커먼즈(commons), 플랫폼자본주의를 넘어서(上)". 생태적지혜연구소. https://ecosophialab.com

5   커먼즈의 번역어로 공유재, 공동재, 공용/공동/공유/공통자원/공동자원체계, 공통장 등이 제안되었지만, 윤영광(2022)이 제안하는 '공통체(共通體)'가 의미를 가장 잘 담고 있다고 생각합니다. 제안자의 설명처럼 '통(通)하다'라는 의미는 커먼즈가 서로 다른 개체들 사이에서 그들 사이를 관통하며 공통성을 구성하는 과정이라는 것을 보여줍니다. 한편 몸을 의미하는 '체(體)'는 이러한 공통의 활동이 (사회체와 정치체를 포함해) 구체적인 몸들로 구현됨을 지시합니다. 이 책에서는 커먼즈를 영어의 음역 그대로 사용하는 한편, 커먼즈의 동사형은 '공통하다' 혹은 '공통화'와 '커머닝'을 교차해 사용합니다. 윤영광. (2022). "커먼즈의 의미론: 'commons'의 번역과 수직적 의미 분화 문제", 성신여대 인문도시사업단 인문강좌 발표문.

6   피터 라인보우. (2012). 정남영 옮김.《마그나카르타 선언: 모두를 위한 자유권들과 커먼즈》. 갈무리. 321쪽.

7   Negri, A. & Casarino, C. (2008). *In Praise of the Common: A Conversation on Philosophy and Politics.* Minneapolis: University of Minnesota Press. p.83.

8   Marx, K. (1993). *Economic and philosophic manuscripts of 1844.* Marx/Engels Internet Archive (Marxist.org).

9   피터 라인보우. 앞의 책. 18쪽.

1부

1   Hardin, G., (1968). The tragedy of the common: The population problem has no technical solution: it requires a fundamental extension in morality. *Science162(3859)*, pp.1243-1248.

2   헬레나 로젠블랫. (2023). 김승진 옮김.《자유주의의 잃어버린 역사: 공동체의 도덕, 개인의 윤리가 되다》. 니케북스.

3   로젠블랫에 따르면 이 과정에서 혁명을 지지했던 많은 자유주의자가 경제적 자유주의자들

을 '자유주의' 혹은 '자유방임주의'로 지칭하며 비판했다고 합니다. 이는 자유주의라는 단어
에 개념적 혼란을 초래했을 뿐 아니라, 결과적으로 '자유'가 개인의 이익 추구라는 앙상한
개념으로 정의되는 결과를 초래하고 말았죠. 헬레나 로젠블랫. 앞의 책. 58쪽.

4   화폐의 형성 과정에 관해서는 고병권. (2005).《화폐, 마법의 사중주》. 그린비; 데이비드 그
    레이버. (2011). 정명진 옮김.《부채, 그 첫 5,000년: 인류학자가 다시 쓴 경제의 역사》. 부글
    북스 등을 참고하세요.

5   데이비드 그레이버. (2011). 앞의 책. 70-77쪽.

6   Herskovis, M. J. (1952). *Economic Anthropology*. New York: Knopf. p.373.

7   Van der Post, L. (1958). *The Lost World of the Kalahari*. New York: Morrow. p.276. 마셜 살린
    스. (2014). 박충환 옮김.《석기시대 경제학》. 한울에서 재인용.

8   Lee, R. (1968). What hunters do for a living, or how to make out on scarce resources. in Lee,
    R., & Devore, I. (eds.). *Man the Hunter*. Chicago: Aldine. p.33.

9   Gusinde, M. (1961). *The Yamana*. Human Relations Area Files(German edition 1931). p.27.
    마셜 살린스. (2014). 앞의 책에서 재인용.

10 Spencer, R. F., & Gillen. (1899). *The Native Tribes of Central Australia*. London: Macmillan.
    p.53. 마셜 살린스. (2014). 앞의 책에서 재인용.

11 칼 폴라니. 홍기빈 옮김. (2009).《거대한 전환》. 길. 440쪽.

12 Hardin, G. (1968). The tragedy of the common: The population problem has no technical
    solution: it requires a fundamental extension in morality. *Science162(3859)*, p.1243.

13 Plumwood, V. (2007). Review of Deborah Bird Rose's report from a wild country: Ethics of
    decolonization. *Australian Humanities Review 42*. pp.1-4.

14 Walker, H. (2020). Equality without equivalence: An anthropology of the common. *Journal
    of the Royal Anthropological Institute 26(1)*. pp.146-166.

15 Le Roy, E. (2015). How I have been conducting research on the commons for thirty years
    without knowing it. The Commons Strategies Group. Patterns of Commoning.

16 안토니오 다마지오. (2019). 임지원 옮김.《느낌의 진화: 생명과 문화를 만든 놀라운 순서》.
    아르떼. 79-96쪽.

17 카를 마르크스. (2001). 김수행 옮김.《자본론: 정치경제학 비판 제1권 자본의 생산과정(상)》.
    비봉출판사. 235쪽.

18 피터 라인보우. (2012). 정남영 옮김.《마그나카르타 선언: 모두를 위한 자유권들과 커먼
    즈》. 갈무리. 75쪽.

19 피터 라인보우. (2021). 서창현 옮김.《도둑이야!: 공통장, 인클로저 그리고 저항》. 갈무리.
    24쪽.

20 송기숙. (2005).《마을, 그 아름다운 공화국》. 화남. 29쪽.

21 리베카 솔닛. (2010). 정해영 옮김.《이 폐허를 응시하라: 대재난 속에서 피어나는 혁명적 공
    동체에 대한 정치사회적 탐사》. 펜타그램. 23쪽.

22 이진경. (2020).《코뮤주의: 공동성과 평등성의 존재론》. 그린비. 24-49쪽.

23 로베르토 에스포지토. (2022). 윤병언 옮김.《코무니타스: 공동체의 기원과 운명》. 크리티카.
    11-25쪽.

24 안토니오 네그리·마이클 하트. (2014). 정남영·윤영광 옮김.《공통체: 자본과 국가 너머의
    세상》. 사월의책. 235-237쪽.

25 데이비드 볼리어. (2015). 배수현 옮김.《공유인으로 사고하라: 새로운 공유의 시대를 살아가는 공유인을 위한 안내서》. 갈무리. 35쪽.

26 Walker, H. (2020). Equality without equivalence: An anthropology of the common. *Journal of the Royal Anthropological Institute 26(1)*. pp.159.

27 Douglas Freitas. (2020). *Friends of the Earth Brazil*. "브라질 아마존 화재 이후, 아마존은 어떻게 되었을까".〈한국 NGO신문〉. (2020.6.17.)에서 재인용. https://www.ngonews.kr/news/articleView.html?idxno=118731

28 Massimo De Angelis. (2017). *Omnia Sunt Communia: Principles for the Transition to Post-capitalism*. London: Zed Books. pp.171.

29 Marx, K., & Engels, F. (2010). *Manifesto of the Communist Party*. Marxist Internet Archive. P.22. https://www.marxists.org/archive/marx/works/download/pdf/Manifesto.pdf

게오르그 짐멜. (2013). 김덕영 옮김.《돈의 철학》. 길.

고원. (2006).〈박정희 정권 시기 농촌 새마을 운동과 '근대적' 국민 만들기〉.《경제와 사회》. 69. 178-201쪽.

권범철. (2020).〈커먼즈의 이론적 지형〉.《문화과학》. 101. 17-49쪽.

권병욱. (2017).〈폴라니의 관점에서 본 마을 공동체의 경제구조 분석〉.《농촌경제》. 40(1), 51-73쪽.

김농노. (2010).〈박정희 시대 전통의 재창조와 통치체제의 확립〉.《동방학지》. 150. 319-353쪽.

김예란. (2022). "가장자리 혹은 아무데".〈웹진 공생공락〉. 6호. (2022.2.28.). https://conviviality.andong.ac.kr:2019/2020/sub1/view.asp?id=100

데이비드 그레이버. (2011). 정명진 옮김.《부채, 그 첫 5,000년의 역사: 인류학자가 고쳐 쓴 경제의 역사》. 부글북스.

도나 해러웨이. (2021). 최유미 옮김.《트러블과 함께하기: 자식이 아니라 친척을 만들자》. 마농지.

마셜 살린스. (2014). 박충환 옮김.《석기시대 경제학: 인간의 경제를 향한 인류학적 상상력》. 한울아카데미.

브뤼노 라투르. (2009). 홍철기 옮김.《우리는 결코 근대인이었던 적이 없다》. 갈무리.

안승택. (2014).〈한 현대 농촌일기에 나타난 촌락사회의 계형성과 공동체원리〉.《농촌사회》. 24(1). 7-44쪽.

애나 로웬하웁트 칭. (2023). 노고운 옮김.《세계 끝의 버섯: 자본주의의 폐허에서 삶의 가능성에 대하여》. 현실문화.

애덤 스미스. (2007). 김수행 옮김.《국부론 상·하》. 비봉출판사.

앤디 메리필드. (2015). 김병화 옮김.《마주침의 정치》. 이후.

연구공간 L. (2012).《자본의 코뮤니즘 우리의 코뮤니즘 : 공통적인 것의 구성을 위한 에세이》. 난장.

요하네스 부르크하르트 외 5명. (2022). 송승철 옮김.《코젤렉의 개념사 사전 21: 경제》. 푸른역사.

유기쁨. (2023).《애니미즘과 현대 세계: 다시 상상하는 세계의 생명성》. 눌민.

이용기. (2014).〈전후 한국농촌사회의 재전통화와 그 이면: 전남 장흥군 용산면 사례를 중심으로〉.《역사와 현실》. 93. 417-465쪽.

임경택. (2004).〈일본의 천황제와 촌락사회구성에 관한 사회민속학적 고찰: 이른바 가족국가의 질서와 관련하여〉.《일본사상》. 6. 57-84쪽.

정승진. (2008).〈근대 한국촌락의 중층성과 일본모델: 사회적 동원화와 '전통의 창조'개념을 중심으로〉.《아세아연구》. 51(1). 197-225.

정승진. (2008). 〈20세기 한국의 열린 촌락, 닫힌 공동체의 이미지〉. 《한국경제연구》, 22. 5-27쪽.

최우영. (2006). 〈사회자본의 관점에서 본 전통사회의 농민조직-향도, 두레, 계를 중심으로〉. 《정신문화연구》, 29(1). 239-274쪽.

정영신. (2020). 〈한국의 커먼즈론의 쟁점과 커먼즈의 정치〉. 《아시아연구》, 23(4). 237-259쪽.

제이슨 W. 무어. (2020). 김효진 옮김. 《생명의 그물 속 자본주의》. 갈무리.

제임스 C. 스콧. (2004). 김춘동 옮김. 《농민의 도덕경제》. 아카넷.

제임스 C. 스콧. (2010). 전상인 옮김. 《국가처럼 보기》. 에코리브르.

제임스 C. 스콧. (2015). 이상국 옮김. 《조미아, 지배받지 않는 사람들: 동남아시아 산악지대 아나키즘의 역사》. 삼천리.

제임스 C. 스콧. (2019). 전경훈 옮김. 《농경의 배신: 길들이기, 정착생활, 국가의 기원에 관한 대항서사》. 책과함께.

주디스 버틀러. (2018). 윤조원 옮김. 《위태로운 삶: 애도의 힘과 폭력》. 필로소픽.

채효정. (2023). "지금 우리는 저항과 돌봄의 공동체가 필요하다". 〈2023년 안동대학교학술캠프 자료집〉.

최협. (2012). 《판자촌 일기: 청계천 40년 전》. 눈빛.

칼 멩거. (2002). 민경국·이상헌·김이석 옮김. 《국민경제학의 기본원리》, 자유기업센터.

칼 폴라니. (2009). 홍기빈 옮김. 《거대한 전환: 우리 시대의 정치·경제적 기원》. 길.

칼 폴라니. (1998). 박현수 옮김. 《사람의 살림살이 1·2》. 풀빛.

크리스토퍼 보엠. (2017). 김성동 옮김. 《숲속의 평등: 강자를 길들이는 거꾸로 된 위계》. 토러스북.

투이아비. (1990). 최시림 옮김. 《빠빠라기: 처음으로 문명을 본 남양의 추장 투이아비 연설집》. 정신세계사.

피에르 클라스트르. (2005). 홍성흡 옮김. 《국가에 대항하는 사회: 정치인류학 소고》. 이학사.

하승우. (2010). 〈식민지 시대의 아나키즘과 농민공동체〉. 《OUGHTOPIA》. 25(3). 97-126쪽.

한경애. (2022). 〈마을 공동체에서 도시적 커먼즈로〉. 《공간과 사회》. 32(4). 11-44.

헬레나 로젠블랫. (2023). 김승진 옮김. 《자유주의의 잃어버린 역사: 공동체의 도덕, 개인의 윤리가 되다》. 니케북스.

福武直. (1949). 《日本農村の社会的性格》. 弘文堂.

佐藤守. (1972). 《農村青年集団の展開過程》. 博士論文. 東北大学.

江守五夫. (1976). 《日本村落社会の構造》. 弘文堂.

上野和男. (1986). "日本民族社会の基礎構造:日本社会の地域性をめぐって". 竹村卓二編. 《日本民族社会の形成と発展:イエ·ムラ·ウジの源流を探る》. 山川出版社.

安冨歩. (2008). 《生きるための経済学》. NHKブックス. (야스토미 아유미. (2022). 박동섭 옮김. 《단단한 경제학 공부》. 유유)

Befu, H. (1965). Village atonomy and articulation with the state: the case of Tokugawa Japan. *The Journal of Asian Studies*, 25(1), pp.19-32.

Befu, H. (1967). The political relation of the village to the state. *World Politics*, 19(4), pp.601-620.

Borch, C., & Kornberger, M. (Eds.). (2015). *Urban Commons: Rethinking the City*. Routledge.

Borovoy, A. (2016). Robert Bellah's search for community and ethical modernity in Japan studies. *The Journal of Asian Studies*, 75(20), pp. 467-494.

Caffentzis, G., & Federici, S. (2014). Commons against and beyond capitalism. *Community Development Journal*. 49. suppl_1: i92-i105.

Garon, S. (2010). State and family in modern Japan: A historical perspective. *Economy and Society*, 39(3), pp.317-336.

Gluck, C. (1985). *Japan's Modern Myths: Ideology in the Late Meiji Period (Vol. 1)*. Princeton University Press.

Graeber, D., & Wengrow, D. (2021). *The Dawn of Everything: A New History of Humanity*. Penguin UK.

Negri, A., & Casarino, C. (2008). *In Praise of the Common: A Conversation on Philosophy and Politics*. Minneapolis: University of Minnesota Press.

Isono, F. (1988). The evolution of modern family law in Japan. *International Journal of Law, Policy and the Family*, 2(2), pp.183-202.

Karen Barad. (2007). *Meeting the Universe Halfway*. Duke University Press.

Read, J. (2011). The production of subjectivity: From transindividuality to the commons. *New Formations*, 70(70), pp.113-131.

Smethurst, R. J. (1974). *A Social Basis for Prewar Japanese Militarism*. University of California Press.

Stavrides, S. (2016). *Common Space: The City as Commons*. London: Zed Books.

2부

1　"빈부 격차: 슈퍼 부자들, 팬데믹 이후 더욱 부유해졌다". 〈BBC〉. (2021.12.8.). https://www.bbc.com/korean/international-59545136

2　피터 라인보우. (2012). 정남영 옮김.《마그나카르타 선언: 모두를 위한 자유권들과 커먼즈》. 갈무리. 80쪽.

3　피터 라인보우. (2012). 앞의 책. 81쪽에서 재인용.

4　Angus, I. (2023). *The War Against the Commons: Dispossession and Resistance in the Making of Capitalism*. NYU Press.

5　카를 마르크스. (2008). 강신준 옮김.《자본1-2》. 길. 982-983쪽.

6　Macfarlane, A. (1999). *Witchcraft in Tudor and Stuart England: A Regional and Comparative Study*. Psychology Press.

7　실비아 페데리치. (2023). 신지영·김정연·김예나·문현 옮김.《우리는 당신들이 불태우지 못한 마녀의 후손들이다》. 갈무리. 42쪽.

8　피터 라인보우. (2012). 앞의 책. 104쪽.

9　실비아 페데리치. (2023). 앞의 책. 48쪽.

10　Franklin, B. (1748). Advice to a young tradesman. in Fisher, G. *The American Instructor: or Young Man's Best Companion*. Philadelphia: New-Printing Office in Market-Street, pp.375-377.

11　엠마뉘엘 르루아 라뒤리. (2006). 유희수 옮김.《몽타이유: 중세말 남프랑스 어느 마을 사람들의 삶》. 길. 471-472쪽.

12　Thompson, E. P. (2017). Time, work-discipline, and industrial capitalism. *Class: The Anthology*. p.58.

13　인류학자들은 각각의 사회에서 사람들이 어떻게 서로 다른 시공간을 살았는지 보고합니다.

예를 들어서, 케냐 캄바족 출신의 인류학자 존 음비티(John Mbiti)는 아프리카인에게 시간은 현재와 과거로만 인식된다고 분석합니다. 아직 일어나지 않은 사건, 즉 미래는 그들의 삶에 아무 의미를 갖지 않는다는 것이죠. 누어인에게 시간은 두껍게 쌓이지 않는 것으로 한 세기 이상은 감각되지 않는 반면, 인도의 수행법이나 샤먼은 전생과 현재를 이으며 계속해서 멀고 먼 과거로 되돌아갑니다. 미얀마 카친족의 언어에는 서구의 '시간'에 해당하는 개념이 아예 존재하지 않는다고 해요. 흘러가는 시간을 감각하고 조직하는 방식도 다양합니다. 브로니슬라프 말리노프스키(Bronisw Malinowski)는 트로브리안드 제도에서 시간이 원예농업과 깊이 관련되어 있음을 발견했죠. 푸에블로 원주민의 경우, 예를 들어 크리스마스 춤이 정확히 언제 시작할지는 아무도 모릅니다. 그들은 적당한 분위기가 무르익었을 때 북을 울리고 춤을 추기 시작하는데, 이 적당함이라는 것이 바로 그들의 시간관념을 구성합니다. 즉 각각의 사회는 서로 다른 고유한 시간의 틀을 구성했던 것입니다. 안주영. (2013). 〈시간에 대한 인류학적 연구 고찰: 전통적 시간과 근대적 시간의 대조를 중심으로〉.《비교문화연구》 19(1). 41-82쪽.

14 Shusterman, N. (2010). *Religion and the Politics of Time*. CUA Press.

15 Thompson, E. P. (2017). 앞의 책. pp.27-40.

16 몇몇 학자는 '생명의 그물'이라는 제목 아래, 인간과 모든 생명체는 촘촘히 짜인 그물망 안에 연결/의존되어 있다고 주장하며 인간과 세계를 분리한 데카르트 이래 서구적 인식론을 비판했습니다. 프리초프 카프라(Fritjof Capra)의 《생명의 그물: 살아 있는 시스템들에 대한 새로운 과학적 이해》(범양사)와 이본 배스킨(Ybonne Baskin)의 《아름다운 생명의 그물: 생물 다양성은 어떻게 우리를 지탱하는가》(돌베개) 등이 대표적인 사례일 듯합니다. 프리초프 카프라는 이탈리아 커먼즈 운동에 깊게 연루한 법학자 우고 마테이(Ugo Mattei)와 함께 《최후의 전환: 지속 가능한 미래를 위한 커먼즈와 생태법》(경희대학교출판문화원)을 출판하기도 했습니다.

17 피터 라인보우. (2012). 앞의 책. 83쪽.

18 칼 폴라니. (2009). 앞의 책. 441쪽.

19 데이비드 그레이버. (2011). (2011). 정명진 옮김.《부채, 그 첫 5,000년: 인류학자가 다시 쓴 경제의 역사》. 부글북스. 91쪽.

20 정영신. (2020). 〈한국의 커먼즈론의 쟁점과 커먼즈의 정치〉.《아시아연구》23(4). 237-259쪽.

21 우리역사넷(contents.history.go.kr)에서 제공하는 〈신편 한국사〉의 조선 후기 부분을 참고하세요.

22 한국민족문화대백과사전(encykorea.aks.ac.kr)의 〈토지조사사업〉을 참고하세요.

23 미야우치 사키(2021)의 《"미신"론을 통해 본 제국일본과 식민지 조선: 식민지주의와 근대성에 대한 성찰적 재고》(민속원)에서 논의되고 있듯이 이러한 과정은 직선적으로 펼쳐지지 않습니다. 일제강점기에 각종 민간신앙은 '미신', 혹은 '비과학적'인 것으로 비판받았습니다. 제국일본은 근대화라는 명목으로 식민 통치를 정당화하며 토지나 치안 문제 등 국가 통치에 방해되는 부분을 단속하지만 동시에 한국 고유의 신앙을 이용해 일본 신도에 포섭하려는 논의도 있었습니다. 이런 과정에서 민간신앙은 부분적으로 살아남고 근대적으로 변형되며 이어졌다고 할 수 있습니다.

24 이러한 살림살이에서 일과 사생활, 공적인 것과 사적인 것은 명확히 구분되지 않았습니다. 실제로 중세 유럽 가족은 노동과 가정생활을 결합한 하나의 조합처럼 기능했습니다. 가정 내에서 질서를 유지하고 도시 정부와는 전혀 별개로 형제들에 대한 법법 사건을 처벌하고

벌금을 매기기도 했죠. 루이스 멈포드(Lewis Mumford)는 중세 유럽의 주거 공간이 그 자체로 작업장이자 사교의 공간이었음을 보여줍니다. 불과 100년 전만 해도 우리나라에서 마당은 타작을 하고 고추를 말리는 공간이었고 대청마루 또한 다양한 작업장이었습니다. 취미와 일, 생활의 경계가 모호한 삶 속에서 집은 작업장이자 잔치의 공간이며 휴식의 공간, 생산과 소비가 함께 이루어지는 공간이었습니다. 이진경. (2007).《근대적 주거 공간의 탄생》. 그린비를 참고하세요.

25 한국도 마찬가지입니다. 고려시대 가정 내 여성과 남성의 지위는 크게 다르지 않았고 민중은 결혼과 이혼에 대한 큰 부담이나 혼례 절차 없이 "합치기도 가볍게 헤어짐도 쉽게" 했다는 기록이 송나라 사절이 작성한 견문록에 남아 있습니다. 조선시대에 들어서면서 성이 억압된 것으로 알려졌지만 유교의 억압적 성윤리는 지배층에서나 통용되었으며, 상층 여성에게 가해진 성적 억압은 그렇게 강하지 않았습니다.《조선왕조실록》에는 병조판서의 딸인 명문가 여성이 남편에게 간통 현장을 적발당하고도 태연한 표정을 짓고, 부정을 저지른 아내에게 화를 내는 사위에게 장모가 "뭐 그런 어린아이를 장난을 가지고 흥분하느냐"라고 도리어 꾸짖었다는 대목마저 나옵니다. 이 문제의 죄질을 판단하는 임금 또한 대수롭지 않게 여겼고요. 민중에게 성문화는 더욱 개방적이어서《기이재상담》,《유년공부》,《포의교집》등의 성소화집이나 애정 소설은 물론이고《조선왕조실록》의 기사나 다양한 고문서에 하층 여성이들이 중복혼을 하고 본남편이나 시집에 숨기지 않는 모습이 남아 있다고 하는군요. 사실 잘 알려진 조선 후기의 사설시조,《춘향전》이나《변강쇠가》같은 판소리계 소설에도 우리가 알고 있는 엄격한 조선시대의 작품이라고 보기 힘들 만큼 과감하고 유희적인 성 묘사가 나옵니다. 정병설. (2010).〈조선 후기 성(性)의 실상과 배경: 기이재상담을 중심으로〉.《인문논총》, 64. 163-202쪽.

26 엠마뉘엘 르루아 라뒤리. (2006). 유희수 옮김.《몽타이유: 중세말 남프랑스 어느 마을 사람들의 삶》. 길. 271-272쪽.

27 Marx, K. (1993). Economic and philosophic manuscripts of 1844. Marx/Engels Internet Archive (Marxist.org).

28 Balibar, É. (2018). Philosophies of the transindividual: Spinoza, Marx, Freud. *Australian Philosophical Review*, 2(1). pp.5-25.

29 카를 마르크스와 막스 베버, 게오르크 짐멜(Georg Simmel)과 같은 학자들은 등가교환 수단으로서의 화폐가 대외 교역에서 만들어졌다는 점에 주목합니다. 즉, 일반적인 등가교환 수단으로서의 화폐가 발생한 것은 공동체와 공동체 사이입니다. 화폐가 공동체 내부로 유입된 이후로도 다른 많은 교환과 분리된 영역에서 한정적으로 유통되었고요. 고병권. (2005).《화폐, 마법의 사중주》. 그린비. 48-53쪽.

30 페르낭 브로델. (2001). 주경철 옮김.《물질문명과 자본주의 I-2》. 까치. 626쪽.

31 이러한 논의들이 보여주는 것은 전근대 사회에서 사람들이 이타적이었다거나 자기 이익을 따지지 않았다는 점이 아닙니다. 오직 경제적 이익만을 위해 재화를 교환하는 호모 에코노미쿠스는 존재하지 않았다는 것이죠. 예를 들어 제임스 스콧(James Scott)은 동남아시아의 농민들이 더 많은 돈을 벌 수 있는 새로운 종자와 기술을 거부하는 현상을 관찰하고, 이들의 경제 윤리를 "도덕경제"라는 명명하는데요. 이 개념이 보여주는 것은 농민이 도덕적이거나 이익 추구를 하지 않는다는 점이 아닙니다. 사람들은 훨씬 더 복잡한 동기로 움직이며, 누군가 이익을 추구할 때조차 실제 행위가 그렇게 되는 것을 막는 다양한 가치체계가 작동한다는 뜻이죠. 위계, 체면, 관계, 관례, 의무, 즐거움과 우정 등 여러 복잡한 사회적 코드와 가치

가 각각의 사회에서 사람들이 재화를 나누는 방식을 구조화합니다. 경제적 가치를 추구하는 것이 게임의 가장 지배적인 규칙이 되어버린 자본주의 사회에서조차 사람들의 경제행위는 훨씬 풍부한 동기들을 품고 있습니다. 제임스 스콧. (2004). 김춘동 옮김.《농민의 도덕경제: 동남아시아의 반란과 생계》. 아카넷.

32 데이비드 그레이버. (2011). 앞의 책. 92쪽.

33 Taussig, M. T. (2010). *The Devil and Commodity Fetishism in South America.* University of North California Press.

34 Howell, W. H. (2015). *Against Self-Reliance: The Art of Dependence in the Early United States.* University of Pennsylvania Press.

35 브란트. (2012). 〈서울의 빈민가와 이농민〉.《판자촌 일기: 청계천 40년 전》. 눈빛. 174쪽.

36 김도현. (2019).《장애학의 도전》. 오월의봄. 94-120쪽.

37 앤 이니스 대그. (2016). 노승영 옮김.《동물에게 배우는 노년의 삶: 늙은 동물은 무리에서 어떻게 살아가는가》. 시대의창; Amoss, P. T., & Harrell, S. (1981). *Other Ways of Growing Old: Anthropological Perspectives.* Stanford University Press.

38 칼 마르크스. (2001). 김수행 옮김.《자본론: 정치경제학 비판-제 1권 자본의 생산과정(상)》. 비봉출판사. 77쪽.

39 칼 마르크스. (2001). 앞의 책. 95쪽.

40 투이아비. (1990). 최시림 옮김.《빠빠라기: 처음으로 문명을 본 남양의 추장 투이아비 연설집》. 정신세계사. 68-70쪽.

가라타니 고진. (1999). 김경원 옮김.《마르크스 그 가능성의 중심》. 이산.

강인철. (1999).《한국전쟁과 사회구조의 변화》. 백산서당.

김필동. (1997).《한국사회조직사연구》. 일조각.

마리아 미즈. (2014). 최재인 옮김.《가부장제와 자본주의: 여성, 자연, 식민지와 세계적 규모의 자본축적》. 갈무리.

마우리치오 라자라또. (2012). 허경·양진성 옮김.《부채인간》. 메디치미디어.

막스 베버. (2023). 박성수 옮김.《프로테스탄트 윤리와 자본주의 정신》. 문예출판사.

맛시모 데 안젤리스. (2019). 권범철 옮김.《역사의 시작: 가치 투쟁과 전 지구적 자본》. 갈무리.

박진도. (2003).《해방 후 농가계층구조의 변화》. 한국농촌경제연구원. 390-411쪽.

데이비드 그레이버. (2009). 서정은 옮김.《가치이론에 대한 인류학적 접근: 교환과 가치, 사회의 재구성》. 그린비.

서정화. (2021). "혼인: 혼인 문화의 변화". 〈월간 문화재〉. 2021.1.3. http://www.koreahouse.or.kr/brd/board/741/L/menu/740?brdType=R&thisPage=1&bbIdx=111734&searchField=&searchText=

실비아 페데리치. (2023). 신지영·김정연·김예나·문현 옮김.《우리는 당신들이 불태우지 못한 마녀의 후손들이다》. 갈무리.

실비아 페데리치. (2011). 황성원 옮김.《캘리번과 마녀: 여성, 신체 그리고 시초축적》. 갈무리.

안젤라 Y. 데이비스. (2022). 황성원 옮김.《여성, 인종, 계급》. 아르테.

안토니오 네그리. (2012). 윤수종 옮김.《맑스를 넘어선 맑스》. 중원문화.

양 얼처 나무·크리스틴 매튜. (2007). 강수정 옮김.《아버지가 없는 나라》. 김영사.

이성재. (2011). "복지국가, '부의 재분배'가 전부는 아니다". 〈프레시안〉. (2011.7.27.). https://ww

w.pressian.com/pages/articles/104924

이진경. (2004).《자본을 넘어선 자본》. 그린비.

정동익. (1985).《도시빈민연구》. 아침.

정연태. (1990). 〈1930년대 '조선농지령'과 일제의 농촌통제〉.《역사와 현실》. 4. 224-264쪽.

조은주. (2018).《가족과 통치: 인구는 어떻게 정치의 문제가 되었나》. 창비.

주강현. (2006).《두레: 농민의 역사》. 들녘.

지수걸. (1999). 〈일제의 군국주의 파시즘과 '조선농촌진흥운동'〉.《역사비평》. 16-36쪽.

카를로 긴즈부르그. (2023). 조한욱 옮김.《베난단티: 16세기와 17세기의 마법과 농경 의식》. 교유서가.

토마스 모어. (2020). 박문재 옮김.《유토피아: 최상의 공화국 형태와 유토피아라는 새로운 섬에 관하여》. 현대지성.

프랑수아 라블레. (2004). 유석호 옮김.《가르강튀아 팡타그뤼엘》. 문학과지성사.

파스칼 디비. (1994).《침실의 문화사》. 동문선.

프리드리히 엥겔스. (2012). 김대웅 옮김.《가족, 사유재산, 국가의 기원》. 두레.

필립 아리에스. (2003).《아동의 탄생》. 새물결.

필립 아리에스 · 조르쥬 뒤비. (2011).《사생활의 역사》. 새물결

피터 라인보우. (2012). 정남영 옮김.《마그나카르타 선언: 모두를 위한 자유권들과 커먼즈》. 갈무리.

한경애. (2007).《놀이의 달인, 호모 루덴스: 이제 삐짱이들의 반격이 시작된다》. 그린비.

한경애. (2023). 〈도쿄 프레카리아트 운동의 역사적 형성 과정: 불안정성과 프레카리아트의 의미를 통해 살펴보기〉.《한국도시지리학회지》. 26(1). 53-71.

C.B. 맥퍼슨. (1991). 이유동 옮김.《소유적 개인주의의 정치이론》. 인간사랑.

Bumbs, A.P & Sycamore, M.B. (2018). *Feminism in Motion: Voices for Justice, Liberation, and Transformation.* AK Press.

Dalla Costa. (1999). *Women, Development, and Labor of Reproduction: Struggle and Movements.* Africa World Press.

Endnotes Collective. (2010). End Notes 2: Misery and the Value Form. https://endnotes.org.uk/issues/2

Federici, S. (2018). *Re-Enchanting The World: Feminism and the politics of the commons.* PM Press.

Federici, S. (2020). *Revolution at Point Zero: Housework, Reproduction, and Feminist Struggle.* PM Press.

Graeber, D. (2013). It is value that brings universes into being. *HAU: Journal of Ethnographic Theory*, 3(2), p.219-243.

Hardt, M. (1999). *Affective Labor. Boundary 2*, 26(2), p.89-100.

Hassard, J. (2016). *The Sociology of Time.* Springer.

Hill, C. (1991). *Change and Continuity in 17th-Century England.* Yale University Press

Holloway, J. (2010). *Crack capitalism.* Pluto Press (kindle edition).

Kollontaï, A. (1920). *Communism and the Family.* Contemporary Publishing Association.

Konings, M. (2018). *Capital and Time: For a New Critique of Neoliberal Reason.* Stanford University Press.

Koselleck, R. (1981). *Futures Past On the Semantics of Historical Time.* Columbia University Press.

Langley, P. (2008). *The Everyday Life of Global Finance: Saving and Borrowing in Anglo-America.* Oxford University Press.

Lorey, I. (2015). *State of Insecurity: Government of the Precarious.* Verso Books.

Lorey, I. (2017). *Governmentality and Self-Precarization: On the Normalization of Cultural Producers.* Transversal.

Lotz, C. (2014). *The Capitalist Schema: Time, Money, and the Culture of Abstraction.* Lexington Books.

Massumi, B. (2018). 99 Theses on the Revaluation of Value: A Postcapitalist Manifesto. University of Minnesota Press.

Martin, R. (2002). *The Financialization of Daily Life.* Temple University Press.

Mumford, L. (1961). *The City in History: Its Origins, Its Transformations, and Its Prospects.* Secker & Warburg.

3부

1   데이비드 볼리어. (2015). 배수현 옮김.《공유인으로 사고하라: 새로운 공유의 시대를 살아가는 공유인을 위한 안내서》. 갈무리. 189쪽.

2   하승우. (2014).《풀뿌리 민주주의와 아나키즘: 삶의 정치 그리고 살림살이의 재구성을 향해》. 이매진. 16쪽.

3   Harvey, D. (2011). The future of the commons. *Radical History Review*, 2011(109). pp.101-107.

4   Massimo De Angelis. (2017). *Omnia Sunt Communia: Principles for the Transition to Post-capitalism.* London: Zed Books. p.10.

5   미셸 바우웬스·바실리스 코스타키스. (2018). 윤자형·황규환 옮김.《네트워크 사회와 협력 경제를 위한 미래 시나리오》. 갈무리. 39쪽.

6   피터 라인보우. (2021). 서창현 옮김.《도둑이야!: 공통장, 인클로저 그리고 저항》. 갈무리. 25쪽.

7   Toupin. "Interview with Silvia Federici: Wages for housework". Pluto Press.

8   정남영. (2015). 〈커먼즈 패러다임과 로컬리티의 문제〉.《로컬리티 인문학》 14, 89-122쪽.

9   김은중. (2015). 〈안데스 코뮤니즘, 도래할 공동체?〉.《Revista Iberoamericana》 26. 103-132쪽.

10 The Commons Strategies Group. (2015). "We are one big conversation: Commoning in Venezuela", *Patterns of Commoning.* https://patternsofcommoning.org/we-are-one-big-conversation-commoning-in-venezuela/

11 위와 같음.

12 Michel Bauwens·Vasilis Kostakis·Stacco Troncoso·Ann Marie Utratel. *Commons Transition and P2P: a Primer.*; 정남영. (2017). 〈대안 근대로의 이행과 커먼즈 운동〉.《오늘의 문예비평》 107. 202-216쪽.

13 The Commons Strategies Group. (2015). Overture. *Patterns of Commoning.* https://patternsofcommoning.org/overture-2/

14 존 홀러웨이. (2012). 조정환 옮김.《크랙 캐피털리즘: 균열혁명의 멜로디》. 갈무리. 110쪽.

15 The Commons Strategies Group. (2015). We are one big conversation: Commoning in Venezuela. *Patterns of Commoning*. https://patternsofcommoning.org/we-are-one-big-conversation -commoning-in-venezuela/

16 신현방. (2017). 서울연구원 엮음.〈투기적 도시화, 젠트리피케이션, 도시권〉.《희망의 도시》. 한울. 216-243쪽.

17 정기황. (2020).〈공유지(共有地) 개념 변화로 본 토지제도〉.《문화과학》101. 98-121쪽.

18 3부에 인용된 활동가들과 운동 참가자들의 목소리는 별도의 문헌 출처가 없는 경우 현장연 구를 진행하며 인터뷰하거나 참여관찰을 통해 기록한 내용입니다. 자신의 본명이나 특정 활 동명으로 다양한 인터뷰를 하거나 글을 써오신 분들, 혹은 이름(활동명)을 밝혀도 좋다는 의사를 표명하신 분들 이외에는 가명으로 표시했습니다.

19 빈민지역운동사 발간위원회. (2017).《마을공동체 운동의 원형을 찾아서: 1970~1990년대 민중의 마을 만들기》. 한울. 109쪽.

20 Davis, A. (1981). Reflections on the black woman's role in the community of slaves. *The Black Scholar 12(6)*, pp.2-15.

21 빈민지역운동사 발간위원회. (2017).《마을공동체 운동의 원형을 찾아서: 1970~1990년대 민중의 마을 만들기》. 한울. 109쪽.

22 김옥자. (2009). "이상한 나라의 빈집에는 누가 누가 살까요?".〈갈라진 시대의 기쁜 소식〉 911, 21-28쪽.

23 심광현. (2010).〈세대의 정치학과 한국현대사의 재해석〉.《문화과학》62. 17-71쪽.

24 송제숙. (2016).《혼자 살아가기: 비혼여성, 임대주택, 민주화 이후의 정동》. 동녘. 19쪽.

25 앙드레 고르는 인간의 노동을 타율노동, 자율노동, 자활노동으로 구분합니다. 타율노동이 돈을 받고 자본의 요구에 부응하는 임노동이라면, 자활노동은 먹고 입고 청소하고 아이를 기르는 활동, 즉 인간이 생물학적 삶을 유지하기 위해 필요한 노동을 말합니다. 자율노동은 인간관계, 즉 공동체와 사회를 만드는 노동이죠. 앙드레 고르. (2011; 2015). 이현웅 옮김. 《프롤레타리아여 안녕: 사회주의를 넘어》생각의나무; 앙드레 고르 (2015) 김근근·정혜용 옮김.《에콜로지카: 붕괴 직전에 이른 자본주의의 대안을 찾아서》. 갈라파고스 참고.

26 이 안내문은 2008년 빈집이 시작된 후 빈집 위키(http://house.jinbo.net/wiki)에 올라와 있 습니다. 빈집 홈페이지(https://binzib.bingobank.org/)를 통해서도 볼 수 있습니다.

27 김옥자. (2009). 앞의 글. 21-28쪽.

28 Rancière, J. (1992). Politics, identification, and subjectivization. *October, 61*. pp.58-64.

29 Hardt, M. (1999). Affective labor. *Boundary 26(2)*. pp.89-100.

30 지음. (2010). "빈집으로 오세요".〈살림이야기〉. 2010년 9월호.

31 김디온. (2009). "'주인 없는 집'에서 모두가 주인으로 사는 법".〈프레시안〉. (2009.12.20.). https://www.pressian.com/pages/articles/98567

32 김정현. (2015). "채워가는 공간 빈가게".〈시민들이 만들어가는 시시콜콜한 이야기: 시민문 화예술교육〉. 한국문화예술교육진흥원. 109-116쪽.

33 2013년 곱창집 '우장창창'의 싸움을 계기로 조직된 '맘편히 장사하고픈 상인모임'은 상가세 입자들의 권리 보호를 집단적으로 요구하며 2018년도 상가임대차보호법 개정을 이끌어냅니 다. 이 성과에 기반해 상가 세입자들은 계약 갱신을 요구하고, 또 계약 만료 전 6개월간 권리 금을 회수 받을 수 있게 됩니다.

34 정기황. (2021). 〈국(공)유지, 무엇(누구)을 위한 땅인가?〉. 《커먼즈의 도전: 경의선공유지 운동의 탄생, 전환, 상상》. 빨간소금.

35 김상철. (2018). 〈경의선공유지시민행동×26번째 자치구 운동〉. 《진보평론》 77, 129-143쪽.

36 2019년 4월, 경의선공유지에는 최초로 서면 규칙인 '향약'이 만들어지지만, 이 규칙은 최대한 간단한 원칙으로 짧게 이루어졌으며, 가능한 유연성 혹은 빈집의 용어를 빌리자면 '잉여'를 포함합니다.

37 2019년 마포구청과 한국철도시설공단은 국토교통부를 통해 소송을 제기합니다. 경의선공유지시민행동뿐 아니라 개별 공간지킴이들, 즉 시민을 소송 대상에 포함시키고 36억 원의 피해 보상을 요구하죠. 삶의 터전에서 쫓겨나 경의선공유지에 오게 된 철거민들을 소송 과정으로부터 지키기 위해 시민행동은 소송을 취하하는 조건으로 자진 퇴거를 결정합니다.

38 공유자원 중 개인 출자자들의 출자가 3억5,900만 빈, 공동체가 모은 자원이 5,300만 빈, 누적된 적립금이 9,800만 빈 등입니다. 그중 현재 3억4,600만 빈이 33곳의 공동체의 공간을 위한 보증금으로, 5,300만 빈이 공동체 활동을 위한 자금으로, 4,600만 빈이 조합원들의 다양한 필요를 위해 이용되고 있습니다.

39 빈마을금고 취지문. https://bingobank.org/manifesto

40 Rancière, J. (2010). Dissensus: On politics and aesthetics (S. Corcoran, Trans.). London: Continuum. p.35.

41 1장에서 설명했던 데이비드 그레이버가 인류사의 중심적인 경제적 도덕원리를 파악한 방식과도 일정 부분 겹친다고 생각합니다. 그레이버가 등가교환(reciprocity)이라고 부른 것을 가라타니는 상품교환이라고 명명하고, 선물경제를 공동체 내에서의 호수(reciprocity)라고 파악하고 있지만요.

42 빈집. (2013). 〈공유, 자치, 환대를 실천하는 공동체들의 공동체〉. 《도시와 빈곤》 102. 62-76쪽.

43 인용문에서 네그리의 주장은 다소 단순화되어 있습니다. 앞서 언급했듯이 네그리는 '임노동'에서 탈주하기 위해서는 자기가치화의 공간이 필요하다는 점을 강조합니다.

44 지음. (2021). 〈가라타니 고진 딛고 서기〉 (미출간 원고).

45 빈고. (2023). 〈빈고 조합원 핸드북〉.

46 〈빈고 조합원 핸드북〉에 따르면, 1,000만 원을 은행 통장에 넣어둘 경우 은행은 그중 920만 원을 기업이나 개인, 증권 등에 투자해 연평균 23만 원의 수익을 올립니다. 그중 10만 원을 인건비와 운영비로 쓰고, 3만 원을 세금으로 내고, 나머지 4만 원을 주주들에게 지급하죠. 한편 빈고에 출자된 1,000만 빈은 공유지의 확장에 550만 빈, 조합원들의 채무 전환과 필요한 생계비/교육비/여행비 등으로 65만 빈이 사용됩니다. 이는 연평균 32만 빈의 잉여금을 만드는데요. 그중 10만 빈이 운영비로 쓰이고 나머지 22만 빈이 모두와 공유됩니다. 출자지지금(10만 빈), 지구분담금(3만5,000빈), 이용지지금(3만5,000빈), 빈고적립금(4만 빈), 활동가기금(1만 빈)의 형식으로요.

47 빈고. (2020). 〈커먼즈뱅크〉. (미출간 원고).

48 지음. (2021). 〈가라타니 고진 딛고 서기〉. (미출간 원고).

49 빈고. (2020). 〈커먼즈뱅크〉. (미출간 원고).

50 맛시모 데 안젤리스. (2019). 권범철 옮김. 《역사의 시작: 가치 투쟁과 전 지구적 자본》. 갈무리. 58쪽.

51 더 케어 컬렉티브. (2022). 정소영 옮김. 《돌봄 선언: 상호의존의 정치학》. 니케북스. 79쪽.

52 이 사례는 인류학자 페테르 프로이켄(Peter Freuchen)의 Book of the Eskimo에 소개된 사례

로, 데이비드 그레이버. (2011). 《부채, 그 첫 5,000년: 인류학자가 다시 쓴 경제의 역사》. 부글북스. 141쪽에서 재인용.

53   영국의 작가 D. H. 로렌스(D. H. Lawrence)는 "영혼의 위대한 집은 열린 길"이라고 노래합니다.

가라타니 고진. (2007). 조영일 옮김. 《세계공화국으로》. 비.

강내영·기은환·김성훈·김신양·김용진·장효안·하승우·허윤정. (2012). 《사회적경제와 지역사회 운동의 접점찾기》. 한국도시연구소.

구미정·연규홍·김수환·백소영·경동현·김강기명·이규원·김진호·엄기호·유승태·정용택. (2011). 《잉여의 시선으로 본 공공성의 인문학》. 이파르.

김광중 외. (2001). 《서울 20세기: 공간변천사》. 서울시정개발연구원.

김도균. (2018). 《한국 복지 자본주의의 역사: 자산기반 복지의 형성과 변화》. 서울대학교 출판문화원.

김동춘. (2011). 〈1971년 8·10 광주대단지 주민항거의 배경과 성격〉. 《공간과 사회》. 21(4). 5-33쪽.

김민욱·조관연. (2017). 〈초기 온라인 커뮤니티 형성과 통신문화의 변화〉. 《열린정신 인문학연구》. 18(1). 5-33쪽.

김상철. (2012). 〈서울시 마을만들기 사업, 제대로 가고 있나? 문화정책의 관점에서 본 서울시 마을정책〉. 문화연대 심포지엄.

김수현. (1999). 〈서울시 철거민운동사 연구: 철거민의 입장을 중심으로〉. 《서울학연구》. (13), 213-243.

김승환. (2013). 〈신자유주의 시대의 공공성 위기와 '새로운 운동주체'의 도래: 홍대 두리반, 명동마리, 슬럿워크, 잡민총파업을 중심으로〉. 성공회대학교 석사학위 논문.

김신양·신명호·김기섭·김정원·황덕순·박승옥·노대명. (2022). 《한국 사회적경제의 역사》. 한울.

김원. (2006). 《여공 1970, 그녀들의 반역사》. 이매진.

김재경. (1996). 〈한국 학생운동과 사회 변동〉. 《한국사회학회 사회학대회 논문집》. 125-135쪽.

김정원. (2015). 〈빈곤 문제에 대한 대응과 사회적 경제: 빈민밀집지역 주민운동 분석을 중심으로〉. 《경제와 사회》. 106. 171-204쪽.

김호기. (2000). 〈시민사회의 구조와 변동, 1987-2000〉. 《한국사회》. 3. 63-87쪽.

김홍중. (2015). 〈서바이벌, 생존주의, 그리고 청년 세대: 마음의 사회학의 관점에서〉. 한국사회학, 49(1), 179-212쪽.

다원건설 사법처리를 위한 공동대책위원회. (1998). 〈다원건설(구 적준) 철거범죄 보고서〉.

댄 핸콕스. (2014). 윤길순 옮김. 《우리는 이상한 마을에 산다》. 위즈덤하우스.

데이비드 그레이버. (2016). 김영배 옮김. 《관료제 유토피아: 정부, 기업, 대학, 일상에 만연한 제도와 규제에 관하여》. 메디치미디어.

데이비드 그레이버. (2016). 황희선·최순영·조원광 옮김. 《가능성들: 위계·반란·욕망에 관한 에세이》. 그린비.

데이비드 그레이버. (2015). 정호영 옮김. 《우리만 모르는 민주주의: 1%의 민주주의 VS 99%의 민주주의》. 이책.

디온. "'여행객' 마인드로 살아가기", 〈프레시안〉. 2010.2.24. https://www.pressian.com/pages/articles/99582

리차드 디인스트. (2015) 권범철 옮김. 《빛의 마법》. 갈무리.

루이지노 브루니. (2020). 강영선·문병기·서보광·손현주·유철규·이가람·천세학·최석균·허문경 옮김. 《콤무니타스 이코노미》. 북돋움coop.

마츠모토 하지메. (2009). 김경원 옮김. 《가난뱅이의 역습》. 이루.

민경배. (2002). 〈정보사회에서의 온라인 사회운동에 대한 연구: 한국의 사례를 중심으로〉. 고려대학교 박사학위논문.

박경리. (2002). 《토지》. 나남출판

박노자. (2009). 《씩씩한 남자 만들기: 한국의 이상적 남성성의 역사를 파헤치다》. 푸른역사.

박은진. (2012). 〈청년세대의 불안정한 노동과 주거실험: 해방촌 '빈집' 게스츠하우스(Guests' House) 사례를 중심으로〉. 연세대학교 석사학위논문.

박배균·이승원·김상철·정기황. (2021). 《커먼즈의 도전: 경의선공유지 운동의 탄생, 전환, 상상》. 빨간소금.

박보현. (2010). "올림픽잔혹사". 〈스포츠둥지〉. (2010.2.23.). https://sportnest.tistory.com/421

박진도. (2003). 《이농의 전개과정과 그 의미》. 한국농촌경제연구원. 79-101쪽.

박홍근. (2014). 〈근대국가의 처분 가능한 인간 만들기〉. 《한국사회학회 사회학대회 논문집》. 211-216쪽.

박홍근. (2015). 〈1960년대 후반 서울 도시근대화의 성격: 도시빈민의 추방과 중산층 도시로의 공간재편〉. 《민주주의와 인권》. 15(2). 237-275쪽.

브라이언 마수미. (2018). 조성훈 옮김. 《정동정치》. 갈무리.

사카이 다카시. (2001). 오하나 옮김. 《통치성과 자유》. 그린비.

서동진. (2009). 《자유의 의지 자기계발의 의지》. 돌베개.

서중석. (1997). 〈1960년대 이후 학생운동의 특징과 역사적 성과〉. 《역사비평》. 39. 16-45쪽.

손낙구. (2008). 《부동산 계급사회》. 후마니타스.

송명관. (2017). 〈87년 체제와 대중의 금융화〉. 《진보평론》. 72. 53-82쪽.

송제숙. (2016). 《혼자 살아가기: 비혼여성, 임대주택, 민주화 이후의 정동》. 동녘.

안철수·조한혜정·선대인·김진혁·박경철·이선재·㈜해피브릿지·빅이슈·게스츠하우스 빈집·도법·홍기빈. (2011). 《누구도 대답하지 않았던 나눔에 관한 열가지 질문: 우리시대의 멘토 11인이 나눔의 미래를 이야기하다》. 김영사.

안토니오 네그리·마이클 하트. (2012). 조정환·유충현·김정연 옮김. 《선언: 전세계의 빚진 사람들, 미디어된 사람들, 보안된 사람들, 대의된 사람들이여, 공통적인 것을 구성하라!》 갈무리.

안토니오 네그리. (2014). 워너 본펠드 엮음. 김의연 옮김. 《탈정치의 정치학: 비판과 전복을 넘어 주체성의 구성으로》. 갈무리.

앙드레 고르. (2011). 이현웅 옮김. 《프롤레타리아여 안녕: 사회주의를 넘어》. 생각의나무.

엄한진·박준식·안동규. (2011). 〈대안운동으로서의 사회적 경제〉. 《사회와 이론》. 18. 169-203쪽.

에릭 올린 라이트. (2020). 유강은 옮김. 《21세기를 살아가는 반자본주의자를 위한 안내서》. 이매진.

옥은실·김영찬. (2013). 〈문화적 실천으로서 사회운동의 변화〉. 《한국언론정보학보》. 63. 53-75쪽.

왕건굉. (2016). 〈1960년대 한국사회의 이농현상과 도시빈민 연구〉. 건국대학교 박사학위논문.

윤수종. (2013). 《자율운동과 주거공동체》. 집문당.

윤여덕, 김종채. (1984). 《이농민의 도시적응과 사회통합에 관한 연구》. 한국농촌경제연구원.

윤영광. (2014). 〈탈정체화의 정치: 라이시에르 정치철학에서 주체(화) 문제〉. 《문화과학》. 77. 295-318쪽.

윤혜정. (1996). 〈서울시 불량주택 재개발사업의 변천에 관한 연구〉. 《서울학연구》. 7. 225-262쪽.

이광석. (2021). 《피지털 커먼즈: 플랫폼 인클로저에 맞서는 기술생태 공통장》. 갈무리.

이기웅. (2017). 〈서울의 젠트리피케이션과 대안적 도시운동의 부상〉. 《사회연구》. 127-156쪽.

이기형. (2010). 〈세대와 세대담론의 문화정치: "신세대"와 "촛불세대"의 주체형성과 특성을 다룬 논의들을 중심으로〉. 《SAI》. 9. 137-197쪽.

이미정. (1998). 〈가족 내에서의 성차별적 교육투자〉. 《한국사회학》. 32. 63-97쪽.

이승원. (2020). 〈포퓰리즘 시대, 도시 커먼즈 운동과 정치의 재구성〉. 《문화과학》. 101. 79-97쪽.

이원호. (2019). 〈도시공간을 둘러싼 반빈곤 운동과 커먼즈: 철거민 운동을 중심으로〉. 《커먼즈 네트워크 포럼 '커먼즈, 공동의 질문' 자료집》. 160-165쪽.

이재원. (2010). 〈1996년 그들이 세상을 지배했을 때: 신세대, 서태지, X세대〉. 《문화과학》. 62. 92-112쪽.

이정우. (1991). 〈한국의 부, 자본이득과 소득불평등〉. 《경제논집》. 30(3). 327-364쪽.

유종일·이정우·박헌주·김상조·박섭. (2011). 《박정희의 맨얼굴》. 시사IN북.

이종구 외. (2009). 《1950년대 한국 노동자의 생활세계》. 한울 아카데미.

정기황. (2019). 〈커먼즈〉. 《생협평론》. 34. 167-173쪽.

정기황, "[특집] 국유지는 '국가 소유의 사유지'가 아니다". 《월간참여연대》. (2021.6.21.) https://www.peoplepower21.org/magazine/1796799

정성진. (2004). 〈1997년 경제위기 이후 한국 자본주의의 변화〉. 《경제와 사회》. 64. 84-119쪽.

정용택. (2016). 〈'돌봄'의 정치경제학: '사회적 돌봄서비스'의 '사회효과'를 중심으로〉. 《뉴 래디컬 리뷰》. 69. 251-288쪽.

조문영. (2019). 《우리는 가난을 어떻게 외면해 왔는가》. 21세기북스.

조은. (2019). 《사당동 더하기 25. 가난에 대한 스물 다섯해의 기록》. 또하나의 문화.

존 레스타키스. (2022). 번역 협동조합·박대진·남선옥·유은희 옮김. 《시민권력은 어떻게 세상을 바꾸는가: 커먼즈, 사회적 경제, 자치와 직접민주주의를 통한 국가와 정치의 전환》. 착한책 가게.

존 홀러웨이. (2002). 조정환 옮김. 《권력으로 세상을 바꿀 수 있는가》. 갈무리.

채원식. (1967). 〈도시의 사회병리: 도시와 범죄〉. 《도시문제》. 2(10). 7-14쪽.

최문성. (2003). 〈한국사회와 학생운동: 전통, 근대, 그리고 탈근대〉. 《한국정치연구》. 12(1),.119-151쪽.

최승원. (2009). 〈1990년대 후반 학생운동의 위기와 대응: 신유형의 참여와 운동변화〉. 《사회연구》. 18(2). 101-142쪽.

최원규. (1989). 〈도시 빈민의 형성과정-노동자 계급의 빈민화 과정을 중심으로〉. 《한국사회복지학》. 14. 1-18쪽.

최인기. (2012). 《가난의 시대》. 동녘.

최진배. (2014). 〈한국 신협의 정체성 위기에 대하여〉. 《지역사회연구》. 22(4). 21-42쪽.

프리초프 카프라·우고 마테이. (2019). 박태현·김영준 옮김. 《최후의 전환: 지속 가능한 미래를 위한 커먼즈와 생태법》. 경희대학교출판문화원.

피터 라인보우. (2021). 서창현 옮김. 《도둑이야!: 공통장, 인클로저 그리고 저항》. 갈무리.

한경애. (2023). 〈소유하는 '집/가족'에서 돌봄의 커먼즈로. 공유주거 '빈집'을 통해 보는 커먼즈의 돌봄윤리〉. 《공간과 사회》. 33(4). 256-292.

한경애. (2022). 〈마을 공동체에서 도시적 커먼즈로〉. 《공간과 사회》. 32(4). 11-44.

한재랑. (2018).《그 형편에도 같이 하는 게 좋더라: 난곡희망협동조합 이야기》. 제정구기념사업
위원회.

홍명관. (2017). 〈87년 체제와 대중의 금융화〉. 《진보평론》. 72. 53-82쪽.

홍석만. (2009). 〈용산참사의 정치경제학〉. 《맑스주의연구》. 6(2). 14-25쪽.

佐藤 忠男. (1978).《長谷川伸論─義理人情とはなにか》. 岩波現代文庫.

Bolier, D. & Helfrich, S. (Eds.). (2014). *The Wealth of the Commons: A World Beyond Market and State*. Levellers Press.

Brwon, W. (2018). *Politics Out of History*. Princeton University Press.

Brown, W. (2020). *States of Injury: Power and Freedom in Late Modernity*. Princeton University Press.

Howard, E. (1965). *Garden Cities of To-morrow*. Mit Press.

Lefebvre, H. (2003). *The Urban Revolution*. University of Minnesota Press.

Rancière, J. (1999). *Disagreement: Politics and Philosophy*. Minneapolis: University of Minnesota Press.

Rancière, J. (2010). *Dissensus: On Politics and Aesthetics*. London:Continuum.

The Commons Strategies Group. (2015). *Patterns of Commoning*. https://patternsofcommoning.org/contents/

Wainwright, H. (2013). *Doing away with 'labour': Working and caring in a world of commons*. Transnational Institute. 5 November.

에필로그

1   애나 로웬하웁트 칭. (2023). 노고운 옮김. 《세계 끝의 버섯》. 현실문화. 23쪽.

2   Graeber, D. (2015). The Utopia of Rules: On Technology, Stupidity, and the Secret Joy of Bureaucracy. Melville House. pp.54

3   Marx, K. (1993). Economic and philosophic manuscripts of 1844. Marx/Engels Internet Archive (Marxist.org).

찾아보기

커먼즈란 무엇인가

1판 1쇄 발행 2024년 2월 2일
1판 4쇄 발행 2025년 1월 15일

지은이 한디디
펴낸이 임중혁
책임편집 이나경
펴낸곳 빨간소금
등록 2016년 11월 21일(제2016-000036호)
주소 (01021) 서울시 강북구 삼각산로 47, 나동 402호
전화 02-916-4038
팩스 0505-320-4038
전자우편 redsaltbooks@gmail.com

ISBN 979-11-91383-41-6 (93330)

○ 이 저서는 2023년 대한민국 교육부와 한국연구재단의 지원을 받아 수행된 연구임
  (NRF-2023S1A5B5A16077822)
○ 책값은 뒤표지에 있습니다.